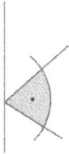

Sabine Kluwig

Grenzüberschreitungen

Mein Weg zum Medium

JUL-Verlag

© 2005 JUL-Verlag
Wildenberg
Herstellung: Books on Demand GmbH
Umschlaggestaltung frei nach Erika Wienholdt
Lektorat: Merle Kröger
Made in Germany
ISBN 3-00-015727-1

Inhalt

Hiermit danke ich meiner Freundin Jutta, die mir so viel Mut machte weiterzuarbeiten, dass dieses Buch überhaupt entstehen konnte. Dass mein spiritueller Weg nach den anfänglichen Durchsagen überhaupt in diese Richtung weitergehen konnte.

Ich danke Stefan, der mir, wenn ich in seelischen Nöten war, mit einer Engelsgeduld zuhörte, meine vielfließenden Tränen trocknete und mir zeigte, dass ich an mich glauben sollte. Seine Zuversicht und sein Einfühlungsvermögen haben mich immer wieder aufgebaut, wenn ich dachte, dass es nicht mehr weitergeht.

Ich danke auch Daniela, die mit ihrem Elan, ihrer Selbstsicherheit und Kraft mich Tag für Tag bestätigte, mir meine Verhaltensweisen aufschlüsselte und mir in endlosen Diskussionen zeigte, wo ich mich wieder einmal verlaufen hatte.

Ich danke Thomas, der mir in nächtelangen Auseinandersetzungen meine Glaubenssätze vor Augen hielt, und ich danke meinen Kindern, die immer an mich glaubten und mir mit ihrer unendlichen Liebe Hilfe und Stütze waren und sind.

Und natürlich danke ich meinen Geistwesen für die Wegbegleitung und hoffe, dass sie auch in Zukunft ein Auge auf mich werfen werden.

Vorwort

J eder Mensch ist einzigartig, und so einzigartig ist auch der Weg, der ihn durch sein Leben führt. Niemand kann diesen Weg voraussehen – auch nicht seinen eigenen.

Wir wissen nicht, was morgen auf uns zukommen wird, vor welche Herausforderung uns das Leben stellen und mit welchen Veränderungen es uns konfrontieren wird. Den Lebensweg zu gehen und trotz aller Unwägbarkeiten, Glück und Erfüllung zu finden erfordert deshalb die Fähigkeit, sich zu verändern und Veränderungen zuzulassen.

Veränderung beinhaltet zwei sich widersprechende Tendenzen. Einerseits suchen wir sie und haben Lust auf Veränderung. Andererseits fürchten wir jeden Wandel und entwickeln Scheu oder Angst davor. Deshalb ist Veränderung mitunter ein Prozess, der selten frei von Schwierigkeiten ist. Doch diese Probleme entstehen nicht zufällig. In ihnen erleben wir den Konflikt zwischen dem, was wir noch sind, und dem, was wir werden wollen.

Der Prozess, alte Kindheitsmuster aufzulösen, um wirkliche Freiheit zu erfahren, ist nicht leicht. Die Probleme, mit denen wir konfrontiert werden, Unzufriedenheit, körperliche oder seelische Symptome, Krankheiten, Beziehungskonflikte und Lebenskrisen sind Hinweise darauf, dass wir unser Leben korrigieren sollten, da wir nicht mehr uns selbst leben. Das bedeutet: ein nicht selbstbestimmtes Leben kann auf Dauer nicht glücklich machen.

Leider ist es in unserer Gesellschaft zur Gewohnheit geworden, alles andere, nur nicht selbstständig zu sein – und somit auch nicht selbstverantwortlich. Um aber ein erfülltes, glückliches Leben führen zu können, ist es unabdingbar, die Selbstverantwortung dafür wieder zu finden.

Mein Weg war oft steinig und dunkel, und doch habe ich die Sonne gefunden. Ich hatte das Glück, geistige Freunde zu haben, die mich in die richtige Richtung schubsten und mir Mut machten, wenn ich verzweifelt war. Diese geistigen Freunde sind für jeden da, der sucht und finden will …

Sabine Kluwig, im Juli 2004

Begegnungen mit der geistigen Welt

Es begann damit, dass ich mich nicht mehr wohl fühlte. Ich spürte eine Traurigkeit und Leere in mir. War es das jetzt? War das alles, was ich vom Leben erwarten konnte? Ich führte eine Ehe, wie die meisten Menschen. Mit Höhen und Tiefen. Aber ich hatte mehr von meinem Leben erhofft. Irgendwie fehlte der Sinn meines Daseins überhaupt. Wir hatten zwei Kinder, mit denen es absolut keine Schwierigkeiten gab. Also konnte ich mich auch da nicht voll einsetzen. Ich begann, ihnen vom Sinn des Lebens zu erzählen, in der Hoffnung, ihn dadurch selbst zu finden. Ich erzählte ihnen von den Lebensgesetzen.

Davon, dass alles einmal zu einem zurückkommt, was man ausgesandt hat. Soviel ich eben wusste, damals. Und das war nicht viel! Aber eines spürte ich bereits: Es musste eine Verbindung geben, zwischen dem, was wir sehen, und dem, was wir nicht sehen können!

In dieser Zeit las ich viele Bücher, von denen ich dachte, sie könnten mich weiterbringen, mir neue Einsichten zeigen. Aber irgendwie fand ich nicht die richtigen Bücher, obwohl es sehr viele zum Thema „Lebenssinn" gab. Entweder waren sie zu religiös, oder zu esoterisch. Ich konnte mich in beidem nicht wiederfinden. Ich suchte nach einem Buch, das von mir nicht verlangte, eine bestimmte Stellung einzunehmen. Aber ich fand keines. Also machte ich mich alleine, in meinen Gedanken auf die Suche. Das Leben selbst würde mir schon zeigen, um was es eigentlich ging. So begann ich, mit offenen Augen durch meinen harmlosen Alltag zu gehen, um sehen zu lernen. Richtig sehen!

Eines Tages machte ich meine erste Entdeckung: Wenn ich einen guten Tag hatte und viel Liebe in mir spürte, konnte ich diese nicht nur weitergeben, sie kam auch wieder zu mir zurück. War ich jedoch schlechter Laune, war alles grau in grau für mich. Das war einfach zu beobachten. Je mehr ich meinen Blick darauf richtete, wie sich mir meine Umwelt zeigte, wenn ich unterschiedlich gelaunt war, desto eher erkannte ich, dass es an mir lag, wie ich den Alltag verbringen konnte. Eben düster oder heiter. Und dass ich damit auch für mich bestimmen konnte, wie sich mir die Menschen zeigten. Ich konnte selbst bestimmen, ob mein Tag positiv oder negativ verlaufen würde. Mein Gott – was für eine Entdeckung! An was war ich da dran? Ist das Einbildung, oder sind das geistige Gesetze?

Viele Fragen stürmten auf mich ein. Wenn wir als Menschen wirklich so viel Einfluss auf unser Leben haben, haben wir dann nicht eine große Freiheit für uns? Und welche Gesetze gibt es noch? Was kann ich verändern, von dem ich jetzt noch gar nichts weiß? Ich spürte ein Glück, das schon zum Greifen nahe war. Ich spürte die grenzenlose Freiheit, mein Leben schön und erfolgreich gestalten zu können! Aber wo fange ich an, und wie mache ich das?

Momentan sah ich mich in einer Ehe, die mich nicht glücklich machte. Es war ein nettes Miteinander – mehr nicht. Ich titulierte meine Ehe immer als „liebevolle Oberflächlichkeit". Aber mir reichte es nicht, zufrieden zu sein mit einem mittelmäßigen Leben, um sich vielleicht kurz vor seinem Tod zu fragen, ob das jetzt alles war! Konnte es denn der Sinn meines Daseins sein, mich zu langweilen, weil sowieso schon alles klappte?

Ich war ziemlich ausdauernd – es dauerte lange, bis mir etwas Probleme machte. Ich war hart im Nehmen, und das hatte auch seinen Grund. Als ich ein Jahr alt war, erkrankte ich an Tuberkulose und musste für ein ganzes Jahr ins Krankenhaus, wo meine Eltern mich nur alle paar Wochen besuchen durften. Als ich im Alter von zwei Jahren endlich nach Hause kam, konnte ich noch nicht stehen und nur ein einziges Wort sprechen: „Danke".

Viele Jahre später begriff ich, dass genau diese Situation mein Lebensproblem zeigte.

❧

An einen meiner Lieblingsfilme kann ich mich noch gut erinnern. Er hieß „Der Mann, der durch die Wände geht", mit Heinz Rühmann. Schon als Kind war ich fasziniert von dem „Unmöglichen".

Mein Blick war immer mehr auf das gerichtet, was man nicht sehen kann, was aber auch da ist. Als ich ungefähr zehn war, bemerkte ich, dass Menschen oft etwas anderes sagten, als sie dachten. Bald wusste ich, wann sie die Unwahrheit sagten und wann sie nur so taten „als ob". Für mich war das so offensichtlich, dass ich sie fragte, warum sie gerade nicht die Wahrheit sagten.

Natürlich erntete ich damit nicht gerade Beifall. Im Gegenteil – ich musste begreifen, dass es den anderen unangenehm war, darauf aufmerksam gemacht zu werden.

Es ging so weit, dass ich mehr Ärger hatte, wenn ich etwas sagte, als wenn ich nichts sagte. Also sagte ich nichts mehr und blendete mein „zweites Sehen" einfach aus.

Das funktionierte ganz gut, wobei ich sagen muss, dass zeitweise dieses Sehen verstärkt zurückkam. Meine Freunde fragten mich manchmal, womit sie sich verraten hätten. Doch ich konnte ihnen nur sagen, dass ich es eben wüsste.

So vergingen die Jahre. Ich fing eine Lehre als Büromaschinentechnikerin an, die ich auf Wunsch meines Vaters abbrechen musste, da es in seinen Augen kein „Frauenberuf" war. Als ich dann einen Lehrplatz in der bekannten Landshuter „Keramikschule" bekam, schien ich endlich eine befriedigende Berufsausbildung zu bekommen. Doch leider meldeten mich meine Eltern von dieser Schule wieder ab, als sie hörten, dass dort Drogen genommen würden. Also machte ich die mir unangenehme Ausbildung als Phonotypistin, im Büro meines Vaters.

Es folgte eine turbulente Zeit, in der ich viele Freunde hatte, Jungs kennen lernte und immer wieder irgendwelche Abenteuer erlebte. Mit 24 Jahren fand ich mein Traumhaus. Es war ein altes Bauernhaus im Bayerischen Wald, das ich renovierte und in dem ich mich restlos glücklich fühlte. Da war ein tiefes, tiefes Glücksgefühl, das alle anderen Gefühle übertraf. Natürlich stellte ich mir die Frage: Weshalb hatte ich ein solches Glücksgefühl in der Zeit, als ich in diesem Haus wohnte? Mittlerweile bin ich zu der Überzeugung gekommen, dass ich damals deshalb so sehr mit mir selbst zufrieden war, so sehr in meiner Mitte ruhte und auch alles im Außen für mich stimmig war, damit ich erfahren durfte, wie man sich fühlt, wenn alles stimmt. Wenn Innen und Außen miteinander im Einklang sind, wenn man keine Kompromisse macht, sich nicht zufrieden gibt mit etwas, was nicht wirklich zu einem passt! Dieses Glücksgefühl war mein Zuhause. Wenigstens für einige Zeit.

*

Erst einmal hieß es, Irrwege zu gehen. Mit 26 hatte ich einen schweren Autounfall. Drei Tage lang kämpften die Ärzte um mein Leben. Drei Tage lag ich im Koma – mit schlechten Aussichten, jemals wieder aufzuwachen. Aber ich erholte mich wieder, auch wenn mein rechtes Bein ein halbes Jahr lang gelähmt blieb. Zwei Monate lag ich auf der Intensivstation. In dieser Zeit ging eine Wandlung mit mir vor. Ich wusste und spürte deutlich, ich hatte ein zweites Leben geschenkt bekommen. Ich war voller Glück, Hoffnung und tiefster Dankbarkeit Gott gegenüber, dass ich mir schwor, dieses Glück weiterzugeben, wie auch immer das aussehen mochte.

Diese Zeit, in der es für mich nichts Böses zu sehen gab, sondern ich voller innerem Frieden war, war die prägendste und außergewöhnlichste in meinem Leben. Dieses himmlische Gefühl hielt ein Dreivierteljahr an, bis es sich immer mehr verflüchtigte und ich wieder „die Sabine" aus der Zeit vor dem Unfall war. Mit jedem Tag musste ich ein wenig Abschied nehmen von meiner Glückseligkeit. Aber nun wusste ich, wohin mein Weg führen würde. Ich wollte dorthin zurück! So schnell es ging! Koste es, was es wolle! Meine Zukunft war hiermit festgelegt, und ich begab mich auf die Suche nach dem ewigen Glück.

Ein halbes Jahr später traf ich meinen Traummann. Dachte ich jedenfalls damals. Und ich wollte auch unbedingt einen Traummann! Mit etwas anderem hätte ich mich nicht zufrieden gegeben. Unstimmigkeiten und Ungereimtheiten konnte ich durch meine rosarote Brille nicht sehen. Alles war perfekt, weil ich es perfekt haben wollte. Denn mit der Perfektion kam vielleicht das Glücksgefühl zurück, das sich nach und nach verflüchtigte. Ich hatte Angst, es zu verlieren, und wollte es festhalten.

So wagten wir ein Miteinander und bekamen zwei Kinder. Felicitas, genannt Feli, und Elisabeth, kurz Lisa gerufen! Ich versuchte, alle Ungereimtheiten meiner Ehe beiseite zu schieben. Natürlich geht das nicht lange gut. Eine Erkältung folgte auf die andere. Manche dauerten bis zu einem halben Jahr. Eine lange Zeit wanderte ich von Arzt zu Arzt. Es musste sich doch eine Ursache finden lassen. Aber die Ärzte waren ratlos, und je öfter ich kam, desto ratloser wurden sie. Zum Schluss hatte ich das Gefühl, sie würden mich lieber nicht mehr sehen, da sie mit mir an ihre heilerischen Grenzen stießen. Ich war verzweifelt. Schließlich arbeitete ich halbtags und hatte zusätzlich den Anspruch, eine perfekte Mutter und Ehefrau zu sein.

Unsere Kinder hingegen entwickelten sich prächtig. Feli war immer lustig drauf. Auch wenn sie oft in „Kampfbereitschaft" war, hatte sie einen ausgeprägten Humor. Wir lachten viel und hatten viel Spaß zusammen. Manchmal, wenn sie sich wieder lustig über mich machte, lag ich auf dem Boden und hielt mir den Bauch vor Lachen. Ich flehte sie an aufzuhören, was sie dann, gnadenlos, natürlich nicht tat.

Lisa hingegen war eine Seele von einem Menschen. Weit, sehr weit im Geist. Von ihr holte ich mir immer wieder Rat. Sie war die Verbindende. Ich konnte so viel lernen von den beiden, und es war die reine Freude, mit ihnen zusammenleben zu dürfen. Und auch die beiden liebten einander sehr – trotz ihrer Gegensätzlichkeit.

Trotz allem wurde ich ruhelos. Nacht für Nacht quälten mich schlimme Alpträume. Manchmal hatte ich solche Angst, dass ich abends nicht ins Bett gehen wollte. Kaum war ich eingeschlafen, kamen schreckliche Dinge auf mich zu. Ich konnte mir nicht erklären, warum ich nachts keine Ruhe finden konnte. Ich war doch ausgeglichen! Hatte eine schöne Ehe! Hatte zwei nette Kinder und eine befriedigende Arbeit! Also warum? Ich war doch glücklich, verdammt noch mal!

Instinktiv versuchte ich, meinen Blick noch ein bisschen einzuengen. Irgendwo musste doch das Glück zu finden sein, welches mir Ruhe und Frieden zurückgab.

Es verstrichen ein paar Jahre. Wie heißt es so schön: Gottes Mühlen mahlen langsam. Meine auch!

ᴄᴏ

Irgendwann ist der Punkt erreicht, da kann man beim besten Willen nicht mehr so tun als ob. Ich erzählte meiner Freundin Brigitte von meinen Alpträumen. Und wie das Leben so spielt, fanden wir ein Traumdeutungsseminar, das genau in dem kleinen Ort stattfand, in dem sie wohnte. Also sagte ich für ein Wochenende meiner Familie „Adieu" und fuhr los.

Es war der Anfang einer langen Lehrzeit. Das Seminar leitete ein Psychotherapeut aus Regensburg. Er hieß Bernd, und ich kann heute nicht mehr genau sagen, was mich mehr faszinierte: die Ausstrahlung von ihm oder seine Worte. Er sah mich an und sagte, ich hätte unglaubliche Energie, nutze aber nur einen kleinen Teil davon. Um mich wäre eine riesige rote Aura. Es sei aber wichtig, sie richtig einzusetzen, damit sie nicht destruktiv werden könne. Es war das erste Mal in meinem Leben, dass ich etwas von Aura, Geistwesen und Channelling hörte. Was er sagte, war sehr überzeugend. Nach Jahren hatte ich endlich wieder das Gefühl, zu Hause zu sein. Er sprach von Energien, die man spüren kann, Masken, hinter die man bei Menschen schauen kann. Hellsehen! Wahrnehmen von Fremdenergien – und so weiter. Dinge, die ich auch spürte und über die ich mit niemandem reden konnte, weil keiner begriff, was ich meinte. Endlich hatte ich einen Menschen vor mir, der mich verstand und den ich verstehen konnte – wenn ich es auch noch nicht ganz greifen konnte.

Ich schilderte in diesem Kurs meine Alpträume, und der eine oder andere konnte gut gedeutet werden. Manche konnte auch der Therapeut nicht erklären, das lag wohl daran, dass sie mir verschlüsselt „gegeben" wurden, um mich nicht zu überfordern. Denn wenn man beginnt, bei sich aufzuräumen, muss man langsam vorgehen. Sonst kann es geschehen, dass man sehr erschrickt vor dem, was man jahrelang vor sich selbst versteckt hat.

Dieses Verstecken von Tatsachen dient vorübergehend als Schutzfunktion. Weil ein Anschauen noch zu wehtun würde. Ich aber fühlte mich nun in der Lage, auch meine schwärzeste Seite anzuschauen, meine rosarote Brille abzunehmen und die Ärmel hochzukrempeln, um aufzuräumen. Ja, ich war bereit. Komme, was da kommen wolle. Ich wollte nur noch wissen. Aber wie sollte ich eine Psychotherapie bezahlen können? Mein Geld reichte gerade zum Leben, und selbst dafür war es oft nicht genug!

Meine erste Lektion hieß: Wenn man sich auf den Weg macht, sich selbst kennen zu lernen, findet man auch die richtigen Wegweiser und Hilfen. Als Kind war ich über Jahre von einem Jungen aus der Nachbarschaft missbraucht worden. Jetzt war das der Grund dafür, dass die Krankenkasse die gesamte Therapie bezahlte.

Ich spürte das ferne Glück wieder näher rücken. Aber es folgte ein harter Weg. Es war für mich ein Kampf auf Leben und Tod. Die alte Sabine musste sterben, damit die neue, gesunde Sabine auferstehen konnte. Diese neue Sabine war ja immer schon da, ich hatte sie nur vor Jahren in den Keller verbannt und dann vergessen. Nun musste ich sie wieder herausholen. Und was noch schwieriger war: Ich musste lernen, sie anzuschauen. Schließlich kannte ich nur die alte Sabine. Und die kannte ich so gut, dass ich dachte, die wäre ich wirklich.

Tatsächlich war sie jedoch nur ein ICH, geformt durch Eltern, Gesetze, Muster und vor allem durch Ängste. Ich merkte, dass die Angst mein täglicher Begleiter war. Still, heimlich und leise war sie immer zugegen. Angst, die Arbeit nicht mehr zu schaffen. Angst, meinen Mann zu überfordern und zu verlieren. Angst, nicht gut genug zu sein. Und so weiter … Diese Ängste schnürten mich ein, und ich wollte sie loswerden.

Ich begann mit dem ersten Schritt in Richtung Freiheit und sah mich selbst an. Was ich wirklich wollte, wie ich wirklich bin und was ich lebte. Ich bemerkte, dass ich Kompromisse machte. Dass mein Leben fast ausschließlich aus Kompromissen bestand. Aus Kompromissen und Ängsten.

Bisher war es für mich ganz natürlich, so zu leben, schließlich lebten meine Nachbarn auch so. Ausgenommen vielleicht ein paar Freunde. Aber die waren nicht so angesehen in unserer Gesellschaft. Sie waren Außenseiter. Ich jedoch wollte kein Außenseiter sein. Ich wollte dazugehören – wozu auch immer! Als Kind war ich immer ein Außenseiter gewesen. Das schwarze Schaf, weil ich anders dachte und fühlte.

Ich stand vor einer schwierigen Entscheidung: Wenn ich jetzt anfange, das zu leben, was ich für richtig halte, werde ich auf Unwillen stoßen. Ich werde nicht mehr dazugehören. Ich entschied mich dafür, mich für mich selbst einzusetzen. Unbequem zu sein! Okay! Let's go on!

Die Therapie war wohl die größte Herausforderung, die mich erwartete – so dachte ich damals. Ich konnte nicht ahnen, dass das Umsetzen von Alt in Neu noch viel schwieriger sein würde. Dass ich mich durch Ängste kämpfen musste, die ich damals noch gar nicht sehen konnte. Gott sei Dank! Hätte ich es damals gewusst, ich hätte die Therapie bestimmt nicht begonnen. Mein Mann Michael sah dem Geschehen zuversichtlich entgegen. Schließlich hatte er damit ja nichts zu tun. Dachte er.

❧

Die ersten Monate meiner Therapie und das Überdenken meines bisherigen Lebens gestalteten sich sehr schwierig. Es dauerte lange, bis ich einsah, dass ich mir in vielen Dingen etwas vormachte. Etwas vormachte, weil ich es unbedingt so haben wollte, wie es aber nicht der Wirklichkeit entsprach. Vorsichtig fing ich an, in meiner Ehe aufzuräumen. Zum Unmut meines Mannes Michael, versteht sich. Plötzlich sollten die guten alten Zeiten vorbei sein? Michael war für mich eine Respektsperson. Er brauchte nur seine Stimme zu heben, und ich wurde ganz klein. Mit schwerem Herzen und einem Stein im Bauch versuchte ich nun, aufmüpfig zu werden. Natürlich ganz vernünftig, mit viel Reden und so. Mit viel Verständnis für ihn. Ich gab mir Mühe, aber irgendwie wollte sich das Resultat nicht einstellen. Nämlich ein Gegenüber zu haben, das bereit ist, alte Gesetzmäßigkeiten fallen zu lassen und neue Wege zu gehen. Das hätte natürlich für ihn bedeutet, ein paar Unbequemlichkeiten in Kauf nehmen zu müssen – wie ich sie bereits seit langem in Kauf nahm. Oder wir hätten über neue Wege nachdenken müssen, die für uns beide zufriedenstellender gewesen wären.

Aber leider war das alles viel zu anstrengend für Michael. Er wollte auf die Bequemlichkeiten unserer Ehe nicht verzichten. Eigentlich war er ohnehin ein Einzelkämpfer. Das Gute daran war, dass er mir nie in meine eigene Lebensführung hineinredete. Ich konnte schalten und walten, wie ich wollte. Wenn ich mir also eines Tages eingebildet hätte, ich müsse ein Moslem werden, so hätte ich das tun können, ohne dass mich Michael damit aufgezogen hätte – auch wenn ich es am übernächsten Tag vielleicht als wichtiger angesehen hätte, doch lieber

Katholik zu sein. Er sagte immer, ich wüsste am besten über mich selbst Bescheid. Und solange ich es für mich allein klären konnte, war alles bestens.

Schwierig wurde es, wenn es sich um ein Problem in unserer Partnerschaft handelte. Er empfand es als anstrengend, über sich nachzudenken oder etwas zu verändern. Er fand, es sei schwierig, da er sich selbst so wenig kenne. Ich stand also vor der Aufgabe: Wie kann ich meine Ehe besser gestalten, aber Michael macht nicht mit?

Zuerst versuchte ich es so, wie man es lernt: indem ich bei mir selbst anfing. Schließlich kann Michael ja nichts dafür, wenn ich mich überflüssig fühle – oder? Das ist doch Kinderkram! Muss ich halt schauen, wie ich mich „nicht überflüssig" mache.

Ich überlegte hin und her und fiel natürlich erst mal in mein altes Muster: Ich bin nicht gut genug! Also werde ich in dieser Richtung etwas verändern. Natürlich wusste ich auch: Ich kann nur etwas ändern, bei dem ich meinen Mann raushalten kann, da er ja nicht mitmacht. Schließlich ist es ja mein Leben! Und das muss ich ganz allein auf die Reihe bringen!

Ich entschloss mich, meine Möglichkeiten als berufstätige Frau und Mutter auszuloten. Ich sah mir andere Familien an, nahm andere Frauen genauer unter die Lupe. Mein erstes „Objekt" war eine Hausfrau, die unter der Manie des Tortenbackens litt. Ich bewunderte diese Frau. Wie kann jemand nur solche Torten backen? Das wollte ich auch können. Vielleicht gibt mir das die Erfüllung meines Lebens? Ich stellte mir vor, wie mich alle bewunderten, meiner Backkünste wegen, und wie ich, mit stolzer Brust und wichtigtuerischem Blick, die Geheimkünste des Backens verrate. Ja, genau, das ist es: Sabine, das Backgenie!

Also ging ich daran, Torten aller Art zu backen. Am Anfang war meine Familie begeistert. Endlich mal eine richtige Mutter, die tolle Kuchen backen kann, und nicht diese windschiefen Gebilde, die sie sonst von mir kannten. Doch Woche für Woche verstrich, und mein Backwahn nahm eher zu als ab. Als ich so weit war, in einer Woche drei große Torten zu backen und die erste noch immer im Kühlschrank stand, fragte Michael mich vorsichtig, ob ich nicht ein Päuschen mit dem Backen machen wollte, zumal die Kinder schon das Gesicht verzogen, wenn ich ihnen meine neueste Kreation vorsetzte. „Was heißt hier Päuschen?", dachte ich. „Ich bin doch noch lange nicht fertig!", und schielte auf den Stapel mit Backrezepten, die ich mir erst vor ein paar Tagen aus Zeitungen herausgeschnitten hatte.

Während der nächsten Tage merkte ich, dass meine Motivation nachließ. Ich hatte nicht mehr diese große Freude an meiner neuen Arbeit. Alles ging mir schwerer von der Hand. Außerdem wurde es immer schwieriger, meine Backkünste an den Mann zu bringen, da selbst die gesamte Nachbarschaft schon mit meinen Torten eingedeckt war. Ich glaube, bis zu dieser Zeit hatte noch niemand aus unserer Siedlung je so viel Kuchen essen müssen.

❧

Da das Kuchenbacken nun doch nicht so die wahre Herausforderung, den Sinn meines Lebens zu finden, war, hieß es, etwas Neues zu suchen. Aber das war leichter gesagt als getan! Mittlerweile ging ich regelmäßig zu meinem Therapeuten und leistete dabei Schwerstarbeit. Ich hatte großes Vertrauen zu diesem Mann, weil er mir ohne Umschweife auch meine Schattenseiten und meine Fehler aufzeigte. Er war gnadenlos ehrlich, und das gefiel mir. Ehrlichkeit war für mich schon immer sehr anziehend, auch wenn ich selbst es damit manchmal nicht so genau nahm.

Er machte mir keine Vorwürfe, wenn er mir zeigte, wo ich keine Liebe lebte. Weder Liebe zu mir noch Liebe zu anderen. Schließlich war ich ja deswegen bei ihm, um zu lernen, wie Liebe in meinem Leben aussehen kann. Er zeigte mir auf, wann ich unehrlich war oder gemein, wann ich mich selbst nicht sah oder den anderen. Wann ich ehrlich war und wann nicht, wann ich Kompromisse einging und wo ich sie lieber nicht hätte eingehen sollen.

Manchmal verließ ich wütend seine Praxis, um das nächste Mal einsichtig zurückzukehren. Oft sträubte sich alles in mir: „Nein, so hässlich bin ich nicht! Was fällt diesem Spinner überhaupt ein? Der soll froh sein, an mir zu verdienen! Da kann er gefälligst ein bisschen vorsichtiger sein mit dem, was er über mich sagt!" Aber im tiefsten Inneren spürte ich, dass er Recht hatte, und ich blieb. Er war sehr medial veranlagt und traf immer ins Schwarze. Das wusste ich. Sein Buch wurde für mich zu einem lebenslangen Begleiter. Es hieß: „Vom Ego zum Sum", von Bernd Wicziok.

Bernd erzählte mir auch zum ersten Mal etwas von Geistwesen, die angeblich jeder Mensch zu seinem Freund gewinnen kann: „Diese Geistwesen sind Helfer, die dir mit ihrem Rat immer beiseite stehen." Oh Mann, das klang ja wunderbar! Dann bräuchte ich nicht mehr so viele Freundinnen um Rat zu fragen, wenn ich wieder einmal in einer Zwickmühle war. Diese Geistwesen säßen an einer Quelle höheren Wissens, meinte mein Therapeut. Ich bräuchte sie nur zu fragen. „Hört sich ein bisschen wie Märchen an", dachte ich, „aber ein schönes!"

„Aber wie komme ich an solche Geistwesen?", fragte ich ihn; und er antwortete: „Je mehr du an dir arbeitest, Sabine, dich selbst kennen zu lernen, desto eher gelingt es dir, Kontakt mit ihnen aufzunehmen. Schließlich sind sie dafür da, dass Menschen die Wahrheit allen Seins begreifen."

Wie kann man sich selbst am besten kennen lernen? Ich bemerkte, dass ich viel für andere machte und mich selbst gerne zurücknahm. Es galt, etwas zu finden, das ich nur für mich selbst tun konnte und das mir Spaß machte. Wochenlang überlegte ich fieberhaft, was das sein könnte, und kam zu dem Schluss, dass ich gerne meinen Kindheitstraum wahr machen würde: Ich wollte schon immer ein eigenes Pferd haben. Ausreiten und nur für mich sein, der Natur ganz nahe – zur Ruhe kommen. Irgendwie war ich immer im Stress und nahm mir viel zu wenig Zeit für eine Innenschau. Meine Entscheidung, ein Pferd zu kaufen, stand fest. Als ich meinem Mann davon berichtete, war auch er begeistert. Ihm war nicht entgangen, wie sehr ich auf der Suche nach meinem Daseinssinn war. Meine beiden Kinder sahen mich zwar etwas fragend an, aber die Idee gefiel ihnen.

Es bot sich an, dass ein Bauer direkt bei uns im Dorf einen Unterstellplatz hatte. Und das Pferd ließ auch nicht lange auf sich warten. Der einzige Haken war, dass ich selbst jeden Tag ausmisten musste. Das bedeutete, dass ich weniger Zeit für die Familie haben würde. Aber ich beschloss, es zu probieren. Endlich hatte ich wieder eine Aufgabe, und ich spürte, sie war richtig, denn sie zwang mich, ruhiger und steter zu werden. Zusätzlich fing ich an zu meditieren. Jeden Tag setzte ich mich irgendwo hin und wurde ganz still.

෨෮

Mittlerweile hatten Michael und ich getrennte Schlafzimmer. Ich litt zwar sehr darunter, aber er hatte schon immer einen Raum für sich haben wollen. Ich spürte die Veränderung in unserer Ehe. Es sah so aus, als wäre sie nicht mehr zu retten. Wir liebten uns zwar, hatten aber sehr unterschiedliche Vorstellungen darüber, wie eine Ehe sein sollte. Unser krampfhaftes Festhalten daran, ohne einen anderen, gemeinsamen Weg zu suchen, nahm uns beiden Kraft und die Illusion, auf Dauer ein wirklich glückliches Leben miteinander führen zu können. Ich wollte Austausch haben in meiner Ehe. Das bedeutete, dass wir über uns reden mussten. Dass es möglich sein konnte, sich immer wieder neu kennen zu lernen! Jeder lebt sein Leben, und bei jedem verändern sich Gedanken, Gefühle oder Vorstellungen.

Was mir sehr wichtig war – und das ist es auch heute noch –, war, nach einem Streit darüber zu reden. Warum er entstanden war, welche Missverständnisse es gegeben hatte, wie man den anderen besser verstehen konnte – und wie man damit vielleicht einem erneuten, sinnlosen Streit aus dem Wege gehen konnte.

Für mich war die Zeit mit meinem Mann zwar sehr frei, aber auch sehr einsam. Ich sehnte mich nach Zweisamkeit und Innigkeit. Das hieß aber nicht, allem Streit aus dem Wege zu gehen, nur um der Harmonie willen. Im Gegenteil, ich spürte, dass es für ein gesundes Leben sehr wohl auch bedeutet, streiten zu können, ohne es sich gegenseitig übel zu nehmen. Ich wusste, dass alle Anteile im Menschen gelebt werden sollten, um gesund zu sein. Wenn ich also wütend bin, überlege ich kurz, weshalb ich das bin, und dann möchte ich dieser Wut auch Ausdruck geben. Das heißt aber nicht, dass ich dann wie wild um mich schlage und alle fertig mache, die mir in den Weg kommen. Ich möchte nur kurz meiner Wut Platz machen, damit sie wieder verrauchen kann.

Eigenartigerweise musste ich in meinem Leben begreifen, dass Wut zu zeigen und Wut zu leben in unserer Gesellschaft sehr oft missverstanden und gleichgesetzt wird mit „streitsüchtig sein". Einige meiner italienischen Freunde zeigten unverblümt ihren Ärger und lagen sich Minuten später, wenn alles geklärt war, wieder in den Armen. Nichts musste verdrängt werden, und keiner musste sich zusammennehmen, wenn ihm der Kragen zu platzen drohte. Das fühlte sich für mich so gesund an! Da hatte ich das Gefühl, ich konnte alle Anteile in mir leben, und es befreite mich von „Saurem". Ich fragte mich, ob ich immer nur gut sein müsse, denn ich merkte, dass das von mir erwartet wurde.

Deswegen hat es mein Schicksal wohl besonders gut mit mir gemeint und mir einen Mann geschickt, der besonders harmoniebedürftig war und jedem Streit möglichst aus dem Wege ging. Er hatte eine äußerst wirkungsvolle

Taktik entwickelt: Er brauchte nur autoritär seine Stimme zu heben, und ich verstummte voller Hochachtung. Damit erlebte ich immer wieder meinen Vater, der auch sehr autoritär war und vor dem ich so großen Respekt hatte, dass ich ihn oft aus Versehen mit „Sie" anredete.

Ich wollte dieses Dilemma lösen. Fragt sich nur wie? Da ich in einem Streitgespräch schnell den Tränen nahe war, konnte ich auch nicht gut kontern, geschweige denn mich auf Diskussionen einlassen, bei denen Michael immer gekonnt die Fäden zog. Meist war es so, dass ich vom Thema abkam, mich zerpflücken ließ, um dann zu dem Schluss zu kommen, dass er Recht hatte und ich total falsch lag. Das lief eigentlich immer so ab. Ich war einfach nicht so gewandt im Reden. Es war nie so, dass wir in einer Diskussion auf einen gemeinsamen Nenner kamen. Ich litt furchtbar unter diesen nicht zu klärenden Umständen.

Oft setzte ich mich auf mein Pferd und flüchtete in die Natur, um mir klar zu werden, was ich wollte und welche Möglichkeiten ich hatte. Mittlerweile konnte ich viel von dem umsetzen, was ich bei Bernd gelernt hatte. Sich selbst immer wieder zu hinterfragen, zum Beispiel. Es dauerte lange, bis ich fühlen konnte, was zu mir gehörte und was nicht. In dieser intensiven Zeit lernte ich einen Teil meiner Gefühle erst kennen und akzeptieren. Mein eigenes Gefühl hatte ich ja so viele Jahre nicht richtig beachtet. Ich kannte es gar nicht. Aber das war nur ein kleiner Schritt, den ich machte.

Noch war der Druck groß, weil ich keine Möglichkeit fand, wie ich dieses Gefühl „wiedererwecken" konnte. Was nützte es mir, mein Gefühl zu spüren, wenn ich es nicht anbringen konnte? Michael verstand mich deshalb nicht besser! Dass es eigentlich darum geht, meinem Gefühl Ausdruck zu geben, egal ob ich damit mein Gegenüber erreichen kann oder nicht, wusste ich damals nicht. Wie ich es auch anfing, es kam nichts zurück. Kein Verständnis, geschweige denn eine Änderung – höchstens unangenehmer Streit, nach dem ich dann wieder die Böse war. Nein danke – lieber erst gar nichts sagen! Um des lieben Friedens willen.

❧

Als unsere Nachbarn auszogen, kamen wir überein, dass Michael deren Wohnung mietete, damit wir ein bisschen Abstand bekämen. Um mit den Kindern „überleben" zu können, nahm ich noch eine Stelle als Nachtschwester an. Tagsüber hatte ich nun meinen Halbtagsjob und nachts zeitweise die Wache bei einer Schwerkranken. Die Rechnungen flatterten herein, eine nach der anderen. Ich fragte mich, wann meine Geistwesen sich endlich sehen lassen würden, um mir zu helfen. Aber nichts geschah. Also versuchte ich, stark zu sein und gute Miene zum bösen Spiel zu machen.

Das war ein Fehler. Schon nach ein paar Tagen bekam ich einen Hörsturz. Für eine Woche hieß es nun: Ab ins Krankenhaus. Da erst bemerkte ich, welch enormer Druck auf mir lastete. Ich hatte immer so getan, als wäre ich eine starke Frau, die alles schaffen kann. Ich erlaubte mir ja keine Schwäche! Die Zeit im Krankenhaus verbrachte ich fast ausschließlich mit Weinen. Endlich brach alles aus mir heraus. Der Kummer über meine zerbrochene

Ehe und über den finanziellen Druck schien kein Ende zu nehmen. Wie sehr hatte ich mich selbst vergewaltigt, um ja stark zu sein.

Ich bemerkte, dass in mir noch eine Sabine war, die klein und zerbrechlich war und sehr traurig. Diese Sabine zeigte sich mir, weil sie leben wollte. Sie wollte raus aus ihrem Kellerloch. Es war eine heilsame Zeit. Ich freundete mich mit ihr an.

Einige Wochen später fuhr ich zu meinem Therapeuten nach Regensburg. Ich wollte mir Luft machen und meinen ganzen Frust ablassen. Nie hätte ich gedacht, dass dies das Ende meines jetzigen Lebensabschnitts werden sollte. Auf lauter kleine Zettelchen schrieb ich die Vergehen meines Mannes. Ich schimpfte und wetterte und gab ihm alle Schuld. So viel hatte ich zurückgehalten, und nun musste es heraus. Ich glaube, an diesem Nachmittag ließ ich kein gutes Haar an meinem Mann. Mein Therapeut hörte sich das einige Minuten an, bis er mich unterbrach: „Also, mir klingeln schon die Ohren von deinen Anschuldigungen. Ich glaube nicht, dass dein Mann so schlimm ist. Du willst dich nur nicht selbst sehen, deswegen schiebst du jetzt die Schuld auf ihn. Geh nach Hause und überlege, worin dein Beitrag liegt. Wenn du das eingesehen hast, dann kannst du wiederkommen, aber ohne diese furchtbaren Beschuldigungen."

Ich dachte, ich traue meinen Ohren nicht. Endlich mache ich mir Luft, und dann bekomme ich so eine Ohrfeige! Warum glaubt er mir nicht? Ich habe ihm doch so viele Beispiele genannt, durch die klar auf der Hand liegt, dass Michael gemein war! Ich habe damit weiß

Gott nichts zu tun! Also, wenn nicht mal er mir glaubt, meine Unschuld nicht sehen kann, wer denn dann? Ich war überzeugt davon, dass ich nur das Gute wollte, aber durch meinen Mann daran gehindert wurde. Ich war das Opfer! Jawohl! Ich merkte, wie eine Welt für mich einzustürzen drohte. Wenn er mir nicht glaubte, dann war ich verloren. Er war doch meine Hoffnung, mein wahres ICH zu finden. Und jetzt sah er mich anscheinend nicht mehr so, wie ich wirklich war. Es musste sich um ein Missverständnis handeln. Hallo! … Ich bin die Gute! … Verzweiflung machte sich in mir breit. Ich spürte, wie die altbekannte Angst aus den Tiefen meines Selbst zum Herzen kroch und eisige Kälte sich dort breit machte.

Ich hörte mich noch sagen: „Wenn DU mir nicht glaubst, dann kann ich mich ja gleich aufhängen!" Seine Antwort lautete: „Das sehe ich zwar nicht so, aber wenn du meinst, du musst das tun, bitte! Und jetzt geh! Du kannst jederzeit wiederkommen, wenn du nicht mehr so über deinen Mann herziehst." Mit diesen Worten entließ er mich.

Wow! So fühlt es sich also an, dachte ich, wenn man gleich sterben muss! Ich brauche eigentlich gar nichts tun, weil ich jetzt von ganz alleine sterben werde! Ich stand vor seiner Haustüre und fragte mich, ob ich es wohl schaffen würde bis zum Auto oder ob ich gleich tot umfallen würde. Alles aus und vorbei. Das Leben war ein Hohn! Gut wollte ich sein – Gerechtigkeit leben! Und jetzt war ich die Böse! Wann wird es endlich schwarz vor meinen Augen? Wann bin ich tot? Ich fühlte meine Beine nicht, die mich schleppend zum Auto trugen, spürte den Autoschlüssel in meiner Hand nicht mehr. Eigentlich war ich schon tot! Gleich würde ich zu Boden fallen …

Aber nichts geschah. Ich weiß noch, dass ich mit 40 Stundenkilometern auf der Autobahn heimwärts fuhr. Wie in Watte gepackt bekam ich mit, dass vorbeifahrende Autofahrer mir „den Vogel zeigten" oder den Kopf schüttelten. Aber ich konnte auf nichts mehr reagieren. Schließlich war ich bereits tot. Das wusste ich mit großer Sicherheit. Tot, tot, tot!

Nach etwa einer Stunde Fahrt meldete sich plötzlich eine kleine Stimme aus meinem Innern: „Du bist nicht tot. Es braucht dich nicht zu interessieren, wer und ob dir jemand glaubt. Du glaubst dir – und das reicht! Ja, das reicht! Du brauchst keinen Menschen, der dir glauben muss!" Und dann kam der entscheidende Satz, der mein künftiges Leben verändern sollte: „Und wenn kein Mensch auf der ganzen Welt dir glaubt und du ganz alleine bist, du glaubst dir – und das ist genug!" Ich erwachte aus meinem todesähnlichen Dämmerzustand und fuhr die letzte halbe Stunde nach Hause. In mir spürte ich eine Ruhe, die ich noch nicht kannte, die mir aber von nun an öfter begegnen sollte.

❧

Die nächsten Tage erlebte ich wie in einem Vakuum. Ich begann, mich ohne Angst anzusehen, und merkte, dass ich sehr wohl bereit war, Unfrieden zu stiften. Ich begann zu begreifen, dass es nicht um Schuld ging, sondern darum, dass wir unterschiedliche Vorstellungen hatten, die noch dazu von unseren Ängsten zubetoniert waren.

Angst, nicht gut genug zu sein, um geliebt zu werden. Angst vor Veränderungen, wenn man nicht weiß, was auf einen zukommt. Wir verschleiern unsere Ängste, weil wir davon überzeugt sind, sonst nicht existieren zu können. Wir haben Angst vor unserer eigenen Hässlichkeit, weil uns von Kindesbeinen an eingetrichtert wurde, dass man nur liebenswert ist, wenn man gut ist.

Das Positive darf gelebt werden, das Negative muss in den Keller. Damit beginnt unser aller Ungleichgewicht, und dieses gilt es später, durch harte Arbeit an sich selbst, wieder auszugleichen.

Jetzt war ich wirklich bereit, mich anzusehen. Mit meinen guten und schlechten Seiten. Ich kam zu der Einsicht, dass Bernd Recht hatte. Er hatte erkannt, dass es bei mir noch nicht ein wirkliches Sehen meines Selbst war, sondern dass ich geblendet war von meiner eigenen Verschleierungstaktik. Seine Grobheit gab mir die Gelegenheit, mich wirklich zu sehen. Was für ein Geschenk!

Mittlerweile waren drei Wochen vergangen, ohne dass ich nach Regensburg gefahren war. Es drängte mich dazu, ihn anzurufen, um ihm meine „Heilung" mitzuteilen. Aber noch hielt mein Stolz mich davon ab. Irgendwann jedoch war ich frei von diesem falschen Stolz, rief ihn an und erzählte ihm von meiner Einsicht.

Er war sehr froh, dass ich mich meldete, und meinte: „Im Nachhinein hatte ich daran gezweifelt, ob es richtig gewesen war, so direkt und grob zu dir zu sein. Es war ein dreister Versuch, dich aus deiner schützenden Burg herauszubringen. Neues kann erst entstehen, wenn du das Alte verlassen hast. Doch jetzt bin ich froh, dass ich es gewagt habe. Dein Erkennen ist ja der Beweis."

Theoretisch wusste ich das ja, aber nicht, wie es in Wirklichkeit aussah. Jetzt hatte ich gespürt, wie es ist, wenn man einen kleinen Tod durchlebt. Schockierend, aber äußerst wirksam! Wir vereinbarten gleich einen Termin, um darüber zu sprechen. Kommende Woche konnte ich zu ihm fahren.

Die Zeit bis dahin überbrückte ich mit Meditationen. Nicht lange, nicht oft. Aber ich merkte, dass sich etwas verändert hatte. Beim Meditieren fühlte ich mich plötzlich nicht mehr alleine. Manchmal war es so, dass ich mich umdrehen musste, weil ich dachte, jemand säße hinter mir. Dieses Gefühl verstärkte sich zunehmend.

Eines Abends kam Michael und zeigte mir eine neue CD. Es war die Aufnahme von Trommeln, mit einem Rhythmus wie bei afrikanischen Trance-Tänzen. Ich wollte sie gleich ausprobieren, setzte die Kopfhörer auf und machte es mir in einem Sessel bequem. Das Trommeln dauerte über eine halbe Stunde und versetzte mich in eine angenehme Ruhe. Doch plötzlich bekam ich Angst: Wer saß da noch auf meinem Sessel? Ich spürte ganz deutlich zwei Personen. Ich riss die Kopfhörer herunter und öffnete die Augen, aber ich sah niemanden. Ja, spinne ich denn jetzt? Ich hätte wetten können, dass da zwei Personen saßen. Es musste sich um eine Sinnestäuschung handeln. Ich setzte meine Kopfhörer wieder auf und schloss die Augen. Nach weniger als fünf Minuten geschah wieder das Gleiche. Ja, Herrschaftszeiten – da sitzt doch jemand! Vorsichtig blinzelte ich durch fast geschlossene Augenlider, aber niemand war zu sehen. Das Gefühl jedoch, dass da jemand war, blieb.

Ich bekam es mit der Angst zu tun, schleuderte den

Kopfhörer zu Boden und verließ schleunigst den Raum, um meinem Mann davon zu berichten. Er sagte, ja, das könne schon sein, denn mit diesem Trommeln ließen sich Häuptlinge in Trance bringen. Und in diesem Zustand konnte man in Kontakt mit Geistwesen treten. Irre! War das meine erste Begegnung? Mir zitterten noch immer die Knie, weil es ein so echtes Gefühl war. Als wäre es Wirklichkeit und zwar in unserer Welt!

Das musste ich Bernd erzählen. Am nächsten Tag fuhr ich zu ihm. Es wurde ein langer Nachmittag. Er meinte, jetzt sei ich so weit, dass ich, wenn ich wollte, mit meinem Geistführer Kontakt aufnehmen könnte. Ich bräuchte keine Angst haben und sollte mich öffnen, den Dingen, die da kommen würden. Und tatsächlich, als wir so sprachen, sah ich rechts hinter ihm einen Mann in der Ecke stehen. Er sah aus wie Jesus oder ein Ägypter in weißem Gewand. Er setzte sich auf den Boden und sah uns an. Bernd sagte, ich solle ihn fragen, wie er hieße. Sofort hörte ich den Namen „Uterus". Aber seine Lippen bewegten sich nicht. Ich antwortete gedanklich: „Das kann ich nicht laut sagen." Da bekam ich zur Antwort: „Du kannst auch Utus zu mir sagen."

Als ich nach Hause fuhr, bemerkte ich, dass ich nicht alleine im Auto war. Wenn ich mich umdrehte, sah ich niemand, aber ich wusste, da saß jemand, der keinen materiellen Körper hatte. Neugierig geworden und diesmal ohne Angst, stellte ich ihm eine Frage. Ehe ich mich besann, kam auch schon die Antwort. Das war ja höchst interessant!

Die Fahrt wurde zu einem Frage- und Antwortspiel. In

diesen einundhalb Stunden konnte ich alles fragen, was mich interessierte. Ob es um Dinge ging, um Menschen oder Situationen – ich bekam eine mir einleuchtende, ganz einfache Antwort. Und was noch toller war: Die Antworten lösten ein Gefühl bei mir aus. Und zwar ein Gefühl, welches mir bestätigte, dass sie richtig waren. Es war solch ein Hochgefühl, ich war selig. Jetzt hatte ich es wieder, das Glück!

Das Frage- und Antwortspiel lief ohne gesprochene Worte ab. Ich dachte mir die Frage aus, und die Antwort kam in meinen Kopf, ohne dass ich die Worte hörte. Natürlich dachte ich kurz, ich würde mir die Antworten ausdenken. Also stellte ich Fragen über viele Dinge und Menschen, deren Antworten ich gar nicht kennen konnte. Oft war ich richtig erstaunt über diese oder jene Erklärung, konnte jedoch durch sie die Situation oder den Menschen viel besser verstehen. Plötzlich hatte alles einen Sinn! Ich begann, Dinge zu verstehen, weil ich mich in die jeweilige Situation hineineinversetzt fühlte. Wie ein Schachspieler, der seine Figuren gekonnt und systematisch auf den jeweiligen Feldern hin und her schiebt. Es war faszinierend!

Als ich zu Hause war, verschwammen die Bilder, Eindrücke und Worte wieder. Obwohl ich es versuchte, konnte ich den „Geistführer" nicht mehr erreichen. Ich war sehr enttäuscht. War dieses Erlebnis etwa schon zu Ende, kaum dass es begonnen hatte? Während der nächsten Tage tat ich alles Mögliche, um die Erfahrung noch einmal zu machen. Aber trotz Meditationen und Trommelreisen wurde es immer leiser und leiser und leiser...

Als gar nichts mehr kam, widmete ich mich wieder

meinem Alltag. Schließlich hatte ich ja ein Pferd, das meine Aufmerksamkeit brauchte, und außerdem meine auseinander brechende Ehe. Michael wohnte jetzt tagsüber in seiner neuen Wohnung, und nachts schlief er noch bei mir. Ich wollte es so, weil ich mich nachts fürchtete und mir wenigstens dann vormachen konnte, dass alles wieder gut würde.

Es war eine turbulente Zeit, und um nichts zu vergessen, begann ich, alles, was ich erlebte, mit oder ohne Geistwesen, in mein Tagebuch zu schreiben. Ich schrieb bereits seit meinem 15. Lebensjahr, und da durfte diese Zeit nicht fehlen. Fast täglich widmete ich mich meinem kleinen Buch und schrieb und schrieb.

Bis sich eines Tages Gedanken wie von selbst in meinen Kopf drängten und sich auch gleich zu Papier brachten. Ja was schreib ich denn da? Man konnte es kaum lesen, so ein Gekritzel war es.

Am Anfang waren es nur einzelne Wörter. Später folgten ganze Sätze, und noch später konnte ich wieder Fragen stellen und bekam per Handschrift die Antwort geliefert. Manchmal waren sogar Sätze in fremden Sprachen darunter, in Englisch oder Latein. Nach einer Durchsage schrieb ich einmal z.B. die lateinischen Worte: „… et numinos tuba." Was so viel heißt wie „göttliches Sprachrohr".

Aber ich wollte unbedingt den direkten Kontakt zu den Wesenheiten und nicht so eine Schreiberei. Wieder fing ich an, vermehrt zu meditieren in der Hoffnung, irgendjemand würde sich melden. Dem Schreiben gab ich weniger Beachtung. Ich fühlte mich seelisch stark genug, um direkten Kontakt zu haben. Ja, ich war bereit! Eines Morgens lag ich im Bett und bat die Wesenheiten inständig, zu mir zu kommen. Ich wollte sie wiederhaben. Ich lag da und wartete. Plötzlich merkte ich, wie sich die Luft im Raum mit Energie füllte und diese Energie sich auf mich setzte und meine Glieder ganz schwer wurden. Ich konnte mich kaum noch bewegen. Mich ergriff eine Panik, wie ich sie noch nie erlebt hatte. Ich hatte das Gefühl, gleich sterben zu müssen. Die Energie drückte mich zu Boden, so dass ich aus dem Bett fiel.

Ich wollte meinen Mann rufen, aber wie hätte er mich hören sollen? Ich bekam nur ein Piepsen heraus, und er war in seiner Wohnung, über der meinen. Mein Gott, jetzt war alles aus. Das war mein Ende! Spontan kam mir der Satz: „Und die Geister, die ich rief ...", in den Sinn. In diesem Moment schwor ich, bei allem was mir heilig war, sollte ich das alles überleben, würde ich mich nie wieder mit dem Thema „Geister" beschäftigen. Nie mehr, großes Ehrenwort! Ja war ich denn verrückt geworden? Glaubte ich wirklich, dass so ein kleines unbedeutendes Menschlein Zugang zu einer allwissenden Welt einfach so bekam, weil es das wollte? Was bildete ich mir überhaupt ein? Wahrscheinlich war ich kurz davor, größenwahnsinnig zu werden. Nein, nein – ich will es gar nicht mehr! Ihr könnt ruhig gehen, ich werde euch nie mehr rufen. Ehrenwort!

Ich war so schwer geworden, dass ich nur im Zeitlupentempo am Boden entlangkriechen konnte. Mein Herz raste, und ich dachte, gleich zerspringt es. All meine bisherigen Schandtaten kamen mir in den Kopf, und ich gelobte Besserung und große, große Demut. Doch ich konnte schwören, was ich wollte, es wurde nicht besser.

Plötzlich fiel mir mein Therapeut Bernd ein. Der musste mir helfen! Schließlich hatte er mich ja dorthin gebracht. Der mit seinen blöden Geistwesen. Er hätte mich warnen sollen, dass da draußen auch die Hölle wartet. Mein Gott, wahrscheinlich sind im ganzen Zimmer Dämonen, die mich jetzt holen!

Mühsam kroch ich zum Telefon und wählte seine Nummer. Immer noch am Boden liegend, mit der Angst im Nacken, es würde mein letzter Anruf sein.

„Wicziok!", erklang die vertraute Stimme. „Bernd … Hilfe … eine Energie drückt mich auf den Boden… ich krieg keine Luft mehr … ich glaube, ich muss sterben … hilf mir!" Ich stammelte, so gut es eben ging in meiner Situation.

Bernd war die Ruhe in Person. Er sagte, das könne schon vorkommen, dass die Energie für mich noch zu stark sei. „Aber du hast alles in der Hand und brauchst keine Angst zu haben. Du stirbst schon nicht!" Bei diesem lockeren „Du stirbst schon nicht" dachte ich: „Der begreift ja meine Situation gar nicht!" Einen Moment lang überlegte ich, wie ich mich für diesen Satz revanchieren könnte, sollte ich das alles überleben. Er riet mir: „Du sagst einfach: ‚Das will ich nicht mehr', und dann wird es leichter werden. Aber du musst es wirklich befehlen und ganz konsequent sagen: Aufhören! Das will ich nicht. Es ist zu viel!" Und damit verabschiedete er sich und legte auf. Zack Bumm! Ich starrte den Telefonhörer an. Aha, du machst es dir wieder einfach. Na, mal sehen, ob es funktioniert. Mit letzter Kraft krächzte ich: „Aufhören! Es ist zu viel! Das will ich nicht!"

Und es wurde leichter und leichter, und plötzlich war

alles wieder normal. Was war das denn gewesen? Sofort rief ich Bernd an: „Hi Bernd, kannst du mir vielleicht jetzt erklären, was das gerade war? Ich bin ziemlich geschockt." Bernd meinte: „Es kann schon vorkommen, wenn man mit Geistwesen kommuniziert, dass die Energien zu unterschiedlich sind. Die Wesenheiten müssen auch erst lernen, sich auf die Energien der Menschen ‚herunterzubringen'. Manchmal klappt es halt nicht auf Anhieb, und dann erlebt man das, was dir gerade passiert ist. Lass dir einfach Zeit. Die Geistwesen wissen schon den richtigen Zeitpunkt für ein Treffen mit dir, wo du nicht überfordert bist. Hab ein bisschen Vertrauen. So etwas willst du doch bestimmt nicht noch einmal erleben, oder?"

„Ganz bestimmt nicht! Oh nein! Lieber warte ich, bis ich hundert Jahre alt bin." Ich war geheilt von dem Wunsch nach einer ganz schnellen Begegnung mit Geistwesen.

Ich hatte gelernt, loszulassen und mich wieder auf ein Treffen in meinem Tagebuch zu freuen. Aber ich dachte auch: Wenn sie schon so nahe sind, vielleicht dürfte ich dann auch einen Wunsch aussprechen, und sie würden mir helfen, ihn zu erfüllen? Einen Versuch war es jedenfalls wert! Aber nicht mehr heute. Ich war bedient!

Und so verstrichen die nächsten Wochen, ohne dass ich den dringenden Wunsch verspürte, wieder in Kontakt mit den Geistwesen zu treten. Ich wusste jetzt, dass sie da sind, und das reichte mir. Noch saß mir der Schock in den Gliedern, und ich war nicht erpicht darauf, so etwas noch einmal zu erleben.

Ich konzentrierte mich auf meine Ehe und überlegte, wie ich sie retten könnte. Für mich war klar: Ich musste nur mit meinem Mann richtig reden können. Aber wie sollte das gehen? Er war mir haushoch überlegen. Ich war überzeugt davon, hätte ich die richtigen Argumente und könnte ihm das erklären, was mir wichtig war, dann hätten wir eine Chance. Doch erst mal brauchte ich den Mut dazu, und was noch wichtiger war: einen roten Faden!

Tag für Tag nahm ich mir vor, am Abend mit ihm zu reden. Wir hatten zu dieser Zeit eine freundschaftliche, aber auch sehr oberflächliche Beziehung. Es musste doch möglich sein, wieder Tiefe hineinzubekommen. Immer nach einer Diskussion hatte ich das Gefühl, es nicht genau auf den Punkt gebracht zu haben. Und doch ließ ich mich von meinem Innersten dazu verleiten, jeden Abend ein Klärungsgespräch zu führen – mit niederschmetterndem Ergebnis. Ich kam mir hilflos vor, klein und mickrig. Unsere Gespräche waren in null Komma nichts beendet. Also nahm ich mir eines Tages ein Herz und bat diese noch unbekannten Geistwesen, mir zu helfen und mir das eine oder andere Argument zuzuspielen.

Am Wochenende sahen Michael und ich zusammen fern, tranken Wein und unterhielten uns ein wenig. Plötzlich bemerkte ich, dass meine Stimme Dinge sagte, die ich gar nicht sagen wollte. Natürlich ging es wieder um unsere Ehe. Dabei hatte ich mir geschworen, die nächste Zeit nicht mehr darüber zu sprechen, weil es zu belastend war, wenn man dann zusammen doch nicht auf einen grünen Zweig kam. Doch ich hörte mich reden und reden, hatte auf einmal gute Argumente und ließ mich nicht schachmatt setzen. Seine Zerstreuungstaktik wirkte nicht mehr, weil ich gnadenlos den roten Faden in der Hand behielt und er mir auf vieles einfach antworten musste. Ob er wollte oder nicht, ich ließ ihm keine Gelegenheit mehr auszubüxen. Es wurde ein sehr heftiges Gespräch, jedoch ohne Streit. Ein Erklären-Wollen, ein Hintergründe-Erforschen.

Weit nach Mitternacht waren wir beide total k.o. und gingen aufgewühlt ins Bett. Es war das erste Mal, dass ich das Gefühl hatte, genau das gesagt zu haben, was ich auch meinte. Und ich staunte über mich selbst – mit welcher Perfektion ich alles zur Sprache gebracht hatte. Neutral und ohne Anklage! Und damit konnte ich ihn erreichen. Ich war ein glaubwürdiger Vertreter meiner Ansichten geworden, ohne eine Schlammschlacht der Gefühle heraufzubeschwören. Und dem musste er sich stellen!

Am nächsten Tag hatte ich so was wie einen „Gefühlskater". Noch im Bett liegend, erinnerte ich mich an unser Gespräch. Wie klar und präzise ich plötzlich alles ausdrücken konnte. Wie schnell ich geistig meinen Mann wieder zurückholen konnte, wenn er sich abseilen wollte. Es gab keine Ecke mehr, in der er sich hätte verstecken können. Wollte ich das wirklich? Gnadenlos? Nein, bestimmt nicht. Ich schwor mir, diesen Abend gar nichts sagen. Ich würde schon damit klarkommen. Hab ich ja die ganzen Jahre gemacht! Ich kann mich zurückschrauben. Jedenfalls tat er mir auf einmal Leid.

Der Abend kam, wir saßen zusammen, und plötzlich hörte ich mich schon wieder reden. Halt, nein – nicht! Ich machte zwar eine kleine Pause, aber dann fing ich wieder an, und eh ich mich versah, waren wir inmitten in einer sehr tief gehenden Diskussion. Michael wandte alle Möglichkeiten der Rhetorik an, um mich verstummen zu lassen. So viele Jahre hatte es doch gewirkt! Er verstand nicht, weshalb ich plötzlich so stark war. Aber es half ihm nichts. Unermüdlich erklärte ich, deckte auf, stellte Fragen und riss damit den Schutzwall ein, den er früher immer um sich bauen konnte. Auch mich selbst nahm ich nicht in Schutz.

Ich legte meine Ängste, Gedanken und Bedürfnisse auf den Tisch. Ich traute mich, über meine eigene Verzweiflung zu sprechen. Über das, womit ich mich ungerecht behandelt fühlte. Auch sagten wir uns weinend, wie sehr wir uns liebten und dass wir Angst hatten, uns zu verlieren. Unsere Welten waren gar nicht mal so verschieden, nur unsere Vorstellung davon, wie eine Ehe sein sollte.

Nach diesem Abend schwor ich mir, nie, nie wieder so tiefe Gespräche mit ihm zu führen. Sie schmerzten zu sehr. Damals verstand ich noch nicht, dass das Aufräumarbeit war. Diese Arbeit hätte uns die Gelegenheit gegeben, unsere Beziehung neu zu überdenken. Neue Wege zu gehen. Aber wir konnten das nicht sehen. Diese Gespräche kamen und gingen, und jedes Mal fragte ich mich danach, wer da in Wirklichkeit gesprochen hatte? Eines wusste ich ganz sicher: Ich war es nicht gewesen!

☙

So ging es eine Zeit lang weiter: Ich schwor, wir redeten, ich schwor, und wir redeten. Eines Tages bemerkte ich, dass sich etwas in mir veränderte. Ich fühlte mich sicherer.

So, als könnte ich ganz gut auf mich selbst Acht geben. Es machte mir keine Angst mehr, wenn ich merkte, dass jemand böse auf mich war. Ich spürte meinen Widerstand dagegen. Ich hatte nicht mehr das Bedürfnis, mich sofort bei demjenigen, der mir böse war, „einzuschleimen", damit wir wieder gut waren. Früher musste ich mich sofort wieder vertragen, wenn jemand auf mich sauer war. Ich wollte meine heile Welt nicht in Gefahr bringen – dafür riskierte ich schon mal was. Auch wenn es mein eigener Wert war. Hauptsache, alles war wieder gut!

Und noch etwas geschah. Obwohl es schmerzlich für mich war zu sehen, wie wir uns auseinander bewegten, merkte ich, dass ich „so" nicht mehr zusammenleben wollte. Ich war einen Schritt gegangen, gut – er war sehr anstrengend, aber jetzt wollte ich den Weg zu Ende gehen, egal wohin er mich führte. Ich war der Überzeugung, es konnte nur besser für mich werden. Mit diesem Gefühl konnte ich meine Traurigkeit überwinden. Sie war jetzt nicht mehr alltäglicher Begleiter für mich. Und noch etwas sagte mir, dass ich auf dem richtigen Weg war: meine Träume!

Die Alpträume verschwanden, und schöne Dinge geschahen. Da kamen Kinder auf mich zu, Säuglinge küssten mich, ich vertrug mich mit jedem, und in meinem Traumgarten wuchsen Blumen und Getreide. Es musste der richtige Weg sein!

Die nächsten Wochen verbrachte ich damit, meine Wohnung neu einzurichten. Ich hatte ein wenig Erspartes, und jetzt machte es für mich Sinn, es für die Verschönerung der Wohnung zu verwenden. Liebevoll richtete ich die Zimmer meiner Mädels ein, gönnte mir selbst das eine oder andere neue Teil und war glücklich.

Eines Morgens war ich im Bad und putzte mir die Zähne. Ich blickte in den Spiegel und staunte: Hey, das bin ja ich. Endlich konnte ich mich wieder im Spiegel erkennen. Jahrelang war dieser Anblick für mich der gefürchtetste gewesen. So sehr hatte ich mich selbst nicht mehr gesehen, mit meinen Wünschen und Bedürfnissen, dass mich, sobald ich in den Spiegel schaute, eine fremde Frau ansah. Und anstatt wirklich hinzusehen, warum das so ist, blickte ich lieber nicht mehr hinein.

Und jetzt? Ein Wunder! Da war ich wieder! Ich schnitt ein paar Grimassen und strahlte mich an. Sabine, da bist du wieder. Mein Gott, ist das Leben schön! Das gab mir neuen Auftrieb, und damit konnte ich meine Traurigkeit in Schach halten.

Mittlerweile schlief Michael auch in seiner Wohnung. Ich versuchte, es mir so schön wie möglich zu machen, aber mein Geld ging allmählich zur Neige. Und ich hatte noch so viele Wünsche! Mein größter Wunsch war eine neue Küche. Früher war Altes und Gebrauchtes gut genug gewesen. Jetzt wollte ich Neues für mich und vor allem Schönes! Raus mit dem ganzen Krusch! Ich fackelte nicht lange und entrümpelte meine Wohnung. Alles, was nicht niet- und nagelfest war, flog raus. Und dann? Ich hatte überhaupt kein Geld mehr. Und ich wünschte mir so sehr eine tolle Küche. Aus Holz und Stein.

Warum sollte das eigentlich nicht möglich sein? Ich tat doch jetzt so viel für mich und mein Glück. Ich musste die Geistwesen fragen. Die letzten Tage spürte ich wieder, dass sie mir nahe waren. Also legte ich mich aufs Bett und rief sie im Geiste. Nichts geschah. Ich beschloss, zu Bernd zu fahren. Er musste mir helfen.

Bernd war sichtlich überrascht, als er hörte, was sich bei mir alles getan hatte. Vor allem freute er sich, dass es mir besser ging. Er erklärte mir, dass die Verbindung zu den Wesenheiten deswegen nicht zustande kam, weil ich mich innerlich noch weigerte. Aha! So einfach also?

Auf der anschließenden Heimfahrt versuchte ich, mich den Geistwesen wieder zu öffnen. Im nächsten Moment saß mein geistiger Freund Utus hinter mir und erklärte mir, was demnächst auf mich zukommen würde. Ich hörte nur zu. Er kündigte an, ich würde in der nächsten Zeit noch zwei weitere Geistwesen kennen lernen. Er sei Utus, Geist des Bauches und des Gefühls. In der Zeitspanne, in der wir intensiven Kontakt haben würden, würde ich alles lernen, was mit „Gefühl" zu tun hat. Ich würde in meinem eigenen Leben sehen können, wann ein Gefühl stimmt und wann nicht, um später damit anderen Menschen helfen zu können. Um sie sehen zu lassen, wo ihr Gefühl wirklich ist.

Danach würde ich Jakobi kennen lernen. Er sei der Geist des Herzens. Ich würde mit ihm „die Liebe überhaupt" kennen lernen. Die wirkliche Liebe! Und noch später käme dann Latento. Er sei der Geist des Geistes, und mit ihm würde ich lernen, mit dem Geist zu spielen. Utus sagte, in ein paar Jahren würde ich eine andere Arbeit machen. Nämlich andere Menschen heilen.

„So ein Quatsch!", dachte ich. Von Medizin verstehe ich nichts und werde es bestimmt auch nicht lernen. Nie im Leben! Daran habe ich gar kein Interesse! Und sofort zweifelte ich auch die Echtheit des Geistwesens an. „Na, du bist mir ja ein toller Geist. Kennst nicht mal meine

Interessen. Wer weiß, aus welcher Ecke du kommst? Wer sagt mir denn, dass ich mich auf euch verlassen kann?" Utus schien keineswegs verärgert über so viele Zweifel. Im Gegenteil, er wirkte amüsiert. Ich sah ihn lächeln, obwohl er hinter mir saß. Das war ein Phänomen, dem ich noch oft begegnen durfte. Er sagte: „Auch wenn du es jetzt noch nicht glauben kannst, die Dinge, die geschehen, werden für sich selbst sprechen."

„Ja aber, woher weiß ich denn, ob ihr gute Wesenheiten seid? Und wenn ich mich öffne für euch, woher bekomme ich die Gewissheit, dass keine bösen Mächte von mir Besitz ergreifen? Ich habe schon auch ein bisschen Angst!", warf ich ein. Utus versprach mir: „ Bei einer Wahrheit spürst du immer die Liebe. Du brauchst keine Angst davor haben, dass sich böse Geister deiner ermächtigen. Wir passen auf dich auf, so dass dir kein Leid geschehen werde."

Das beruhigte mich. Er sprach mit einer großen Ernsthaftigkeit, die Eindruck auf mich machte, ohne mich einzuschüchtern. Ich wandte ein, dass auch böse Geister sehr mächtig sein können. In Gedanken hatte ich den Film „Der Exorzist" vor mir. Utus entgegnete, wenn ich glaubte, das Böse sei mächtig, wie viel mächtiger sei dann die Liebe? Er gab mir noch die eine oder andere Erklärung, um sich dann von mir zu verabschieden. Aha, dachte ich, jetzt ist wieder Sendepause! Aber ich irrte, denn kaum hatte ich dies gedacht, meldete sich Utus noch einmal und sagte, er werde jetzt immer bei mir bleiben und zugänglich für mich sein. Er ziehe sich nur zurück, weil es für mich noch zu anstrengend sei, ich müsste ja auch erst lernen, mich auf seine Energie einzulassen.

Tja, was sagt man denn dazu? Anscheinend hatte ich jetzt meinen eigenen Hausgeist. Jippie, geschafft! Ich war glücklich! Gott sei Dank ahnte ich nicht, dass noch schwierigere Zeiten mit gierigen Händen nach mir griffen. Ich musste ja selbst erst noch so viel lernen. Und wie heißt ein schönes Sprichwort bei uns? „Es ist noch kein Meister vom Himmel gefallen." Aber nach diesem Zusammentreffen dachte ich natürlich, ich hätte den Meisterbrief schon in der Tasche.

Die nächsten Wochen verliefen sehr locker für mich. Meine immer vorhandene Angst schien sich von mir zu verabschieden. Michael sah meine Veränderung und freute sich mit mir. Obwohl ich ihm immer alles erzählte und er interessiert zuhörte, war ich mir nie ganz sicher, ob er mich belächelte, weil ich jetzt eine Ablenkung gefunden hatte, oder ob er mir wirklich glaubte. Ich jedenfalls glaubte. Und das war das Wichtigste. Aus, basta!

❧

Eines Tages, als ich mich müde auf mein Bett legte und nachdachte, wie ich zu meiner Traumküche kommen könnte, meldete sich Utus von selbst. Er sagte, er sähe meinen Wunsch nach dieser Traumküche. Ich sollte keine Abstriche machen und mich nicht mit einer nicht so schönen Küche zufrieden geben. Ich sollte mir die schönste Küche holen. So ein Witzbold! Womit denn? Er lachte und meinte, ich würde so viel Geld bekommen, dass ich sie mir kaufen könnte. Ich müsse nur noch ein bisschen warten. Das Geld wäre schon auf dem Weg zu mir.

Hmm – da kommen doch die einen oder anderen

Zweifel wieder hoch. Ist das jetzt wahr, oder ist es nur Kopfkino? Ich bekam die tollsten Zusicherungen, aber die momentane Lage war einfach so, dass ich keine einzige übrige Mark hatte. Spontan kam mir das Wort „Vertrauen" in den Kopf. Also gut, dann würde ich mal mein Vertrauen zeigen. Schließlich waren es gute Geistwesen. Und ich würde ja sehen, wie real sie wirklich waren. Bei solchen Zusagen! Da brauchte ich schon eine besonders große Portion Vertrauen. In finanziellen Angelegenheiten war ich immer sehr realistisch gewesen. Na gut, dann würde ich jetzt warten. Und so vergingen die Wochen.

Mittlerweile hatte ich mir eine wunderschöne Küche angesehen, von der ich schon lange träumte. Ich zeichnete einen Plan, wie ich was haben wollte, welches Material – und dachte mir allen möglichen Schnickschnack aus, bis der Entwurf fertig war. Eine Küche aus schwerem Vollholz – unbezahlbar, mit riesiger Granitspüle, verschiedenen Höhen und Tiefen. Alles war fertig. Nur das Geld kam nicht!

Weitere Wochen verstrichen, und das Geld war noch nicht mal in Sichtweite. Ich wurde mutlos. Also doch nur Kopfkino! Es gibt gar keine Geistwesen. Von wegen Wahrheit, Heilen und so weiter – alles ein Fantasiegebilde meines Geistes! Wahrscheinlich bastelte ich mir diese Wesenheiten zusammen, weil ich unbedingt wollte, dass es wahr wäre. Ich war kurz vor einem Absturz. Michael musste herhalten.

Ich fragte ihn Löcher in den Bauch. „Glaubst du wirklich, dass es Geister gibt, die gut sind und die obendrein noch Kontakt zu Menschen suchen? Die einem Versprechungen machen?" Er bestätigte mir, dass er es eigentlich glaubte: „Ja, ich denke schon, aber die Tatsachen sprechen doch immer für sich. Wenn du Versprechungen bekommst, die aber nach einer gewissen Zeit nicht eintreffen, kannst du sicher sein, dass du dir alles nur einbildest. Ohne Beweise würde ich an deiner Stelle vorsichtig sein."

Okay! Ich ließ keine Gelegenheit aus, um an Geld zu kommen. Aber wie sollte ich dreißigtausend Mark zusammenbekommen? Ich versuchte es mit einem Kredit, aber mein Bankberater schüttelte nur mitleidsvoll den Kopf. Denn: Ohne einen Bürgen kommt ein Kredit gar nicht in Frage! Ich versuchte es bei anderen Banken, doch eigentlich sagten sie alle das Gleiche. Und so viel Geld schon gar nicht! Auch mein Vater war nicht bereit, wenigstens für mich zu bürgen. Aus und vorbei! Ich ärgerte mich über meine kindliche Naivität zu glauben, die Geistwesen würden mir einen Schatz schenken.

Fortan versuchte ich, alles, was mit Geistern zu tun hatte, aus meinem Leben zu streichen. Ich wurde richtig wütend auf mich selbst, weil ich so blind vertraut hatte. Die nächste Zeit strafte ich mich selbst mit einer Art Nichtbeachtung meiner eigenen Person. Ich sollte sehen, wie das ist, wenn man die Realität, in der man lebt, ausblenden möchte und sich eine schönere zimmern will. Das hatte ich nun davon, geschah mir ganz recht! Allerdings hatte ich noch einen Termin, in der nächsten Woche bei einer Bank in Landshut, wo meine Eltern lebten. Dem Telefongespräch nach waren die noch strenger. Aber ich hatte nichts mehr zu verlieren.

So fuhr ich nach Landshut, zur Bank. Und natürlich lief es da nicht anders als bei den anderen Banken auch.

Mittlerweile war meine Wunschküche schon zusammengeschrumpft. Zehntausend ginge auch! Kann der Korpus eben nicht aus Vollholz sein! Das sieht man ja sowieso nicht. Und eine normale Spüle tut es auch. Ich kann sie ja mit viel Dekoration verschönern und überhaupt, Dekoration ist das A und O. Was hilft dir eine Vollholzküche, wenn die Dekoration fehlt. Gar nichts! Aber sie wollten nicht mal einen Kredit von zehntausend Mark einräumen. Es war ein Tiefschlag. Mein Vater hatte dort drei Konten, und der war Steuerberater! Sie wussten also, dass sie keine Angst um ihr Geld zu haben brauchten. Eigentlich war es ja eine Frechheit! Schließlich verdienten sie ja auch am Geld meines Vaters. Je mehr ich darüber nachdachte, desto wütender wurde ich. Was bildet sich diese Bank eigentlich ein? Wütend stapfte ich zu meinem Auto. Da meine Eltern direkt gegenüber der Bank wohnten, hatte ich dort mein Auto geparkt. Ich wollte ihnen jedoch, geladen wie ich war, nicht von meinem Frust mit dem lieben Geld erzählen. Mit dem Autoschlüssel in der Hand schoss ich um die Ecke. Diesen Küchenwunsch würde ich nun endgültig begraben. Und prompt stieß ich mit meinem Vater zusammen, der gerade von seiner Mittagspause kam und zurück ins Büro wollte.

Ich muss wohl ziemlich schlimm ausgesehen haben, denn er fragte bestürzt, was denn los sei. In einem Wortschwall versuchte ich, ihm alles zu erzählen. Diese blöde Bank, was bilden die sich ein, so viele Jahre war ich nun bei ihnen, und nie hat es Probleme gegeben. Und nun bräuchte ich ein bisschen Geld, und sie stellen sich so an!

Mein Vater fragte, wie viel ich denn aufnehmen wollte? Ja eigentlich fünfzehntausend Mark! Er sah mich kurz an und sagte: „Weißt du was, ich leih dir das Geld! Bei mir brauchst du keine Zinsen zu zahlen. Wir gehen gleich rüber und heben das Geld ab. Denen werden wir es zeigen, und im Übrigen löse ich meine Konten dort auf und gehe zu einer anderen Bank!"

Wie bitte? Mein Vater leiht mir freiwillig Geld? Und noch dazu so viel? Ich war baff! Das ist alles nur ein Traum! Mein Vater hat mir noch nie Geld geliehen. Und jetzt? Fünfzehntausend Mark! Taumelnd ging ich mit ihm zur Bank, er hob all sein Geld ab und gab mir bar auf die Hand fünfzehntausend Mark.

Tja, dazu glaub ich, brauche ich wohl nicht mehr zu sagen! Aber es sollte noch besser kommen! Kaum war ich zu Hause, rief mich mein Vater an und erklärte, da er mir vor 13 Jahren nichts zur Hochzeit gegeben hatte, schenkte er mir jetzt dieses Geld. Uff!

Und es ging noch weiter! Eine Woche später bekam ich ein Schreiben meiner Bank, dass nächsten Monat mein Sparvertrag fällig wäre und ich eine Auszahlung von 12000 Mark erhalten würde. Mittlerweile waren es schon 27000 Mark. Und für die restlichen 3000 konnte ich ohne Schwierigkeiten mein Konto überziehen. Noch dazu bekam ich die Küche zum Einkaufspreis, da ein Freund, der Küchen verkaufte, sie mir beschaffte. So. Ich war sprachlos.

ɕɔ

Das war Anfang 1996. Es ging mir gut, aber ich besuchte immer noch einen Ehe-Therapeuten, da ich mich mit dem Ende meiner Ehe nicht anfreunden konnte. Auf der einen

Seite wollte ich meinen Mann nicht loslassen, auf der anderen wusste ich, dass ich mit ihm nicht glücklich werden konnte. Ich war in einem ewigen Zwiespalt. Und noch viel weniger wollte ich dasselbe noch einmal mit einem anderen Mann erleben. Also musste ich mir darüber klar werden, warum ich überhaupt in so eine Situation gekommen war. Ich sehnte mich nach einer Partnerschaft, in der es geistige und körperliche Harmonie gab. Ich wollte weder auf das eine noch auf das andere verzichten. Auf alle Fälle wollte ich keine Halbheiten mehr. Lieber bliebe ich alleine, meinte ich damals noch großspurig. Aber Reden und Tun sind zwei Paar Stiefel. Vorsichtig ließen meine Geistwesen anklingen, dass eine schwere Zeit auf mich zukommen werde, die aber wichtig wäre. Ach ja – das mach ich doch mit links!

Eines Abends vor dem Einschlafen unterhielt ich mich, wie jetzt so oft, mit den Wesenheiten. Ich war voller Freude, sie zu haben, dass ich mich überschwänglich bei ihnen bedankte und sie bat, mich an die Hand zu nehmen, um mir meinen Weg zu zeigen. Da spürte ich, wie erst meine rechte, dann meine linke Hand warm wurde und eine weiße Energie in jeden Arm gesandt wurde. Die beiden Energieströme liefen hoch und trafen sich an meinem Herzen wieder, das warm wurde, heftig zu pochen anfing und ganz hell leuchtete. Es war fantastisch!

Das waren Highlights, die mir unbeschreiblichen Mut machten.

Mit allem, was ich erlebte, merkte ich, dass sich in mir allmählich etwas wieder meldete, was lange verborgen war. Ich fühlte mich lebendiger und spürte, dass Gefühle wiederkamen, die ich lange verdrängt hatte. Es war noch nicht greifbar, was es eigentlich war, aber es hatte etwas mit diesen Gefühlen zu tun. Meine eigenen Gefühle waren mir nicht mehr wichtig gewesen. Immer nur die der anderen. Jetzt, da ich mich endlich mit mir selbst beschäftigte, wurde der Wunsch groß, diese Gefühle wieder ins Leben zu holen. Aber noch machte ich mir zu viel vor: wie stark ich doch sei, wie unwichtig meine Wünsche wären.

Und prompt bekam ich einen zweiten Hörsturz. Wieder hieß es: ab ins Krankenhaus. Wieder musste ich mich mit meinen Tränen auseinander setzen. Es war eine harte Arbeit. Insgeheim hatte ich gehofft, dass jetzt nur noch schöne Zeiten kommen würden. Deswegen hat mich dieser Hörsturz sehr verunsichert. Machte ich etwas falsch? Waren die Geistwesen überhaupt noch da? Und wo war das dauerhafte Glück?

Irgendetwas lief doch eindeutig falsch! Noch immer war ich der Überzeugung, dass ich mein Glück von morgens bis abends geschenkt bekommen würde und ich selbst nichts dafür zu tun brauchte. Also nutzte ich die Zeit im Krankenhaus als „Reinigung", weinte täglich und war erstaunt, was sich da schon wieder für eine Flut zusammengebraut hatte. Wo kamen nur die ganzen Tränen her?

Ich begann, meine Situation zu überdenken, und musste mir eingestehen, dass ich sehr wohl große Angst vor der Einsamkeit hatte. Immer dann, wenn im Alltag diese Angst zu groß wurde, musste Michael bei mir übernachten. Das beruhigte mich. Ich konnte dann wenigstens so tun, als ob ich nicht allein wäre. Ja, ja, der Mensch ist schon sensationell, wenn es darum geht, sich selbst etwas vorzumachen! Ich fühlte mich im Krankenhaus allein gelassen. So wenig gebraucht! Außer den Kindern brauchte mich ja auch niemand. Zu was auch? Und für mich war es doch so wichtig, gebraucht zu werden. Aber keiner brauchte mich! Obwohl ich nur drei Tage dort blieb, kam es mir vor, als wären es drei Monate. All meine Gedanken und Empfindungen durchliefen mich wie im Zeitraffer. Es war so, als wäre ich abgeschnitten von meiner Familie. Aber welcher Familie eigentlich? Es waren nur noch meine beiden Kinder da und kein Mann mehr. Und Kinder sind ja mehr oder weniger abhängig. Aber ein Erwachsener ist nicht mehr abhängig. Bei ihm ist es freiwillig, wenn er sich nach einem sehnt. Nach mir sehnt, weil ich ihm einfach wichtig bin in seinem Leben? Eben weil ich so bin, wie ich bin!

Wieder zu Hause angekommen, waren meine Ohren belegt, und ich hatte große Angst, es würde erneut zu einem Hörsturz kommen. In dieser Zeit fing ich an, genau darauf zu achten, wie es mir ging und welche Gefühle ich wann hatte. Ich musste lernen, ehrlich zu sein, damit sich nicht wieder etwas Ungesundes aufstaute.

Meine neu eingerichtete Wohnung versetzte mich jedoch immer wieder in ein Glücksgefühl. Ich spürte, wie sich das Glück anfühlte, und es war herrlich. Jetzt verstand ich auch, warum es mir so wichtig war, eine schöne Wohnung zu haben. Da konnte ich täglich am Glück schnuppern.

Mein größtes Glück, meinte ich, sei jedoch ein Mann, der sich um mich und die Kinder kümmert, liebevoll ist, und dafür kann er auch ruhig ein bisschen autoritär sein.

Eine Frau muss unterwürfig sein, das ist nun einmal ihre Stellung! Dachte ich damals. Ich wollte unbedingt, dass alles einen Sinn hatte, dass jeder seinen Platz hatte und überhaupt, dass alles ganz einfach wäre. Wie ich jetzt weiß, muss man sich Dinge nur lange genug wünschen!

∾

Es musste etwas verändert werden in meinem Leben. Eigentlich musste ich mich verändern. Wenn ich mich nicht ändere, ändert sich gar nichts. Klar! Habe ich schon hundertmal gelesen. Und hundertmal gedacht, na klar! Aber mich nie daran gehalten.

Ich war jetzt bereit, mich zu ändern. Als Erstes wollte ich mit dem Rauchen aufhören. Also nahm ich, wie man so schön sagt, meine geistigen Wesen zur Seite und bat sie, mir dabei zu helfen. Ich wollte anfangen, meinen Körper zu achten. Eigentlich war es nur eine einzige Bitte, die aber von Herzen kam. Und so hörte ich tatsächlich von heute auf morgen auf zu rauchen. Es war für mich schier unglaublich, wie einfach das ging. Ich war jetzt eine Nichtraucherin!

Das folgende Jahr wurde ein Jahr der Ruhe und des „In-Sich-Kehrens". Ich hatte so viele Fragen, und die mussten alle beantwortet werden. So bat ich meine „Freunde", mich zu begleiten und mir zu helfen, wenn ich nicht mehr weiterwusste.

An einem Sonntag im Jahr 1996 lag ich im Bett und döste vor mich hin. Ich war im Halbschlaf, als ich plötzlich eigenartige Empfindungen hatte. Irgendjemand war bei mir und erklärte mir, wie man die geistige Welt sehen könne. Irgendwie müsse man „anders sehen". So wie bei dreidimensionalen Bildern. Wenn man es einmal könne, wäre es ganz leicht. Und plötzlich „tuckte" es an meinen Füßen. Es kam immer höher und fühlte sich wie, ja tatsächlich, fühlte sich wie schwarze Punkte an. Natürlich weiß ich, dass man im normalen Leben schwarze Punkte nicht fühlen kann. Aber in diesem komischen Zustand fühlte ich die schwarzen Punkte ganz deutlich.

Ich wollte meinen Mann rufen und merkte, dass ich keinen Ton herausbrachte. Ich wollte aufstehen, aber ich konnte mich nicht mehr bewegen. Ich war wie erstarrt. Ja was war das denn? Bin ich jetzt gelähmt? Ich spürte aber sehr wohl noch Leben in mir, nur dass ich keinen Körperteil mehr kontrollieren konnte. Alles war wie eingefroren. „Oh Mann, vielleicht bin ich jetzt scheintot, bekomme alles mit und kann weder schreien, noch mich bewegen." Sämtliche Geschichten über Scheintote fielen mir ein, und Panik machte sich breit. Nein, Hilfe, ich will nicht sterben und lebendig begraben werden. Mein Herz schien zu zerspringen, also war ich doch einwandfrei lebendig? Oh Gott, was konnte ich tun?

Da fielen mir zum Glück Bernds Worte ein: „Wenn du etwas nicht willst oder mit einer Sache nicht einverstanden bist, liegt es an dir, STOPP zu sagen." Und das tat ich dann im Geiste so lange, bis ich mich mit Gewalt aus diesem Zustand zwischen Wachen und Träumen bringen konnte. Es war eigenartig, aber auch von sehr großer Angst besetzt. Ich versuchte, dieses Erlebnis zu vergessen. Was sollte es auch für eine Bedeutung haben? Erst später erfuhr ich, dass es das Anfangsstadium eines Körperaustritts war. Aber zu dieser Zeit wäre ich wahrscheinlich mit diesem Wissen restlos überfordert gewesen.

Nichtsdestotrotz wollte ich wissen, warum, wieso und weshalb. Ich wollte den direktesten und kürzesten Weg zur „Wahrheit" finden. Aber welchen Weg sollte ich gehen? In welche Richtung sollte ich laufen? Überall schien es irgendwelche Schwierigkeiten zu geben. Damals dachte ich, der richtige Weg brächte gar keine Schwierigkeiten. Erst dann wäre es der richtige Weg. Welch trügerischer Gedanke!

Die Wesenheiten zeigten mir, um was es ging. Sie sagten: „Du kannst nur in die Richtung laufen, in die du läufst. Weil nämlich genau dieser Weg für dich momentan der richtige Weg ist. Es gibt gar keine falschen Wege für irgendjemanden, weil jeder mit größter Anstrengung nur seinen besten Weg geht.

Egal was den Menschen ‚außen' prägt, der Weg, für den er sich jetzt entscheidet, ist nach bestem Wissen und Gewissen der beste Weg für ihn. Einen anderen Weg kann man ohnehin nicht gehen, und könnte man es, würde man es auch tun. Verstehst du? Es gibt keine falschen Wege in dem Sinn."

Aha, so ist das! Also bin ich, da, wo ich bin, richtig. Und so wie ich jetzt bin wahrscheinlich auch. Denn ich bin so, wie ich gerade sein kann. Ich verstand ganz leise, dass es okay war, so zu sein, wie ich war. Ich brauche also nicht mehr so tun als ob. Es war wichtig für mich, das zu verstehen. Da ich ja immer lieb und nett sein wollte, musste ich mich oft verstellen. Ich ahnte, dass es eigentlich nur darum ging, sein wirkliches Selbst zu leben. Und dieses Selbst war nun mal nicht immer lieb und nett.

Irgendwie fühlte ich mich befreit. Befreit von einer Maske, die zu tragen mir zunehmend schwer fiel. Aber so war ich aufgewachsen: lieb und nett sein, nicht auffallen und schon gar nicht irgendwelchen Ärger zeigen. Wütend sein war tabu. Und das sollte plötzlich erlaubt sein? Ich zweifelte noch sehr an dieser Theorie. Aber ich fühlte ihren Wahrheitsgehalt. Ja, das fühlte sich gut an!

Meine Erkältungen ließen sich nicht mehr sehen, und meine Wünsche schienen sich von alleine zu erfüllen. Ich war voller Kraft. Manchmal hatte ich das Gefühl, als würde ich von einer geheimen Quelle diese Kraft geschenkt bekommen. Hatte ich an einem Tag zum Beispiel Stress und war am Abend ausgepowert, war ich am nächsten Tag wieder voller Kraft und Leben. Nichts schien mir zu viel zu werden, auch wenn ich tausend Termine hatte. Eine außergewöhnlich tolle Zeit!

❦

Ich hatte also Kraft und Geld. Viele meiner Freunde wunderten sich, was ich mir alles leisten konnte. Und ich selbst wunderte mich noch viel mehr. Eine schöne Wohnung mit einer Traumküche, ein schönes Auto, ein Pferd und auch noch Zeit, das alles zu nutzen. Ich konnte mich auf mich selbst verlassen und hatte ein Gespür für „richtig" und „falsch", was meine Empfindungen anging. Und was noch komischer war: Gerade weil ich mich seit einiger Zeit so in meiner Mitte fühlte, hörte ich von Bekannten, dass da, wo ich sonst immer mit maskenhaft freundlichem Gesicht herumlief, meine Gesichtszüge ernst aussahen. Ich hatte begonnen, die Maske abzulegen!

Ich konnte sogar richtig aufmüpfig werden und ließ mir nicht mehr alles gefallen. Plötzlich wurde ich unbequem. Nicht mehr diese ja-sagende Sabine. Ich lernte, NEIN zu sagen. Es war lustig zu beobachten. Ich begann den Mund aufzumachen, wo ich sonst alles in mich hineingefressen hatte. Meinem Bekannten, der meine Küche eingebaut und dabei einen kleinen Fehler gemacht hatte, sagte ich, mit viel Herzklopfen, was mich störte – und prompt sparte ich mir achtzig Mark.

Meinem Mann begegnete ich nicht mehr mit Eifersucht, und sogleich bekam ich einen lieben Brief von ihm. Ich begann, meine Gedanken auszusprechen. Das Leben kehrte für mich zurück, und das nicht nur einfach, sondern doppelt und dreifach, so dass ich sogar aussortieren musste und gar nicht alle Chancen wahrnehmen konnte! Wenn ich mein jetziges Leben mit dem von vor fünf Jahren verglich: Da war ich wie tot! Und was am schönsten war? Ich hatte mir das alles selbst erarbeitet. Und momentan war bei mir überall Ernte!

Eins jedoch blieb mir nach wie vor unklar: Weshalb hatte ich immer Partner, die nicht zu mir passten? Grundsätzlich geriet ich an Männer, bei denen ich mich alleine und wertlos fühlte. Das wollte ich auch ändern. Noch ahnte ich nicht, dass dies das Schwierigste für mich sein würde. Meine Geistwesen vertrösteten mich, wie mir schien. Sie sagten: „Aber es will so sein, da du nichts anderes kennen gelernt hast. Durch die jetzige Bewusstwerdung wirst du befreit von dem Gedanken, du müsstest alles annehmen und dürftest dich nicht wehren.

Du musst erst leer sein, damit du dich wieder auffüllen

kannst. Aber auffüllen mit guter Qualität. Alter Dreck muss raus, damit das Beste reinkommen kann. Du bist in der Klärungsphase, das heißt, Verabschiedung von lieb gewonnenem Altem, um es gänzlich aus deinem Leben zu verbannen. Denn das Neue, Gute ist so nahe. Habe Geduld und vertraue auf dich. Du bist so nahe, weil du zielstrebig deinen Weg gehst. Die Himmelstüre steht schon offen. (Und das mir, wo jegliche Religion mir ein Graus war!) Lass das Alte los!"

Ja, das waren Utus und Jakobi, die mir dies sagten. Sie waren und sind mir zwei wichtige Weggefährten. Ich fühlte mich aufs Innigste mit ihnen verbunden.

♥

Es war Winter geworden. Dicke Flocken fielen vom Himmel. Draußen lag hoher Schnee. Ich sah aus dem Fenster und genoss diese ruhige Zeit. Ich beschloss, von nun an mehr zu meditieren. Vergessen waren meine dubiosen Erfahrungen. Ich wollte es noch einmal probieren!

Ein paar Tage später, die Kinder waren bei Freunden, entschied ich mich für eine kleine Meditationsreise im Stillen. Ich setzte mich einfach auf den Boden, schloss die Augen, und ziemlich schnell bemerkte ich, dass mehrere Wesen im Zimmer waren. Anfänglich musste ich durch eine Mauer der Angst und des Unbehagens. Aber da wollte ich durch. Dann wurde es plötzlich ruhig, und es war Frieden. Es meldete sich Utus. Er meinte, meine Mutter würde sterben und ich hätte keine Gelegenheit mehr, sie zu sehen. Ich könne sie nur noch kurz anrufen. Er sagte auch noch, dadurch entstünde ein neuer Anfang, weil ich viel Geld erben würde. Meine Mutter hätte ihr Leben fertig gelebt und es wäre für sie eine Erlösung, weil sie auf der Schwelle des negativen Denkens stehen geblieben wäre und keine Möglichkeit für sich hätte, eine andere Richtung auszuprobieren. Das hätte sie erst wieder nach ihrem Tod, wobei er mir auch sagte, sie würde sich wieder eine Opferrolle aussuchen.

Wumm – das saß! Natürlich rannte ich sofort zum Telefon. Ich malte mir die schlimmsten Geschichten aus und sah meine Mutter schon sterbend und kreidebleich in ihrem Bett liegen. Tränen rannen mir übers Gesicht, als ich ihre Nummer wählte. Mama, bitte nicht. Warte noch, ich muss dir noch so viel sagen. Wie sehr ich dich liebe und brauche. Warte noch! Gedanklich ging ich meinen Kleiderschrank durch. Hatte ich etwas Schwarzes für die Beerdigung? Heute ist Samstag, dann kann ich mir auch nichts mehr kaufen! Ich kann doch nicht bunt gekleidet auf die Beerdigung meiner eigenen Mutter gehen!

Meine Mutter meldete sich mit kräftiger Stimme. Nanu, dachte ich. Das klingt ja nicht gerade todkrank. Verunsichert fragte ich sie nach ihrem Tag. Meine Mutter erklärte mir quietschvergnügt, was sie alles gemacht hatte. Also – das hörte sich ganz und gar nicht nach Sterben an. Aber die Geistwesen hatten es gesagt! Wahrscheinlich hatten sie einen plötzlichen Tod gemeint! Verwirrt legte ich auf. Hmmmm …

Was jetzt? Ich beschloss, am nächsten Tag zu ihr zu fahren. Vor ihrem Tod! Als am Morgen keine schreckliche Nachricht kam, setzte ich mich ins Auto und fuhr los. Meine Mutter öffnete mir die Türe und erzählte mir, sie habe jetzt überhaupt keine Zeit für mich, da sie in Eile sei.

Ich war vollständig verwirrt. Konnte ich meinen Geistwesen doch nicht trauen? Hatte ich mich zu sehr in diesem Geistigen verrannt? Muss man aufpassen, mit wem man redet? Hatten die Geistwesen mir nicht versprochen, dass mir nichts geschehen würde? Dass sie stärker waren als irgendwelche anderen Wesen?

Da bedurfte es einer Erklärung! Ziemlich sauer fuhr ich nach Hause. Am Abend legte ich mich aufs Bett und bat Utus und Jakobi zu mir. Es dauerte nicht lange, und ich spürte, wie sich jemand auf meine Füße setzte, mein Rücken ganz warm wurde und es oben auf meinem Kopf seltsam spannte. Das waren für mich immer Zeichen, dass sie da waren. Ein Erkennungszeichen sozusagen!

Was sie mir lachend erklärten, fand ich gar nicht lustig. Sie meinten: „Das war eine kleine Lektion für dich gewesen, dich nicht mit jedem Geistwesen, welches sich bei dir meldet, abzugeben. Es ist wichtig zu wissen, dass du, wenn du uns rufst, so konkret wie möglich bist. Es gibt auch gewisse Irrlichter, die sich gerne wichtig machen, sofern sie die Gelegenheit dazu bekommen. Und wenn du nicht genau sagst, welche Art von Geistwesen du sprechen möchtest, dann können eben auch solche kommen. Sie sind aber harmlos und haben dir ja nicht geschadet, auch wenn sie dir damit einen Schrecken eingejagt haben. Rufe in Zukunft nur hohe Geistwesen, wenn du Hilfe brauchst, um sicher zu sein, dass nur solche kommen. Hohe Geistwesen sagen nie etwas Negatives, da es für sie kein positiv oder negativ gibt. In all ihren Antworten siehst du die Liebe. Die Liebe ist eine Art Erkennungszeichen." Aha!

Die nächsten Wochen verstrichen, ohne dass sich etwas

Besonderes ereignete. Ein Tag war wie der andere. Ich begann mich zu langweilen. Der Kontakt zu meinem Mann, der immer noch über mir wohnte, war spärlich geworden, und mir fehlten die vielschichtigen Gespräche mit ihm. Meine Meditationsübungen fielen auch eher flach aus. Ich hatte keine geistigen Eingebungen mehr!

Solche ruhigen Zeiten machten mir zu schaffen. Ich wollte Aktion! Am liebsten von morgens bis abends und jeden Tag. Doch nichts geschah. Kurz überlegte ich, ob ich vielleicht Pausen nicht ertragen konnte? Hatte halt schnell das Gefühl, meine kostbare Zeit zu vertrödeln! Irgendein geistiges Erlebnis war wieder mal angebracht, um nicht das Gefühl zu bekommen, es ginge nichts voran. Und ich wollte doch jede Menge lernen!

Bei einer ziemlich gewaltsam herbeigeführten Meditation hörte ich wie von weitem die Worte: „Genieße und lebe, denn es wird dir gegeben werden. Alle seien wir im Ganzen gefangen und kämen auch wieder dahin zurück. Drum mache dir keine Sorgen, auch für dich ist gesorgt. Nur in deiner Ganzheit ist gesorgt, drum kümmere dich nicht um Nebensächlichkeiten." Nun wusste ich, ich musste warten, und wahrscheinlich waren auch die Pausen für irgendwas gut. Ich ging wieder zum Alltag über und begnügte mich mit einfachen Dingen.

☙

Aber ohne einen Partner war alles nur halb so schön. Ich konnte einfach nicht alleine sein. Je länger ich wartete, desto weniger hatte ich die Hoffnung, jemanden kennen zu lernen, der mich interessierte. Einer meiner Patienten meinte es besonders gut mit mir. Er trug immer gut mit Ratschlägen auf. Er sagte, ich müsse rausgehen und Leute kennen lernen, denn es würde kein Prinz plötzlich vor meiner Türe stehen und anklopfen. Und er gestand mir, dass er selbst schwer verliebt in mich sei … ! Ich musste eine magische Anziehung auf dieses Alter haben. Er war nicht der Erste, der mir das beichtete. Und er war achtzig! Na ja, so bitter nötig hatte ich es nun doch nicht!

Meine Suche nach dem Geistigen war endlos. Ich wusste, da gibt es etwas, und das wollte ich finden. Wieder wandte ich mich an die Geistwesen. „Bitte, bitte, helft mir. Ich möchte lernen! Gebt mir irgendeine Möglichkeit." Und tatsächlich! Kurz nach meiner Bitte las ich in der Zeitung von einem Medium, welches die Stadt besuchen wollte. Da wollte ich natürlich hin! Ich meldete mich sofort zu dem Vortrag an. Mit gemischten Gefühlen sah ich mir das Ganze an. Es war für mich etwas verwirrend, denn die Personen, die sich als Medien outeten, waren allesamt einfache Hausfrauen!

So hatte ich mir ein Medium nicht vorgestellt. Im Geiste hatte ich eine braun gebrannte Zigeunerin mit schwarzem wirrem Haar und einer Kristallkugel gesehen. Ja, ich weiß! Ein Klischeedenken! Aber hat mir jemals jemand gesagt, dass es auch Hausfrauen sein können? Ich war skeptisch. Na, man wird ja sehen! Sie gingen so selbstverständlich mit ihren angeblichen Fähigkeiten um. Als wäre es etwas ganz Normales, ein Medium zu sein. Kein Hokuspokus! Das gefiel mir. Ich mochte keine Zeremonien und Heiligtuerei. Das, was ich sah, sah sehr bodenständig aus.

Am Ende des Abends ließen sie dann noch den Satz fallen, dass sie auch Medien ausbildeten. So ganz nebenbei! Das war für mich das Stichwort. Genau das brauchte ich! Eine richtige Ausbildung. Ich meldete mich zu dieser Ausbildung im Sommer an der Nordsee an. Jetzt hatte ich wieder einen Lichtblick, auch wenn ich darauf noch ein halbes Jahr warten musste. Ich hatte endlich wieder ein Ziel!

Bis dahin musste ich mir aber andere Ziele ausdenken. Schließlich lebte ich ja auf der Erde und wollte auch hier etwas erreichen. Nach langem Überlegen beschloss ich, für mich und die Kinder ein kleines Häuschen zu bauen. In unserer Siedlung waren noch Bauplätze frei, und für mich war es „die" Herausforderung. Ich hatte zwar keine müde Mark, aber wenn Gedanken und Wünsche so viel Macht hatten, dann konnte ich auch das schaffen! Mit meinem Steuerberater ging ich Möglichkeiten durch, um an Geld zu kommen.

Es sollte nicht irgendein Haus sein. Ich wollte ein kleines, altes, echt bayerisches Haus haben. Unten mit Steinen gebaut und oben aus hundertjährigem Holz, das aus ehemaligen Getreidekammern stammte. Fragte sich nur, wie ich an so alte Balken kommen könnte? Aber wenn man wirklich will …! Und so kam es, wie es kommen musste! Ich lernte einen alten Bauern kennen, der genau solche hundertjährigen Balken hatte und sie mir auch verkaufen wollte. Zu einem guten Preis, versteht sich!

Eine Baufirma fand sich im Ort, in dem ich wohnte, die solche alten Häuser schon nachgebaut hatte. Und diese Häuser waren im Nachbardorf, in einer Ferienhaussiedlung, zu besichtigen. Die einzige Schwierigkeit, die es noch zu beseitigen galt, war, dass der Baugrund, den ich gerne gehabt hätte, noch nicht als Baugrund genehmigt worden war.

Es geht doch!, dachte ich. Alles verlief reibungslos, ich brauchte nur zuzupacken.

Aber leider ging es dann doch nicht so glatt, denn meine große Tochter machte mir einen Strich durch die Rechnung. Sie beichtete mir: „ Ach Mama, eigentlich will ich hier gar nicht mehr wohnen. Wenn wir hier nicht bald weit weg ziehen, liege ich irgendwann tot im Bett. Mir wäre lieber, du und Papa, ihr würdet ganz weit auseinander wohnen.“

Es hatten sich Feindseligkeiten zwischen meinem Mann und mir eingeschlichen. Wieder mal ein Zeichen, dass man nicht so tun kann als ob...! Wir hatten immer noch nicht aufgeräumt zwischen uns. Und die Leidtragenden waren die Kinder. Meine Tochter fühlte sich zerrissen, weil sie immer auf uns beide achtete, damit keiner von uns Erwachsenen zu kurz käme.

„Mama, ich will keine Schuldgefühle mehr haben, wenn einer von euch alleine in seiner Wohnung ist. Am liebsten hätte ich, wenn wir nach Norddeutschland zu deiner Freundin Beete ziehen würden. Ich möchte endlich zur Ruhe kommen und keine Sticheleien zwischen euch mehr sehen.“ Aha, hatte sie es also doch mitbekommen!

Meiner jüngeren Tochter dagegen passte es so, wie es war. Sie sagte, sie brauche auch den Papa. Und auch für meinen Mann wäre es furchtbar gewesen, wenn ich weggezogen wäre und er die Kinder nicht mehr täglich sehen konnte. Was sollte ich tun? Auf der einen Seite sah ich natürlich die Dringlichkeit, einen klaren Schlussstrich zu ziehen. Auf der anderen Seite hing ich aber auch selbst noch sehr an meinem Mann und an dem Ort, in dem wir wohnten. Ich hatte viele Freunde, jeder im Dorf kannte mich. Das Ausreiten mit Freunden – und die Kinder hatten auch ihr Pony hier. Und doch spürte ich, dass etwas mich fortzog! Meine Angst war nur: Bekomme ich es auch anderswo wieder so schön? Ich hatte hier so lange an meinem Glück gearbeitet. Es war wunderschön, so wie es jetzt war. Und es kam noch ein wichtiger Faktor hinzu: Es gab hier viele Möglichkeiten, nebenbei zu arbeiten. Ich hatte endlich keine allzu großen Geldsorgen mehr.

Ich fühlte, dass etwas fehlte, was mich wirklich ausfüllte. Und ich spürte, bei meiner jetzigen geistigen Reife würde ich das weder in Norddeutschland noch in Kanada oder Spanien finden. Es müsste so ein Gefühl des „Angekommen-Seins" sein. All mein Sehnen und Streben ging in diese Richtung. Auch ein neuer Partner hätte mir da nicht helfen können.

Wichtige Fragen ließen sich nicht verdrängen und kamen in regelmäßigen Abständen wieder: Was will ich im Leben? Für was bin ich hier? Was ist meine Bestimmung? Es ließ mich nicht mehr los. Irgendwie fühlte ich mich zur Heilerin berufen. Obwohl ich bei mir absolut keine Anzeichen irgendeiner Heilkraft ausfindig machen konnte. Vielmehr kamen mir die Worte von Utus und Jakobi in den Kopf, die ganz zu Beginn unseres Kennenlernens behauptet hatten, ich werde „heilen". Schön langsam zweifelte ich an meinem Verstand. War mir alles zu Kopf gestiegen? Jedenfalls wollte ich im Sommer meine

Ausbildung zum Medium antreten, und dann wüsste ich ja, ob an meinem Gefühl etwas Wahres war.

❦

1998! Ich hatte schweren Herzens die Scheidung eingereicht! Es konnte ja nichts Neues kommen, wenn ich noch Altlasten hatte! Also schrieb ich meinem Mann einen Abschiedsbrief, unter vielen Tränen. Aber ich wusste, ich musste jetzt auf mein Innerstes hören. Musste mich von lieb gewonnenem Alten verabschieden. Denn dieses Alte klebte noch an meinen Vorstellungen.

Das Neue dagegen hieß: „Ich werde geliebt!" Seltsamerweise spürte ich, wie dieser Satz immer größer wurde, und alles, was nicht damit zusammenpasste, wollte ich nicht mehr für mich akzeptieren. Ich war neugierig geworden, wohin ich mich selbst führen würde. Wichtig war, dass ich alles aus meinem Herzen heraus tat. Dass ich alles aus Liebe oder vielmehr in Liebe tat.

Oder sah Liebe anders aus? War sie nicht alles verzeihend? Das war ich nicht. „Ich will es so tun, dass niemand Schaden nimmt, keiner verletzt wird, jeder geschützt bleibt. Das muss doch möglich sein!" Die Geschichte mit meinem Mann schrie nach Klärung, und das tat ich nun.

Die Scheidung verlief kurz und schmerzhaft. Anschließend saßen wir belämmert in einem Café, vor unseren Kaffeetassen. Das war's dann also!

Ein paar Wochen später wurde es Zeit, mich zu meinem Kurs aufzumachen. Ich war neugierig und unheimlich aufgeregt! Was würde geschehen? Ich fuhr an die Nordsee und konnte gleichzeitig Urlaub bei Freunden machen, die dort ein Haus hatten. Beete und Jan, ein Töpferehepaar mit zwei Kindern. Sie versprachen mir, wenn ich Zeit hätte, würden sie mir beibringen, mit einer Töpferscheibe zu arbeiten. Ein alter Traum!

Mit zwei dicken Koffern und vielen guten Ratschlägen wohlmeinender Freunde fuhr ich nun an die Nordsee. Im Zug nahm ich einen Fensterplatz und blickte hinaus. Diese Reisezeit wollte ich mir nehmen, um die letzten Tage noch einmal Revue passieren zu lassen. Graue Wolken hingen am Himmel, und es begann leicht zu regnen. Die verschiedensten Landschaften zogen an meinem Zugfenster vorbei, aber ich registrierte sie kaum. Zu sehr war ich in Gedanken. Was nun wohl auf mich zukommen würde? Einschläfernd ratterte der Zug in Richtung Norddeutschland. Eine unglaubliche Müdigkeit überkam mich, und ich schloss die Augen.

Nach endlos langen Stunden stand ich dann, mit meinen beiden Koffern bepackt, auf dem Kieler Hauptbahnhof. Ich kramte meinen Stadtplan aus meiner Handtasche und machte mich auf die Suche nach meinem Seminarhaus.

Aber als ich ankam, sagte man mir im Büro meiner kommenden Ausbildungsstätte, dass man vergessen hatte, mir mitzuteilen, dass dieser Kurs verschoben worden war. Es täte ihnen unendlich Leid!

Das kann doch wohl nicht wahr sein! Ich nehme extra Urlaub, reiße mir beide Beine aus, um das Geld zusammenzusparen, setze Himmel und Hölle in Bewegung, um zu diesem Kurs zu kommen! Und nun saß ich auf den kalten Stufen im Treppenhaus. Die Bürotüre war schon zu, und dahinter war die in Verlegenheit geratene Sekretärin verschwunden. Minutenlang starrte ich die weiße Wand an. Ich konnte es einfach nicht glauben. Was sollte ich jetzt tun? Sollte ich zurückfahren und meinen Freunden sagen: Ellerbätsch, war nichts – bin wieder da!

Nein, das war mir zu dumm. Ich beschloss, mir trotzdem einen Urlaub zu gönnen. Wenn ich schon einmal hier war, konnte ich diese Gelegenheit ja auch positiv nutzen. Natürlich waren meine Freunde erfreut, dass ich blieb. Jan wollte mir am nächsten Tag gleich erklären, wie man auf einer richtigen Töpferscheibe töpfert. Na, das war ein Deal, der mir gefiel. Mache ich doch eine Woche Töpferurlaub!

Nach einer ausgeruhten Nacht und gutem Frühstück schlenderte ich zur Werkstatt hinüber. Es war zwar noch früh am Tag, aber drinnen war schon reges Treiben. Etwas verloren sah ich mich um. Schön ist es in solchen Künstlerwerkstätten! Es riecht quasi nach Kreativität.

Jan begrüßte mich: „Guten Morgen Sabine, na, hast du gut geschlafen? Hier in der Werkstatt ist schon was los, nicht? Wir sind schon lange auf den Beinen, denn ein wichtiger Auftrag muss heute noch fertig werden. Aber ein bisschen Zeit für dich habe ich schon. Komm setz dich an eine Töpferscheibe. Du kannst damit ja erst mal ein bisschen spielen. Sei nicht enttäuscht, wenn es nicht gleich klappt mit dem ‚Drehen‘. Normalerweise braucht ein Lehrling so ungefähr ein Jahr, bis er einen Tonklumpen auf der Scheibe zentrieren kann. Ich helfe dir erst einmal." Den ersten Tonklumpen setzte er mir in die Mitte der Töpferscheibe und sagte fast ein bisschen mitleidsvoll: „So, und nun bist du dran."

Ich setzte mich also davor und schaltete das Gerät an. War ja alles elektrisch! Keine fußbetriebene, mittelalterliche Scheibe. Oh nein! Sie war schnell. Sehr schnell!! Und ehe ich richtig schauen konnte, flog mir der Ton auch schon um die Ohren. Gerade noch rechtzeitig zog ich den Kopf ein. Ich übersah das schadenfrohe Lächeln meines Bekannten. Großzügig setzte er mir den zweiten Batzen Ton auf die Scheibe und meinte tröstend, dass so etwas schon mal vorkommen könne.

Etwas verunsichert begann ich von neuem. Kaum hatte mein Finger den roten An-Knopf gedrückt, hörte ich nur noch ein Sausen, und mein Ton war nicht mehr auf der Scheibe. Ha, ha, sehr lustig! Jan konnte ein Kichern nicht unterdrücken. Er spielte auf meine angefangene Töpferlehre an und meinte dann großzügig, er ließe mich jetzt alleine, ich wäre ja jetzt erst mal beschäftigt. Und damit war er weg.

Da saß ich nun mit meiner Scheibe. Wer würde wohl gewinnen? Sie oder ich? Da besann ich mich auf das wirkliche Wünschen. Was hatte ich da von meinen Geistwesen gelernt? Ich bräuchte nur zu bitten. Wirklich zu bitten und Vertrauen zu mir zu haben. Na, wenn das so ist, dann hatte ich ja jetzt die beste Gelegenheit, es auszuprobieren. Ich senkte meinen Blick und bat um Hilfe. „Ich würde das hier doch so gerne tun können und bräuchte einfach nur eine kleine Unterstützung. Bitte! Aber nur, wenn es für euch okay ist."

Vorsichtig nahm ich diesen ungeheuer schweren Lehmbatzen, klatschte ihn auf die Mitte der Töpferscheibe, drückte mutig den roten Knopf und zog schon mal den Kopf ein. Aber nichts geschah. Gleichmäßig drehte sich die Töpferscheibe, wenn auch mit einer etwas eierig zentrierten Tonmasse. Kein Geschoss flog mir um die Ohren. Friedlich summte das Gerät. Na, wenn das kein Anfängerglück war! Ich versuchte, so gut es ging, daraus einen Gebrauchsgegenstand zu formen. Es musste ja nicht einmal einen Namen wie Tasse oder Teller haben. Aber zu meinem Erstaunen wurde wirklich so etwas wie eine Tasse geboren. Ich bestaunte mein Kunstwerk und begann von neuem.

Ein Tonbatzen, klatsch, roter Knopf und … Augen zu, Kopf einziehen! Nichts geschah, nur das Summen der Maschine war zu hören. Etwas unbeholfen kreiste mein Ton mit der Töpferscheibe, aber er blieb an Ort und Stelle. Also, das ist jetzt kein Anfängerglück mehr, dachte ich. Das war eindeutig Könnerhand!

Mein zweites Werk sah einer Tasse schon verdammt ähnlich. Jetzt wollte ich es genau wissen. Ich arbeitete den ganzen Vormittag, und kein einziges Mal flog mir der Ton mehr um die Ohren. Es wurden sogar ganz passable Teile. Um die Mittagszeit kam Jan zurück und staunte über meine Werke. Er vermutete: „Du hast doch bestimmt schon einmal einen Kurs gemacht und dich vorhin nur ein bisschen dumm gestellt." Alle meine Bemühungen, ihn vom Gegenteil zu überzeugen, halfen nichts. Er hielt mich für einen großen Schlingel! Um mir zu zeigen, wie schwer wirkliches Töpfern wäre, riet er mir, ich solle doch einmal eine Kugel versuchen. „Das ist so ungefähr das Schwierigste, was man an der Scheibe machen kann. Das kannst du bestimmt nicht."

Und ich machte eine Kugel! Wenn sie auch nicht ganz rund wurde, es war eine Kugel. Kopfschüttelnd verließ er die Werkstatt und murmelte, so was hätte er noch nicht erlebt. Danke, Utus und Jakobi, danke!

Beschwingt und voller Freude fuhr ich nach einer Woche nach Hause. Meine Erlebnisse erzählte ich am Abend in einer gemütlichen Runde meinen Kindern. Es wurde viel gelacht, und ich war froh, wieder daheim zu sein. Urlaub ist zwar schön und recht, aber am schönsten ist es zu Hause!

☙

Nun denn, was stand als Nächstes an? Ruhe kannte ich nicht. Das war für mich verlorene Zeit. Und die meine war mir zu kostbar, um sie zu vertrödeln. So kam mir mein alter Plan mit dem Haus wieder in den Sinn. Meine neue Bank wollte sich als Träger der Schulden zur Verfügung stellen. Mein Steuerberater stand mir helfend zur Seite. Eigentlich konnte ich jetzt beginnen. Aber plötzlich meldeten sich Zweifel. Würde ich es schaffen? War es nicht zu viel Geld, das ich aufnehmen musste? Und was, wenn ich plötzlich arbeitslos wurde? Meine Risikobereitschaft nahm zusehends ab. Ich wollte es genau wissen und fragte am Abend wieder die Wesenheiten.

„Wenn du die Zeit nimmst und daraus das Beste machst, bekommst du das Beste. Wenn du die Zeit bekommst und nichts daraus machst, bekommst du nichts. Risiko ist nicht gleich Versagen. Risiko ist, beides erhalten zu können, aber immer mit Zugewinn und somit eigentlich immer positiv zu werten, wie alles, wodurch man lernt, auch wenn es so scheint, als wäre es negativ. Im eigentlichen Sinn gibt es kein ‚negativ‘, weil alles nur zur Vollendung deiner Möglichkeiten dient. Auch wenn es so scheint, als würdest du einen Schritt rückwärts machen, weil es momentan nicht mit deinen Wünschen übereinstimmt.

Willst du wachsen, musst du annehmen, auch das Unangenehme. Für dein Haus gilt natürlich das Gleiche. So wie es jetzt steht, damit ist es mit dir in Resonanz, die du geschaffen hast. Geistiges wird materiell. Auch wenn es schwer zu glauben ist, ist es so, und du hattest schon viele Beispiele in deinem Leben und wusstest es auch schon, bevor du uns und diese neue Sichtweise kennen gelernt hast, weil du nach diesem Geistesprinzip gelebt hast. Probiere es wieder einmal aus. Wünsche es dir und glaube daran, und es wird so eintreten. Zweifle nicht allzu sehr! Ein paar Zweifel sind genehm, denn du bist schließlich ein ewig zweifelnder, ganz normaler Mensch.

Alles, aber auch alles könnt ihr Menschen erreichen. Spielt damit und probiert es aus. Hast du erst einmal begriffen und Vertrauen dazu, wie alles funktioniert, ist alles weitere ein Kinderspiel, und das gibt dir dann Selbstvertrauen und Vertrauen ins Universum und gibt dir Unabhängigkeit."

Bei dieser Gelegenheit wollte ich auch gleich wissen, ob ich wirklich einen passenden Partner finden könne, der mich so liebte, wie ich bin.

„Bei dir ist es so: Alles ist momentan im Wandel. Du lernst deine Persönlichkeit kennen und schätzen. Du erlaubst dir mehr Liebe aus dem Universum, und so kommt es. Alles, was du dir erlaubst. Aber auch für dich wird es ein langer Weg werden. Wenn auch ein langer freudvoller, der sich wie eine Spirale hochzieht, bist du erkennst, dass du genauso ‚Liebe bist‘, wie der liebe Gott.

Bei dir fehlt noch ein ganzes Stück Selbstbewusstsein, aber du kannst es schaffen, wenn du dich nicht mehr als Opfer siehst und somit die Opferrolle ausstrahlst und dadurch Täterrolle anbietest. Mach dir bewusst, warum du Opfer sein willst! Du musst das unbedingt für dich klären – und mache nicht den Fehler, in deiner Kindheit herumzuwühlen, um deine Kindheit dadurch verantwortlich zu machen. Denke immer daran, du hast dir diese Problematik vor deiner Geburt ausgesucht, also auch deine Kindheit. Wenn du das nicht weißt und akzeptierst, hilft alles Therapieren nichts, da du Opfer ‚sein‘ willst! Und somit ziehst du dir einen Täter-Partner an, aber keine gleichberechtigte Partnerschaft."

Ich hatte verstanden. Das hieß auf gut Deutsch wieder einmal: Ich muss mich erst verändern und dann … ! Also, auf alle Fälle wieder warten. Ach, wie mich das nervte. Warten! Mir kam es vor, als müsste ich die Hälfte meines Lebens auf irgendetwas warten. Und das mit meiner Ungeduld! Ich lebte ja nach dem Motto: Zeit ist Geld. Ich wollte mein Leben genießen und nicht dauernd arbeiten und warten. Ich war 42 Jahre alt! Wenn ich jetzt noch, na sagen wir mal, drei Jahre warten müsste, dann wäre ich 45. Und dann hätte ich mich wahrscheinlich noch nicht ausgewartet! Höchstwahrscheinlich käme dann noch so ein Thema, bei dem ich warten müsste. Und irgendwann wäre ich uralt und würde dann meinen Traummann kennen lernen. Ha, ha – ganz toll!

Mittlerweile hatten sich bei meinem Hausbau kleine

Fehler eingeschlichen. Es lief nicht mehr so rund wie anfangs. Immer wieder traten Schwierigkeiten auf. Mal wurde der Baugrund nicht genehmigt, ein andermal war die Bank plötzlich nicht mehr sicher, ob sie mir so viel Geld leihen wollte.

Auch die Schwierigkeiten mit meinem Mann nahmen neue Formen an. Ich verstand gar nichts mehr. Ich versuchte zu glätten, zu manipulieren, maßzuschneidern. Aber je mehr ich tat, desto schwieriger wurde alles. Ich fragte nach.

„Du musst Vertrauen haben, und es geschieht dir zum Besten. Eingewoben im Kreise von vielen Freunden, können auch Schwierigkeiten überstanden werden, denn sie halten dich. Es ist eine Art Schaukelbetrieb. Auf der einen Seite geht es hoch und auf der anderen Seite runter. Es gibt immer beides. Nie heitschi bum beitschi. Es ist nur eine Krise zum Aufwachen. Sie muss wieder einmal sehr krass sein, damit sie dich berühren kann und du erwachen kannst. Nur da kannst du etwas verändern, wo dich etwas berührt, sonst lässt du es an dir vorüberziehen. Solange du dagegen ankämpfst, wird es nur noch mächtiger. Bist du aber demütig und nimmst an, wird der Gegendruck kleiner. Das heißt aber nicht, dass du dein Bedauern über irgendetwas nicht ausdrücken darfst. Im Gegenteil! Mache deinem Herzen Luft und stehe zu dir und lege k e i n e Rechenschaft ab, ob man dies jetzt sagen darf oder nicht. Denke an keine Blöße, die du dir eventuell gibst. Sag ehrlich, was du denkst. Denn wenn du Stolz verlierst, bist du demütig. Und Demut siegt immer, weil du im Einvernehmen mit Gott bist. Und ab und zu bemerkst du die Euphorie, die du spürst, wenn du annehmen kannst. Auch wenn es anfänglich traurig aussieht. Das Glück ist bei den Demütigen."

Ich wusste es ja. Ich musste lernen loszulassen, Vertrauen zu haben, und vor allem musste ich lernen, geschehen zu lassen. Nichts selber tun! Ich wusste, dies war für mich das Schwierigste. Ich war ein Mensch der Tat. Aber ich hielt mich zurück, und siehe da, die Schwierigkeiten verschwanden. Eigentlich war es doch gar nicht so schwer loszulassen.

Alles lief wieder bestens. Obendrein begann ich die Aura von Menschen zu sehen. Das war vielleicht spannend! Eines Tages kam Michael zu mir, um mir wieder mal Neuigkeiten zu berichten. Erzählen konnte er wirklich toll. Da sah ich plötzlich eine rote Farbwolke über seinem Kopf. Sie war klar und deutlich zu sehen, selbst wenn ich weg- und dann schnell wieder hinsah. Wie gebannt starrte ich ihn an. Und mit einem Mal, während er die Geschichten erzählte, veränderte sich die Farbe über ihm. Insgesamt dreimal. Michael sah mein Staunen wohl als Reaktion auf sein Reden, er wirkte sichtlich erfreut, mich immer noch so begeistern zu können.

Bis zu dieser Zeit hatte ich vorrangig Kontakt zu Utus gehabt. Jakobi war zwar auch zugegen, aber immer führte Utus das Gespräch. Nun wechselte langsam die Frequenz, und ich spürte, dass jetzt Jakobi seine Arbeit mit mir begann. Es war eine ganz andere Energie zu spüren und auch ein anderes Gefühl. Utus war eher der Spaßvogel, mit seinen netten Witzen. Jakobi schien ernster zu sein. Irgendwie gesetzter!

Im Gegensatz zu den geistigen Fortschritten herrschte

in meinem wirklichen Leben jedoch Flaute. Aber ich bezeichnete es als ein „Loslassen" nach meinem vorherigen „Ich will". So war es auch mit meiner Küche gewesen, und dieses Loslassen war wichtig, damit der Fluss fließen konnte. Ich war wieder zu sehr verstrickt im „Haben-Wollen". Mir fehlte der Abstand, um alles dorthin treiben lassen zu können, wohin es gehörte. Das war schwierig für mich, nichts selbst zu machen, sondern geschehen zu lassen. Obwohl ich aus meiner Erfahrung wusste, dass nur dieses Zusammenspiel von Wollen und Loslassen den effektivsten Gewinn bringt. Aber ich lernte – und schließlich war noch kein Meister vom Himmel gefallen, obwohl ich mir das immer wünschte.

Was mir wirklich zu schaffen machte, war mein Liebesleben. Nach der Scheidung fühlte ich mich noch verlorener als zuvor. Jakobi meldete sich: „Was bedeutet es für dich, ‚Abschied' zu nehmen? Eine sehr wichtige Fragen, da sie dich schon immer berührte. Hast du dich schon einmal gefragt, wenn etwas aus deinem Leben geht, dass dann auch ein Teil von dir geht? Eine wichtige Frage für dich, um in Zukunft besser den ‚Abschied für immer' handhaben zu können. (Ich ahnte ja nicht, dass eine solche Situation bald auf mich zukommen sollte. Ich wusste nur, Abschied war für mich ganz ekelig. Am besten, man vermied ihn. Ich hatte immer das Gefühl, irgendwas würde beim Abschied auch von mir selbst genommen werden.) Du bist gut genug für dich, und du reichst ganz alleine für dich.

Natürlich hast du den Wunsch nach Partnerschaft. Es ist auch normal. Das ist ja auch ein Teil ‚Menschsein'. Aber noch besser aus dem Standpunkt heraus, wenn du fest in dir wohnst und eigentlich ‚nicht unbedingt' deinen Gegenpol brauchst. Momentan bist du einfach noch im Glauben, ohne Partner bist du nur halb. Mitnichten! Auch Stärke einer Frau ist kein Fluch, solange sie nicht aus dem Ego kommt. Wenn du es dir recht überlegst, bist du ohnehin davon überzeugt, dass, so wie du lebst, es eigentlich passt. Nur ab und zu bekommst du diesen gesellschaftlichen Klaps und engst dich ein, da du glaubst, alleine wärst du nichts wert.

Am besten siehst du deinen Erfolg in deiner Kindererziehung. Wer seine Kinder so frei aufwachsen lässt, ohne Grenzen der Gesellschaft, die haltlos sind, ohne falsche Moral, nur nach dem Gefühl, selbst wenn sie sich dabei auch immer mal wieder widerspricht – das ist Liebe. Wenn du jetzt lernst, alles andere genauso zu handhaben, hast du viel erreicht. Aber es ist noch ein langer Weg. Wie du gemerkt hast, gibt es Tausende von Wegen, die überall zum Ziel führen. Der eine braucht Gebote, Verbote, Richtlinien, Weisungen, Aufforderungen und so weiter, der andere braucht nichts, außer Vertrauen in sich selbst. Welchen Weg wählst du?"

„Ich bin überglücklich, euch zu haben. Es ist für mich, die Wahrheit in der Hand halten."

„Das hat jeder. Jeder kann die ‚Wahrheit' abrufen. Es ist in jedem von euch, nein, uns."

Ich versuchte, wieder Vertrauen zu bekommen. Alles kommt so, wie es zu deinem Besten ist – okay! Ich hatte es ohnehin satt, mir Gedanken um irgendwelche Männer zu machen. Ich verstand sie ja sowieso nicht. All meine Bemühungen in meinen Beziehungen waren immer vergebens gewesen. Als würde es in Partnerschaften Regeln geben, die ich beim besten Willen nicht kennen lernen durfte. Sosehr ich mich bemühte, es war falsch. Entweder redete ich zu viel oder zu wenig, stellte keine Forderungen oder zu viele, war zu nah oder zu weit, es war zum Verzweifeln …

Vor lauter Aufpassen, alles richtig zu machen, hatte ich mich selbst vergessen. Was wollte ich eigentlich? Also beschloss ich, erst mal zuzumachen. Eine Zeit der inneren Wandlung, in der im Außen nicht viel geschieht. Ich hatte eine anerzogene, feste Vorstellung von Liebe. Ich musste geben, und der Mann durfte nehmen.

Meine Geistwesen meinten dazu einmal: „Du gibst vor zu lieben und tust dies auf eine recht egoistische Art und Weise, denn sonst könntest du besser auf eine neutralere Liebe eingehen. Es gibt keine schlechte Liebe, es gibt nur e i n e Liebe, und die fordert nichts. Aber du möchtest nur deine Art von Liebe leben und bist enttäuscht, wenn dein Partner nicht darauf eingeht. Dann meinst du, er ist lieblos. Derweilen hat er eine andere Form der Liebe gewählt, die allerdings auch nicht neutral ist.

Du willst mit deiner Liebe ‚haben‘ und sage jetzt bitte nicht, das wäre ja ganz normal. Natürlich ist es in eurer Gesellschaft das, wie ihr die Liebe versteht. Es ist ein Nehmen und ein Geben! Ja, sogar die Reihenfolge ist richtig. Die wahre Liebe ist jedoch ein Geben, ohne die Hand aufzuhalten. Wenn etwas zurückkommt, ist es gut, wenn nichts zurückkommt, auch. Das sitzt zwar in deinem Kopf, aber du kannst es noch nicht leben. Da ist noch die kleine Sabine, die ‚haben‘ will. Verstehst du?

Michael und du, ihr habt beide verschiedene Vorstellungen von Liebe. So ist seine doch für ihn genauso richtig wie deine für dich. Auch wenn dein Verstand sagt: „Aber wenn er mich wirklich lieben würde, dann …“ So etwas ist selten, dass beide die gleiche Vorstellung von Liebe haben. Warum, meinst du, gibt es so viele Eheprobleme? Und doch ist jede Art richtig, weil jeder nur das leben kann, was er gelernt hat. Du solltest schauen, dass deine Art von Liebe immer noch Möglichkeiten hat zu wachsen und du nie, nie im Leben die Art Liebe der anderen für richtiger hältst. Du kannst vielleicht danach streben, wenn du meinst, die andere Art Liebe ist freier und offener und nicht so selbstkritisch oder selbstherrlich. Aber vergiss nie, dass deine Art zu lieben eben deiner momentanen Persönlichkeit angepasst ist und optimal für dich ist. Wäre sie es nicht, würdest du sie sowieso ändern. Aber Liebe verändern geht nur in Begleitung einer persönlichen Reifung. Und da heißt es, erst mal an sich selbst zu arbeiten. Erst dann kann sich die Liebe ändern.“ Wieder was gelernt!

☙

Manchmal hatte ich ganz nebulös alles, was früher war, und das, was erst noch kommen würde, auf einmal, wie ein Bild, im Kopf. Diese geistigen Erlebnisse faszinierten mich so sehr, dass der Wunsch immer größer wurde, channeln zu lernen. Also meine Geistwesen durch mich sprechen zu lassen. Dann könnte ich das tun, was mir wirklich liegt und zu was ich mich berufen fühlte. So fragte ich wieder einmal meine geistigen Freunde: „Wie kann ich channeln lernen?"

„Meditiere, vertraue dir und bringe dein Leben in Ordnung. Du kannst jedes Problem lösen, indem du dein Gefühl anschaust. Richte dich danach. Vertraue dem mehr als dem Rat eines Menschen. Fang einfach damit an und setze dein Ziel nicht in die Zukunft. Die Zukunft wird bleiben. Deine Ergebnisse werden klarer werden, wenn du lernst, nicht andauernd an dir zu zweifeln. Mit dem Kleinermachen deiner Persönlichkeit kannst du natürlich dir nicht gestatten, Wahrheiten zu empfangen. Sieh es einfach als dein menschliches Recht, und die Klarheit der Durchsagen kommt von alleine."

Zu dieser Zeit war ich noch im Altenpflegeberuf, und es fiel mir immer schwerer, ihn auszuführen. „Warum ist das so?"

„Deine Tendenz der Lebensziele geht zum Leben hin. Also sehr konträr zu deinem Alten- und Krankenpfleger-Job. Aber du kannst es integrieren. Als Yin und Yang! Es gibt immer beides. Du bist halt sehr einseitig. Entweder – oder! Schaffe einen Ausgleich, dann geht es dir besser!"

„Wann werde ich mehr Geistiges lernen?"

„Du bist doch dabei!"

„Aber ich merke nichts."
„Aber wir unterhalten uns doch gerade!"

„Aber das ist ja nichts wirklich Besonderes!"

„Da musst du jetzt wohl selber lachen. Das kommt dir bekannt vor. Vor drei Jahren haben wir dir gesagt, dass du etwas Besonderes können wirst und es aber nicht als etwas Besonderes empfinden wirst. Somit kann sich dein Wunsch, einmal etwas Besonderes tun zu können, auflösen. Verstehst du? Erst wenn sich dieser übergroße Wunsch erfüllt, ist deine Barriere aufgelöst, weil du es dir eigentlich nicht zugestehst, und du kannst neue, faszinierende Dinge kennen lernen. Anfangs werden sie dich wieder erschrecken, bis du dich daran gewöhnt hast, und dann wirst du wieder sagen, ach, das ist ja nichts Besonderes. Und so kommt ein Kapitel zum anderen, ohne dass du überfordert wirst. Ganz langsam! Damit du alles verstehst und keine Angst mehr haben brauchst."

„Und was kann ich jetzt tun, um weiterzukommen?"

„Üben, schreiben, beobachten, fühlen, fühlen, fühlen! Mach es uns doch einfach nach: Zusehen, lächeln und dann tun! Vergiss aber das Erste nicht! Auch wenn du die anderen beiden gut beherrschst, ohne das Erste ist die Luft bald raus. Wenn du Zuschauen lernst, lernst du auch wahrzunehmen. Und das nicht unbedingt nur im Materiellen. Dann kannst du viel mehr wahrnehmen. Du hörst plötzlich Dinge, die du in deinem Eilzugtempo nicht hören kannst. Und du siehst Dinge, die du sonst nicht sehen kannst, da deine aufgenommenen Bilder nur an dir vorüberschießen. Nur in der Ruhe lernt man sich zu erweitern. Daher die Meditation!"

„Eine Frage hätte ich noch. Warum fühle ich nicht mehr dieses erhabene, glückselige Gefühl, wenn ich mit euch verbunden bin. So wie früher! Ich kann zwar mit euch reden, und es geschehen ganz nette Sachen, aber ich habe nicht mehr dieses Wahnsinnsgefühl von Glücklichsein?"

„Wir sind immer für dich da. Du könntest auch sofort dieses erhabene Gefühl haben, wenn du es zulassen würdest. Momentan igelst du dich ein, weil es Zeit für dich ist, zur Ruhe zu kommen. So eine Art Winterschlaf oder Verpuppung. In dieser Phase ist RUHE angesagt. Aber du kannst jederzeit diese RUHE stoppen, um nachzusehen, was noch da ist. Die göttliche Kraft! Dann machst du einfach wieder die Augen zu und entwickelst dich weiter. Verstehst du? Man muss nur das Prinzip kennen. Durch deinen Wissensdurst und Ehrgeiz kommst du noch an viele Wahrheiten. Du lässt einfach nicht locker. Aber nur so funktioniert es, wenn du wirklich willst. Prüfe nicht dauernd und voller Vorbehalte. Sei neutral! Du suchst momentan irgendwelche angeblichen, geistigen Fehler, du Zweiflerin. Du weißt ja. Wer suchet, der findet."

„Also, muss ich jetzt einfach nichts tun und abwarten?"

„Du machst es dir wirklich schwer. War unser Vortrag jetzt etwa umsonst? Du weißt es doch schon, und du fragst immer wieder das Gleiche in der Hoffnung, es wird mit dem Finger geschnippt, und dir kommt die Erleuchtung!"

„Aber wenn wir miteinander reden, warum habe ich nicht mehr das Gefühl der Eingebung. Vielmehr habe ich das Gefühl, es kommt von meinem Ego. Oder vielleicht ist es einfach nur die Angst, es könnte so sein. Und das will ich nicht."

„Noch einmal! Wenn es von deinem Ego kommen würde, hättest du präzise Antworten, die dein Ego aufwerten würden. Kommt die Antwort von uns, deinem Unbewussten, deinem göttlichen Anschluss, bekommst du Weisheit, Liebe und Demut mit auf den Weg. Ganz profan!"

„Aber früher habt ihr mich ja auch mehr oder weniger überrumpelt, und es war gigantisch."

„Aber es war von außen übergestülpt. Du konntest es dir ansehen und überlegen: Will ich damit etwas zu tun haben oder nicht? Wenn du dich dafür entscheidest, beginnt die eigentliche Lehre, und diese beginnt wie üblich im ‚Kleinen'. Erst wenn Lektion Eins in Fleisch und Blut übergegangen ist, kommt die nächste. Aber wenn du dich ewig lange mit Lektion Eins auseinander setzt, mit ‚warum' und ‚wieso', kommst du natürlich nicht weiter. Lass es geschehen und forsche nicht so viel. Da gibt es keine Erklärung! Es ist oft einfach nur, wie es ist.

Fang an, dich als Sensitive zu sehen, denn das bist

du ja. Du brauchst keinen Menschen dazu, der dir die Absolution erteilt, und nur dadurch stimmt es. Gerade wenn du sie nicht bekommst und du fühlst es aber, ist es so, wie du fühlst. Du brauchst auch nicht auf große Wunder zu warten, um zu beweisen, wie hellsichtig du bist. Hellsichtigkeit ist nur wichtig, um die Liebe besser zu spüren, ansonsten ist es Clownerie, Zirkuswelt. Du musst erst einmal ein festes Standbein bekommen im Geistigen, dann verträgst du auch mehr."

„Ich bin so froh, euch zu haben. Eben weil ihr mir keine fertigen Antworten gebt, sondern mir helft, eigenverantwortlich zu sein."

Es schien, als wäre mein Weg zur Erleuchtung noch sehr weit. Ich wollte ihn gehen, egal wie er aussah. Also packte ich meine Koffer …

❧

Ach, war es gut, solche Berater zu haben. Aber richtig zu schätzen wusste ich es erst, als ich einen Vergleich geliefert bekam. Nach einer heftigen Auseinandersetzung mit meinem Mann überlegte ich, ob ich zu ihm gehen sollte, um mich wieder mit ihm zu versöhnen. Ich konnte Streitigkeiten nicht lange aushalten, und schon gar nicht, wenn danach ewig lang dicke Luft war. Alles musste schnell wieder gut sein, sonst litt ich ohne Ende. Also fragte ich auf die Schnelle die Geistwesen, ob es gut wäre, jetzt zu ihm zu gehen. Und ich bekam diesmal eine sehr merkwürdige Antwort, die ich kurz schildere. Sie rieten mir eindringlich: „Nein, das würde ich nicht an deiner Stelle.

Er würde es ohnehin als Vorwand sehen und würde sich sehr geschmeichelt fühlen. Jetzt ist absolute Distanz von deiner Seite angesagt …"

Also, so viel wusste ich bereits: Das war eindeutig niedere Energie! Ich stoppte sofort, konzentrierte mich und bat meine Geistwesen, mir zu helfen. Und prompt kam eine ganz andere Antwort: „Willst du ihn heranlassen an dich, dann musst du ihn so nehmen, wie er ist. Seine Gedankengänge sind für dich nicht nachvollziehbar. Auf der einen Seite fühlt er sich verlassen, auf der anderen Seite befreit. Lass ihm Zeit! Lerne vertrauen! Komm und spring hinein in dein Glück. Es ist das Vertrauen, was Glück bedeutet. Das Vertrauen macht dich glücklich und stark, so dass du selbst geschützt bist vor Anfeindungen und Negativität. Für die Liebe muss man selbst auch bereit sein. Die kannst du niemandem aufdrängen. Das wäre ein Kräftevergeuden! Du willst Liebe geben, aber wer sie nicht haben will, dem sollte man so etwas Kostbares nicht unbedingt vor die Füße werfen, damit es zertrampelt wird. Egal welchen Grund derjenige hat! Aber du kannst die Liebe ja bereitstellen, so dass, wenn sie gebraucht wird, sie auch gegeben werden kann.

Man darf doch nicht sauer werden, nur weil jemand deine Liebe nicht will. Dann behalte sie ganz einfach für dich. Auch ohne Trauer! Warum bist du denn traurig? Bist du nicht auch ein bisschen empört, weil deine Liebe abgewiesen wurde? Der Grund ‚weshalb' ist jetzt egal. Sieh nur die Tatsachen und akzeptiere ohne wenn und Aber. Denn diese Wenns und Abers machen es dir nur unnötig schwer. Sei großzügig und lass dem anderen seinen Verzicht. Er hat ein Recht darauf. Es ist nur dein

Ego, welches sich da aufbäumt. Sieh es einmal aus dieser Richtung. Dein aufgeblähtes Ego, das so dreist ist zu meinen, wenn es Liebe schenkt, reißt sich jeder darum. Wobei wir wieder zur Demut kommen. Nur die Demut bringt dich an das Ziel – was dich im Endeffekt auch wirklich glücklich macht. Solange du leidest, weil du verschmäht wirst, ist dein Ego riesengroß. Lass dich auf keinen Deal mit ihm ein. Schau es an und sage „Nein".

Also, ich konnte nicht behaupten, dass mein Leben langweilig war. Kaum hatte ich etwas verstanden und dachte, jetzt könne ich mich ausruhen, kam die nächste Lektion. Es machte mir großen Spaß, so gefordert zu sein, zumal mir mein Leben dadurch immer bunter erschien. Es fiel mir nicht schwer, mich jedem neuen Problem zu stellen – im Gegenteil. Es war für mich höchst interessant!

*୧୨

Mit großem Eifer ging ich daran, meine Wohnung fertig zu machen. Jetzt fehlte nur noch eine Schlafgelegenheit. Da ich seit Jahren nur eine Matratze auf dem Boden benutzt hatte, meinte ich, es wäre jetzt an der Zeit, ein richtiges Bett zu besitzen. Aber welches passte zu mir? Mein Perfektionsanspruch war natürlich wie immer groß. Wenn ich mir schon ein Bett kaufte, dann sollte es auch hundertprozentig zu mir passen.

Also wanderte ich von Geschäft zu Geschäft und sah mir Betten an. Holzbetten, versteht sich! Ich wollte gesund schlafen, und Holz schien mir dafür das geeignete

Material zu sein. Aber wie es oft so ist, zog es mich gerade zu diesen gesundheitsschädlichen – ich traute mich kaum, dieses Wort auszusprechen – Metallbetten hin! Das kam natürlich gar nicht in Frage!

Und dennoch! Je mehr Holzbetten ich ansah, desto weniger gefielen sie mir. Immer wieder ertappte ich mich, wie ich an Metallbetten dachte und seltsamerweise auch Zeitungen mit solchen Betten in die Hände bekam. Das kann ja wohl nicht sein, dachte ich mir – oder? Ich konnte mir doch kein Metallbett kaufen! Wer weiß, was dann geschehen würde? Wahrscheinlich würde ich sterbenskrank werden oder nie mehr schlafen können. Nein, das konnte ich nicht tun. Oder doch?

Also fragte ich wieder einmal und bekam eine Antwort, mit der ich nicht gerechnet hatte: „Vieles spielt sich im Kopf ab. Meinst du zum Beispiel, dein Nachbar wäre neidisch, wirst du innerhalb kurzer Zeit deine Beweise haben, da du ihn aus dem entsprechenden Blickwinkel betrachtest. Ein Baubiologe ist in seinem Sehen auf diesem Gebiet sehr eng, weil er ein ganz bestimmtes Muster hat, wie etwas sein muss mit dementsprechenden Erklärungen. Glaubst du daran, wird sich deine Welt demgemäß gestalten, dass dein Glaube nicht vereitelt wird. Normalerweise tust du dir weh, wenn du dich auf Nägel legst. Ein Fakir nicht. Weil sein Geist woanders ist. Also, in dem Moment, in dem er sich auf die Nägel legt, ist er überzeugt davon, dass ihm nichts passiert. Und es passiert ihm auch nichts. Ebenso dem Feuerläufer!"

„Wie ist es mit Menschen, denen etwas schadet, obwohl sie davon überzeugt sind, dass es gut ist?"

„Das gibt es nicht. Irgendwo im Inneren ist ein Zweifel. Zum Beispiel ein Metzger, der viel Fleisch isst. Derjenige, der wirklich überzeugt ist, bleibt gesund. Derjenige, der aufgrund derzeitiger Aufklärungen über Fleisch tief in sich doch zweifelt, ohne es sich bewusst einzugestehen, kann krank werden, muss aber nicht. Aber die Bereitschaft, krank zu werden, wäre da.

Nun zu deinem Bett. Eigentlich weißt du, dass dieses Bett auch ein Teil von dir ist, oder aus Teilen von dir besteht. So ist es besser ausgedrückt, und es ist ja auch das, was du fühlst. Du brauchst dieses Teil Eisen jetzt auch in deinem Leben, weil es ein Teil von dir ist und du dir dessen bewusst bist. Man kann es so oder so sehen! Der Mensch hat Eisenanteile in sich und fühlt sich deswegen dazugehörig. Oder auch die Kälte und Härte – das Bleibende, das dir bewusst wird, willst du vollends in dein Leben integrieren. Wenn du das Eisenbett ansehen kannst, kannst du auch einen Teil von dir sehen. Du brauchst es nicht verstecken. Und vor Gott gibt es nichts, was nicht zusammenpasst.

Die Menschen brauchen Gesetze und Beschneidungen, weil sie so wenig akzeptieren können. Gestalte deinen Raum so, wie es sich für dich als richtig anfühlt. Deine Gefühle sind verlässlich. Ihr braucht keine Beschränkungen. Wäre in dir viel Stahl, dürftest du es auch zum Ausdruck bringen, ohne dass es gefährlich wäre. Und wie schon erwähnt: ‚Ein bisschen Zweifel ist genehm.‘ Kaufe dir dein Bett und erfreue dich deiner Gesundheit. Jakobi!"

„Lieber Jakobi, ich danke dir und bin so froh, dass ich

mit euch kommunizieren darf. Was habe ich auch für ein Glück!"

Mein Leben wurde ruhiger und sicherer, und das beeinflusste auch meinen Gesundheitszustand. Ich war weniger krank. Wenn ich dann doch mal ein Unwohlsein spürte, legte ich mich damit bewusst ins Bett, und am nächsten Morgen war ich wieder gesund. Es war ein ergreifendes Gefühl, alles beeinflussen zu können. Ich konnte mich über alles in meinem Leben freuen.

Die Wesenheiten erklärten mir eines Nachts, was es mit dem Freuen so auf sich hat:

„Es gibt viele Möglichkeiten, sich zu freuen, wenn man nur die Augen aufmacht. Ob es ein schöner Garten ist, ein schönes Wohnen, ein schönes Glas Wein, ein schöner Ausblick, eine schöne Sauberkeit, ein schönes Durcheinander, ein schönes Essen, ein schöner alter Mensch, ein schönes Anderssein ... das macht Freude. Wenn man es sehen kann! Freude hält den Körper aufrecht und gibt ihm Gesundheit. Deshalb ist es in der Psychologie so wichtig zu lernen, sich eine Freude zu machen. Freude reinigt den Körper, und man sollte nie vergessen, sich regelmäßige Freude in sein Leben einzubauen. Freude lässt die Seele ‚baumeln'.

Viele Menschen lieben zwar die Freude, meinen aber, sich diese schwer verdienen zu müssen. Und natürlich darf man sie nicht zu oft haben, denn sonst kommt ‚ganz bestimmt' das Unglück!

Kein Wunder, wenn die Menschen porös und trocken werden. Sie gönnen sich zu wenig Freude. Denn wem geht es denn schon z u gut? Sie wollen auch mit ihrer

Einstellung nicht anecken und aus der Reihe tanzen. Denn dann würden sie zu Außenseitern werden, und ein Außenseiter ist immer auch ein Nicht-Anerkannter oder Nicht-Angenommener.

Ihr braucht euch nicht zu wundern, weshalb es so wenig glückliche Menschen gibt. Weil sie sich zu wenig Freude gönnen. Deswegen gibt es auch genügend Sprichwörter vom Glücklichsein, welche aus Eingrenzungen bestehen:

- Schmiede das Eisen, solange es heiß ist. (Denn danach ist es zu spät.)
- Jeder ist seines Glückes Schmied. (Und der Beruf Schmied war früher sehr anstrengend und beschwerlich.)
- Noch keinem fällt das Glück in den Schoß. (Du musst es dir erarbeiten.)
- Glücklichsein hat seinen Preis – und glaubst du es nicht, klopfe lieber dreimal auf Holz.

Glücklichsein ist aber so leicht und wird euch so schwer gemacht. Ihr meint, eine Menge besitzen zu müssen, um glücklich zu sein, und habt doch nur die Erfahrung gemacht, dass es euch eigentlich nicht viel besser geht. Glück kann auch nicht von außen kommen. Denn kommt es von außen, verflüchtigt es sich ganz schnell. Es muss also von innen kommen. Und kommt es von innen, kann es dir keiner nehmen. Es ist deine Sichtweise. Sich freuen können über Kleinigkeiten ist eine Kunst. Aber ehrlich sollte die Freude sein. Viele wissen um dieses Dilemma ‚Glücklichsein‘, und zwingen sich ein

Freuen über Kleinigkeiten auf. Aber früher oder später merkt man es doch, wenn solche Schlupflöcher übersehen werden. Wenn der Mensch zum Beispiel abgelenkt oder im Stress ist. Wenn er vergessen hat – weil er irgendwann bestimmt vergisst, wenn es nicht seine wirkliche Lebenseinstellung ist.

Glücklichsein! Willst du wirklich aus tiefstem Herzen glücklich sein, findest du immer etwas, was dich freut. Selbst in schwierigen Zeiten, in denen es dir nicht so gut geht. Und wenn es eine Blume, eine Obstschale, ein Grashalm ist. Selbst wenn es nur einige Sekunden beinhaltet. Du siehst die Freude. Bist du jedoch ein Täuscher, ein Kopfmensch, der zeitgemäß eben so sein will, weil dies Esoterik ist, dann kannst du finstere Zeiten haben ohne Grashalm, Blume oder Obstschale. Dann ist alles schwarz. Denn das Schöne ist dir so fern wie das Gefühl dazu. Fehlt das Gefühl, fehlt auch der Blick! Glücklichsein ist ein Gefühl. Bist du offen und lässt es zu, ohne Einschränkung, dass zu viel Glück nicht ratsam ist, wird dein Blick auch ganz anders. Du erlaubst dir sozusagen, das Schöne zu sehen, was dich glücklich macht. Und bist du glücklich, erlaubst du dir, mehr zu sehen, was dich noch glücklicher macht. Und im Endeffekt ist es ganz egal, was du siehst, es ist alles reinste Freude und kann dich glücklich machen."

☙

Eines Tages beim Zeitungslesen entdeckte ich eine Annonce. Es wurde ein Abend in einer spirituellen Gruppe angeboten. Es war eine Annonce, die mich ansprach. Da wollte ich hin! Vielleicht fand ich ja dort meinen Weg? Ich war ja immer noch die Suchende. Die Suchende nach Menschen, die Ähnliches erlebten wie ich. Bis jetzt fühlte ich mich noch sehr alleine. Also ging ich hin.

Es war nur eine ganz kleine Gruppe – na ja, eigentlich war ich die Einzige, die zu diesem Vortrag gekommen war. Sie waren Anhänger eines spirituellen Lehrers und Heilers, über dessen Lehren sie berichteten. Es gab zwei Referenten, die ihre ganze Aufmerksamkeit mir widmeten. Ich erzählte ihnen von meinem Erlebten, von meiner eigenen Unsicherheit und dass ich noch ganz viel wissen wollte. Sie waren ganz begeistert von mir und luden mich zu einer Gruppensitzung für die nächste Woche ein. Dort seien lauter Menschen, die auch von den Lehren ihres Meisters begeistert waren, wie sie. Das wäre genau das Richtige für mich.

Das hörte sich interessant für mich an, und natürlich ging ich die darauf folgende Woche hin. Tja, wie soll ich beginnen? Es war eine Gruppe eingefleischter Verehrer dieses Meisters, der in den 50er Jahren sehr bekannt war. Jedes zweite Wort war sein Name, und alle gaben ihre Sorgen geistig bei ihm ab. Mir kam die Gänsehaut. Nein, das war nicht meins! Ich wollte doch selbstständig sein. Und vor allem keine Anhängerin von irgendjemandem. Hier hatte ich das Gefühl, meine Selbstständigkeit zu verlieren.

Und doch war auch dort viel Energie zu spüren. Ich spürte Wesenheiten, die mir fremd waren. Es war eine gute Energie dort, auf alle Fälle. Aber es war mir zu eng. Ich sagte der Referentin, was ich sah und spürte, und sie war ganz aufmerksam. An diesem Abend jedoch ging ich enttäuscht nach Hause. Trotz der Komplimente, die ich bekommen hatte wegen dem, was ich sehen konnte.

Alle wollten in einer Gruppe sein, nur ich fühlte mich wieder fehl am Platze. Ich gehörte nirgendwo dazu, und mir wurde mal wieder klar, wie einsam ich war. Warum sträubte ich mich so gegen eine Gruppe von Gleichgesinnten? Ich verstand es nicht! Ich wollte doch nicht mehr alleine sein. Aber solche engen Gruppen waren es auch nicht. Ich schimpfte innerlich mit mir: „Dir kann man es wirklich nicht recht machen. Was willst du überhaupt? Immer unzufrieden! Ist es das, was du willst?"

Traurig war ich. Wahrscheinlich war das mein Los: unzufrieden sein, mein Leben lang. Weil ich etwas will und es nicht greifen kann.

Am nächsten Tag rief mich die Referentin an und meinte, ich sei eine „Begnadete" (kicher, kicher). Dies sagte sie mit so einem heiligen Tonfall, dass ich auch nur noch wisperte. Jetzt wusste ich ganz sicher, da wollte ich nicht hin! Punkt, fertig!

Immerhin hatte dies alles dazu geführt, dass mein Wunsch deutlicher wurde. Ich wollte heilen. Und zwar nicht heilen von Krankheiten, sondern heilen im seelischen Bereich. Das Heilen der Seele. An diesem Abend hatte ich wieder ein Gespräch mit dem Geistwesen Jakobi. Ich fragte ihn, ob es für mich möglich wäre, daraus einen Beruf zu machen. Ich konnte mir nichts anderes mehr vorstellen, als Menschen zu helfen.

„Keine Frage! Wenn du mit geistigen Kräften umzuge-hen gelernt hast, warum nicht?"

„Kann ich dies denn lernen? Was müsste ich tun?"

„Warte nicht lange, sondern fang an, dass du alles be-wusst siehst, dass du alles bewusst riechst, dass du alles bewusst hörst. Nach einiger Zeit mischen sich andere Töne, Bilder und Gerüche bei. Erst leicht, dann stärker. Aber es ist Arbeit."

„Weißt du noch, als ich damals die Stimmungen der jeweiligen Menschen sehen konnte? Das möchte ich jetzt wieder können, aber bewusst."

„Dann tue es. Es steht dir nichts mehr im Wege. Du schaust dir nur den Menschen an und horchst, riechst, siehst. Irgendwann, je nachdem, wie viel du ausprobierst, bekommst du mehr mit als sonst. Es ist wie mit dem Au-ralesen. Am Anfang siehst du nichts, dann einen schwa-chen Schein und dann ein Regenbogenland."

❦

Eines Abends saß ich auf meiner Terrasse mit einem Glas Rotwein und hörte der von weitem herüberklingen-den Musik zu. Alles war friedlich. Die Grillen zirpten im hohen Gras, und die Abendsonne flutete warm durch meinen kleinen Garten und ließ das Grün leuchten. Was für ein herrlicher Augenblick! An sich war es ein Tag wie jeder andere auch und doch ein außergewöhnlicher Tag. Mir war bewusst geworden, was für ein Glück ich hatte. Und es stimmte, was die Geistwesen mir einmal sagten: Man kann sich auch an Glück gewöhnen. Plötzlich sieht man es als „normal" an. Der Mensch scheint wirklich ein Gewohnheitstier zu sein. Ich nahm mir vor, dem Glück immer wieder neu und aufgeschlossen gegenüberzutreten.

In dieser Zeit lernte ich viele nette Leute kennen. Normalerweise hatte ich nur Männerfreundschaften. Das war nicht so kompliziert wie mit den meisten Frauen. Manche weiblichen Wesen jagten mir Angst ein. Sie konnten so hart sein. Bei Männern wusste man eigentlich immer, woran man war. Also hielt ich mich fern von Frauen.

Aber zu dieser Zeit war es so, dass ich viele wirklich nette Frauen kennen lernte. Auf der einen Seite waren sie sehr weiblich und feminin, aber dennoch selbstsicher, und fast alle waren Workaholics, wie ich. Es waren tolle Frauen, und ich dachte mir oft, wenn ich ein Mann wäre, würde ich mich ganz bestimmt in eine von ihnen – mich einbezogen – verlieben. Natürlich fielen wir aus dem Rahmen. Aber im richtigen Maß, fand ich. Es war das erste Mal, dass ich es nicht bedauerte, kein liebes, ja-sagendes Frauchen zu sein. Ich spürte diese Stärke in mir. Die konnte ja wohl nur richtig sein!

☙

Einmal im Monat besuchte ich in einer nahe gelegenen Stadt einen Ufo-Abend. Dort trafen sich interessierte

Leute, um sich mit den verschiedenen Themen auseinander zu setzen. Diesmal war ein Referent aus München gekommen, der einen Vortrag über Bewusstseinserweiterung hielt. Er erzählte auch über einen Zustand, in dem man sich körperlich nicht mehr bewegen konnte. Es war genau das, was ich selbst schon zweimal erlebt hatte. Ich wurde immer sehr neugierig, wenn ich etwas hörte, was ich schon aus eigener Erfahrung kannte.

Ich wollte mehr über dieses Thema erfahren und fragte meine Geistwesen am gleichen Abend, als ich müde und doch aufgewühlt im Bett lag:

„Ich möchte das noch einmal erleben, aber diesmal will ich es nicht aus lauter Angst vor dieser körperlichen Starre wieder abbrechen."

„Wenn du in einen anderen Bewusstseinszustand kommen möchtest, müssen mehrere Faktoren übereinstimmen. Außer völlig losgelöst und in ganz ruhigem Zustand zu sein, muss die Bereitschaft zum Hinübergleiten da sein. Hast du irgendwie eine Hemmschwelle aus Angst ......
..wwwwwwwww............er............rfc............warten.....
keine Konzentration möglich...........verfälschtes Bild.........Erweitertes Bewusstsein begrenzt sich nicht nur auf das, was du w.......... es schiebt sich wieder was rein...... Keine Konzentration........Warteschleife.........
Erweitertes Bewusstsein im Sinne von erstarrter Körperhaltung...........!"

Ich war einfach zu müde, um mich konzentrieren zu können. Also brach ich unser Gespräch ab, um am nächsten Morgen, ausgeruht und frisch, wieder zu fragen.

Diesmal schien ich im Fluss zu sein. Das Erlebnis vom vergangenen Abend zeigte mir, dass man nichts erzwingen konnte und man nur aufnahmebereit war, wenn man auch ausgeruht war. Gut!

„Warum kann ich meinen Körper dann nicht mehr bewegen?"

„Würdest du es, müsstest du ja davonlaufen oder davon fliegen. Es wäre bestimmt ein einziges Chaos. Vor allen Dingen kannst du nur mit dem Geist davongehen. Darum heißt es ja auch Seelenwanderung. Nur mit deinem Geist kannst du an andere Orte gehen. Es ist so wie mit Gedanken. Du kannst nur eine Sache tun, aber denken kannst du an die verschiedensten Dinge. Genauso kannst du es mit deiner Geist-Wanderung sehen. Dein Körper muss stocksteif sein, sonst wäre es gefährlich. Vielleicht würdest du mit deinem Geist aus dem Fenster springen, um fortzufliegen. Und dein Körper würde nachspringen. Wie fatal für dich! Verstehst du? Nur dein Geist wird wandern, dein Körper muss unbeweglich bleiben, zu deiner eigenen Sicherheit.

Jetzt hast du zumindest schon einmal die erste Stufe eines Körperaustritts bewusst erlebt. Natürlich macht es erst mal Angst. Ist für dich ja alles unverständlich. Aber jetzt haben wir es dir erklärt. Das nächste Mal wird die Angst fern bleiben. Dann kommt Schritt zwei, der Austritt! Ein bisschen mit Schmerzen verbunden. Wieder Angst, wieder musst du verstehen lernen. Dann Schritt drei: Draußen zu sein und seine Beweglichkeit und auch Unabhängigkeit zu sehen. Was dann kommt ist ‚experimentieren‘.“

„Kann ich lernen, in die Welt eines anderen Menschen einzusteigen, um seine Schwierigkeiten zu sehen und deren Lösung?“

„Ganz klar. Dazu musst du aber noch feinstofflicher werden. Das heißt, deine Schwingung muss höher werden. Sie muss so fein werden, dass dein Geist in das ‚Gitter‘ des anderen durchsickern kann, ohne stecken zu bleiben.“

„Wie mache ich das denn?“

„Als Erstes deine jetzigen Hausaufgaben, um überhaupt feinstofflich zu werden. Der Anfang ist eh schon gemacht. Jetzt ist alles Übungssache. Das heißt, alles zu üben, um deine Wahrnehmung zu schärfen. Also an die Tat! Nicht nur im Kopf! Auch Aura-Sehen. Das interessiert dich doch. Dann mach es! Bilde dich aus, bilde dich fort, und dieses fremde Terrain wird dein Zuhause werden.“
„Ach vielen Dank, ihr Lieben. Habe keine Fragen mehr. Manchmal möchte ich einfach nur in eurer Nähe sein.“

Als Erstes beschloss ich, einen kleinen Urlaub mit meiner Freundin zu machen. Ohne Kinder und ohne schlechtes Gewissen. Ich brauchte ein bisschen Abstand, zumal mittlerweile Michael eine Freundin hatte und ich wieder meinte, ich müsse stark sein. Meine Freundin war ganz begeistert bei dem Gedanken, mich ein paar Tage ganz alleine für sich zu haben, und wir beschlossen, an den schönen Achensee zu fahren und einige Tage uns selbst zu verwöhnen. Dies war das Ende einer alten Zeit, und eine neue war am Erwachen!

Die schmerzliche Auflösung alter Muster

Diese Geschichte erzähle ich sehr ausführlich, da ich meine, in dieser Zeit eine wichtige Lebensaufgabe gelöst zu haben. Es ist weniger die Geschichte selbst, auf die ich aufmerksam machen möchte, sondern darauf, wie lange die Auflösung einer wichtigen Lernaufgabe dauern kann und wie intensiv das ist. Wie viel manchmal geschehen muss, damit man verstehen lernt, um was es wirklich geht in seinem Leben.

Und mit dieser Geschichte möchte ich auch zeigen, dass es immer Lösungen gibt, nur muss man manchmal „ewig lange" hinschauen, bis man sie sieht.

Ich dachte ja damals, ich hätte schon genug Liebe im Herzen, und wurde dann aufgeklärt, dass es bei mir um etwas ganz anderes ging. Nämlich darum, Liebe für mich selbst zu haben. Ich habe sehr lange gebraucht, um das zu erkennen. Immer wenn ich gedacht hatte, jetzt hätte ich es geschafft, wurde ich zurückgeschleudert, und meine Lernaufgabe fing von vorne an. Jetzt, im Nachhinein, sehe ich, wie wichtig es war, dass dieser Lebensabschnitt so schlimm für mich war. Weshalb er nicht leichter sein durfte. Denn wahrscheinlich hätte ich dann nicht die Gelegenheit gehabt zu lernen. Und wie ich ja von mir weiß, schaue ich erst dann richtig hin, wenn meine Schmerzgrenze erreicht ist, um dann endlich Veränderungen anzugehen.

Oft war ich sehr verzweifelt, da es schien, als hätte ich mich festgefahren. Selbst meine Freunde waren traurig, wenn es zunächst so aussah, als hätte ich begriffen, um was es ging, und ich dann kurz darauf doch wieder meine alten Fehler machte. Sie mussten zusehen, wie meine Kinder und ich darunter zu leiden hatten.

Obwohl ich damals meine geistigen Ratgeber hatte, verstand ich erst am Ende der Geschichte wirklich, worum es ging. In seinem eigenen Leben ist man eben manchmal blind. Zudem hatte ich auch noch zu lernen, dass es einfach eine gewisse Zeit braucht, bis das Verstandene dann auch „ins Gefühl rutschen" kann.

Ich möchte hier auch all denen Mut machen, die davon überzeugt sind, in einer ausweglosen Situation zu stecken. Denn gerade diese Situationen zeigen, dass man noch deutlicher hinsehen sollte. Und zwar so lange, bis man verstanden hat. Und eines kann ich versichern: Man wird verstehen! Bei einem geht es schneller, der andere braucht eben eine längere Zeit. Aber solange ein Gefühl der Ohnmacht da ist, ist es wichtig, genau hinzusehen. Mein zweites Buch „Zurück zum Anfang" gibt dafür eine konkrete Anleitung.

Wenn man wirklich will, kann man sehr viel verändern. Wobei ich zugeben muss, dass ich es leichter hatte als vielleicht manch anderer, da ich meine geistigen Freunde um Rat fragen konnte. Sie nahmen meine Bitten um Erkenntnis und Reife ebenso ernst wie mein Flehen um Auflösung meiner Problematik. Aber sie vergaßen auch nie, mir stets meine Eigenverantwortlichkeit zu lassen.

જી

Meine Freundin Gaby und ich gondelten also nach Österreich. Es war ein Sommertag, und wir freuten uns wie kleine Kinder über die Zeit, die wir nur für uns hatten. Wir planten, was wir alles machen wollten, kicherten und alberten im Auto herum und vertrieben uns so die Fahrtzeit. Wir waren ausgelassen und vergnügt – es war ein so herrlicher Tag!

Nach drei Stunden kamen wir am Achensee an und mieteten uns in einem Luxushotel ein. 80 Mark sollte eine Nacht im Doppelzimmer mit Frühstück kosten. Na, das war doch geschenkt! Hier gab es einen feinen Service, man konnte sich kostenlos Fahrräder ausleihen, und das Haus verfügte über einen wunderschönen Swimmingpool und einen Whirlpool. Da konnte man sich verwöhnen lassen!

Zum Essen wollten wir jeden Tag in ein anderes Lokal gehen, um alles auszuprobieren. Wir ließen es uns gut gehen. Schon morgens, vor dem Frühstück, gingen wir schwimmen und manchmal sogar mitten in der Nacht, weil es so wahnsinnig Spaß machte. Die Hotelangestellten ließen uns gewähren, wahrscheinlich, weil unsere gute Laune ansteckend war.

Oft saßen wir abends zusammen in einem Lokal beim Essen und diskutierten über Gott und die Welt, und was wir alles noch in unserem Leben zu erwarten hätten. Wir verrieten uns unsere heimlichsten Wünsche und lachten, wenn wir draufkamen, dass wir maßlos übertrieben hatten mit unseren Wunschträumen. Aber es war lustig, und es war schön, unsere Fantasie spielen zu lassen.

Leider verging die Zeit wie im Flug. In letzter Minute wurden schnell noch ein paar Fotos geknipst, um wenigstens eine Erinnerung zu haben. Man vergaß ja viel zu schnell! Wir fühlten uns aufgetankt und starteten Richtung Heimat.

Als wir jedoch hinter der Grenze, wieder in Deutschland, waren, überkam mich ein beklemmendes Gefühl. Was – jetzt wieder heim in den Alltag? Wo Stress und Unruhe schon auf mich warteten? Oh nein, das wollte ich eigentlich überhaupt noch nicht. So traf ich eine verhängnisvolle Entscheidung: Ich wollte noch einen alten Freund besuchen. Wenigstens für diesen Tag. Sozusagen, um den Tag abzurunden!

Meine Freundin setzte mich bei sich zu Hause ab, und ich stieg in mein eigenes Auto. Nachdem wir uns geschworen hatten, so etwas bald wieder zu tun, fuhr ich davon. Mein Bekannter, er hieß Pit, wohnte in einem kleinen Dorf in der Gegend von Landshut. Ein Jahr zuvor hatte ich ihn schon einmal besucht. Da war er gerade dabei gewesen, sich ein Häuschen zu kaufen, direkt neben dem seiner Mutter, in seinem Heimatdorf.

Er würde sich bestimmt freuen, wenn ich ihn besuchte. Außerdem schmeichelte es mir immer, dass er mich besonders gerne sah. Und nach diesen schönen Urlaubstagen war ich ausgelassen und wollte nicht zurück in meine Einsamkeit. Ein bisschen umworben werden! Na und, was ist das schon? Da passiert doch nichts! So toll finde ich ihn ja auch wieder nicht – und schließlich kann ich mich ja wehren, sollte er zudringlich werden.

Irgendwie freute ich mich riesig darauf. Ein bisschen so tun als ob … Das reicht ja schon. Für einen Tag so tun, als hätte man einen Freund. Verhängnisvoll. Sehr verhängnisvoll!

Ich überraschte Pit, als er gerade von der Arbeit kam. Sehr erfreut sah er aber nicht aus. Eher ein bisschen grummelig. Hatte ich einen Fehler gemacht? Ich wurde unsicher, aber nach kurzer Zeit war er plötzlich wie verwandelt und ganz siegessicher, so wie ich ihn kannte. Er wollte nur schnell duschen und mich danach zum Pizzaessen einladen. Wir aßen in einem netten Lokal. Er erklärte mir, wie Pizzen gemacht werden und wo die Sardellen herkommen. Er sah gut aus. Braun gebrannt, mit schwarzen, ganz kurzen Haaren und einer athletischen Figur.

Es sah so aus, als hätten wir dieselben Tischmanieren und als wäre er mir überhaupt sehr ähnlich. Wir unterhielten uns den ganzen Abend wunderbar, und kein Thema blieb unangesprochen. Ich sah ihn mir immer genauer an. Was für ein Mann! Warum ist er mir eigentlich nie aufgefallen? War ich denn blind? Nach dem Essen besuchten wir noch einen anderen Freund, und mir gefiel das Gefühl, wieder ein Paar zu sein. Nicht mehr alleine zu sein! Je später der Abend wurde, desto mehr sprachen seine Blicke. Ich kam mir endlich wieder begehrt vor. Ich fühlte wieder die Frau in mir, die ich seit geraumer Zeit versteckt hatte.

Als er mir spät nachts anbot, bei ihm zu übernachten, sagte ich zu. Er versprach, sich wie ein Gentleman zu benehmen. Wir redeten in dieser Nacht noch lange miteinander, und er war wirklich ganz gentlemanlike. Also doch kein Draufgänger, wie ich erst gedacht hatte. Das war gut. Ich gewann Vertrauen zu ihm. Aber ich wusste auch, verlieben wollte ich mich jetzt nicht, und das konnte ich auch gar nicht.

Am nächsten Tag fuhr ich nach Hause. Frisch gestärkt und frischen Mutes.

Meine Kinder freuten sich natürlich, die Ausreißerin wiederzuhaben, und belagerten mich sofort. Wir lachten und drückten uns und waren froh, dass wir wieder zusammen waren.

❧

In der folgenden Woche musste ich wieder arbeiten. Mein neuer Chef machte mir Schwierigkeiten. Er arbeitete noch nicht lange bei uns und meinte, mit einer Pseudo-Autorität Eindruck schinden zu müssen. Sehr zu seiner Unzufriedenheit ließ ich mich aber nicht einschüchtern. Ich arbeitete jetzt seit elf Jahren in der ambulanten Krankenpflege. Ich kannte meine Arbeit und meine Betreuten, und ich war sehr beliebt auf meiner Tour. Für mich waren diese kranken und alten Menschen viel mehr als nur Betreute. Zu manchen kam ich schon seit elf Jahren. Die meisten redeten mich mit dem Vornamen an, und für mich waren sie wie eigene Omis und Opis. Ich hatte sie alle lieb. Praktikanten, die manchmal mit mir fuhren, meinten, so ein Verhältnis hätten sie noch nicht erlebt, wie wir es hatten. Es sei alles so familiär, als wären das keine fremden Menschen, sondern Familienangehörige. Und das freute mich. Es zeigte mir, dass ich es richtig machte.

Nur mein Chef! Der freute sich nicht. Er wollte diese familiären Verbindungen nicht. Er meinte, ich sei zu persönlich, und versuchte dauernd, mich irgendwo hin zu versetzen, damit ich keine persönliche Verbindung mehr aufbauen konnte. Jedes Mal, wenn er mich versetzte, riefen die Hausärzte der Patienten bei ihm an und wollten wissen, warum die „eine Schwester, die so nett ist", nicht mehr kam. Die Patienten beklagten sich bei ihnen. Das war natürlich nicht lustig für meinen Vorgesetzten. Aber er wollte mir zeigen, wer der Herr im Hause ist.

Und so saugte er sich Vergehen aus den Fingern, schickte mir Verwarnungen und wollte, dass ich endlich kuschte und demütig zu ihm gekrochen kam. Die Stimmung bei der Arbeit war bedrückend, zumal er es mit anderen, die nicht so funktionierten, wie er es wollte, genauso machte. Ich war jedoch sein härtester Brocken, da er bei mir jedes Mal wieder vor dem gleichen Problem stand. Die Leute mochten mich einfach.

Als ich aus meinem Kurzurlaub zurückkam, hatte ich schon ein beklemmendes Gefühl, als ich wieder zur Arbeit ging. Was würde heute geschehen? Hatte sich wieder etwas ereignet? Ich hatte Magenschmerzen.

Als ich meinen Spind aufschloss, sah ich den weißen Umschlag darin liegen. Im Nu spürte ich den Stein im Bauch. Mein Herz raste wild. Dieser psychische Druck war mir einfach zu viel. Warum konnte ich nicht in Ruhe meine Arbeit machen? Ich gebe zu, in letzter Zeit hatte mich meine Arbeit manchmal gelangweilt. Es gab einfach zu wenige Herausforderungen. Seitdem der neue Chef da war, mussten wir jede Sekunde dokumentieren. Was wir machten, wie wir es machten und wie lange wir brauchten. Es ging plötzlich um Minuten. Er suchte sich Spione, die bereit waren, ihm die kleinsten Vergehen zu melden. Ich fühlte mich zeitweise regelrecht verfolgt.

Ich war es auch leid, nach der Arbeit panisch darüber nachdenken zu müssen, ob ich vielleicht etwas vergessen hatte. Was mich vor allem störte, war, dass wir keine Zeit mehr für persönliche Worte aufbringen konnten. Das erinnerte mich an Akkordarbeit. Und wehe, du warst im Urlaub, und die Vertretungsschwester war schneller … aber dann…!

Ich hatte solch ein Glück. Eine Kollegin hatte meine Tour übernommen und hatte es doch tatsächlich geschafft, statt dreißig Minuten nur zwanzig für eine „Grundpflege" zu brauchen. Allerdings sah keiner, dass sie den Betreuten weder die Haare gewaschen noch die Fingernägel geschnitten hatte. Sie wählte einfach die Kurzversion und war damit natürlich schneller. Meine Lust an der Arbeit reduzierte sich enorm, und wirklich – manchmal überlegte ich sogar, ob ich damit aufhören sollte. Es war ja ohnehin nicht mehr das, was es mal gewesen war.

Langsam zog ich den Umschlag heraus, atmete kurz durch und öffnete ihn. Ich starrte auf das Blatt. Meine Hände fingen an zu beben, und ich merkte, wie mir Tränen über die Wangen liefen. Das konnte doch gar nicht sein! Das war nur ein Traum!

Eine nette Kollegin sah mich und schob mich auf einen Stuhl. „Was ist denn los, Sabine? Ist etwas Unangenehmes geschehen?" Ich zeigte ihr nur stumm den Schrieb. Sie las ihn wieder und wieder und lachte dann. „Ja, jetzt ist er komplett durchgedreht! Ich frage mich schon lange, ob ich kündigen soll, denn das Theater mit unserem Chef mach ich nicht mehr mit. Jetzt spinnt er wohl total!"

Dann erzählte sie mir, dass unser Hausmeister von ihm beauftragt worden war, heimlich hinter uns herzuspionieren und zu schauen, ob wir was im Auto vergessen würden. Dann gäbe es nämlich Abmahnungen. Sie erzählte mir noch ein paar Schauergeschichten, doch ich hörte gar nicht mehr hin. Mein Schicksal war mir das nächste!

In seinem Schreiben teilte er mir mit, dass ich, aus organisatorischen Gründen, in unsere Zweigstelle nach Viechtach versetzt würde. Viechtach! Das war 38 Kilometer von meinem Zuhause weg. Oh mein Gott! Ich arbeitete doch nur fünf Stunden am Tag. Da lohnte sich das Fahren ja nicht mehr!

Ich wusste nicht, was ich mit alldem anfangen sollte. Den Rest des Arbeitstages verbrachte ich wie im Nebel. Wie sollte es weitergehen? Wie sollte ich überleben? Wieder diese Frage nach dem Überleben! Wie oft musste ich mir diese Frage noch stellen? Alleine wäre ja alles nur halb so schlimm. Aber schließlich hatte ich zwei Kinder, Michael zahlte zu dieser Zeit noch keinen Unterhalt – und um des Friedens willen wollte ich nicht klagen. Was haben die Kinder davon, wenn sie zwar Papa und Mama unter einem Dach haben, aber ein erbitterter Unterhaltsstreit stattfindet. Nein – das wollte ich auf keinen Fall. Meine Kinder sollten zur Ruhe kommen. Ich würde es schon irgendwie schaffen!

Doch dann kam mir mein letzter Hörsturz in den Sinn, und Verzweiflung stieg in mir hoch. Warum musste mir solch eine Katastrophe passieren? Ich hatte gedacht, das Glück wäre nun auf meiner Seite? Wo ist es denn schon wieder? Kann das Glück so leicht wieder gehen? Muss man denn immer wieder kämpfen im Leben? Tausend Fragen stiegen hoch, und ich nahm mir vor, meine Geistwesen zu fragen, warum das geschehen war. Also schob ich meine Gedanken bis zum Abend auf, um mich dann aufs Bett zu legen und zu fragen:

„Liebe Geistwesen, jetzt ist es wieder einmal so weit. Ich bin wieder versetzt worden. Diesmal nach Viechtach. Was ist da los?"

„Unbekümmertheit hat ihren Preis. Keine Vorhaltung – inwieweit willst du Gerechtigkeit?"

„Habe ich nicht korrekt gearbeitet?"

„Sagen wir, deine Einstellung ist nicht korrekt, zu deinem Arbeitsplatz. Das ist jetzt wertfrei."

„Müsste ich mehr expansiv denken?"

„Ja, so könne man es nennen. Du weißt ja inzwischen, was Gedanken bewerkstelligen. Deine Gedanken waren schon so auf Abwehr, dass nur Abwehr folgen kann."

„Ist es denn gut für mich in Viechtach?"

„Gut in dem Sinne, dass es sich mit deinen Gedanken, indirekten Bildern und Vorstellungen deckt. Nach den Gedanken kommt die Tat, auch wenn man selbst nichts macht. Bei dir ist es so, eigentlich bist du schon sehr lange nicht mehr mit deiner jetzigen Arbeit verbunden. Es ist jetzt die Zeit, sich abzuwenden und etwas Neuem Raum zu geben. Nur so kannst du frei sein. Wenn du an nichts festhältst! Warum erstaunt es dich? Es ist doch eigentlich dein

Herzenswunsch gewesen, dort aufzuhören. Und Herzenswünsche erfüllen sich früher oder später immer!"

„Werde ich es schaffen, mir eine angenehme Existenz zu schaffen?"

„Ja warum denn nicht? Du weißt, Gedanken und Wunsch sind immer die Vorreiter. Willst du selbstständig sein, dann richte es dir ein. Mit deinen Bildern fang an. Du brauchst mehrere Standbeine, um zu bestehen. Durch deine Kreativität wirst du es schaffen. Das wird dir Erfüllung geben, wenn gleich mehrere Bereiche in dir angesprochen werden. Momentan hast du einen Überschuss an sozialen Arbeiten. Das erschlägt dich und macht dich irgendwie auch unlebendig, weil dein anderer, kreativer und künstlerischer Teil gänzlich brachliegt. Trotz des Geldes und der vielen Arbeit warst du nicht ausgeglichen. Du fühltest dich eher ausgelaugt. Mach verschiedene Arbeiten."

„Was soll ich nur jetzt mit meiner Arbeit tun?"

„Laufen lassen! Es kommt alles aneinander gereiht. Es wird zu deinen Gunsten kommen, auch wenn es jetzt nicht so aussieht. Glaubst du an die Schwere deines Schicksals, wird es dich natürlich nicht Lügen strafen. Dein Glaube hält zu dir. Da Glaube Berge versetzen kann, kann er dir auch die größten, negativsten Berge hin- und herschieben. Er kann sie immer deine Wege kreuzen lassen.
Bist du hingegen zuversichtlich, siehst du die positiven Berge, die ja auch deine Wege kreuzen. Und dann greif zu!

Aber erst müssen die Berge kommen können, damit du dir die deinen aussuchen kannst. Also hab Vertrauen und wieder mal Geduld. Du siehst, dass Geduld ein Standbein in deinem Leben werden muss. Das zweite ist Zuversicht und das dritte Liebe. Drei Haupt-Standbeine."

„Aber wenn ich jetzt die Arbeit annehme, sie scheint ja sehr anstrengend zu sein, die weite Fahrt, so viele Stunden …"

„… und so viel frei. Was glaubst du, wie viel du frei haben wirst! Es wird eher leichter. Und dann fällt der psychische Druck weg. Du wirst Freude haben an deiner Arbeit. Drum sage ich, warte erst mal ab. Probier es erst mal aus. Gefällt es dir dann doch nicht, kannst du immer noch was anderes suchen."

Eine Woche später stellte sich heraus, dass ich bei meiner neuen Stelle als Nachtschwester arbeiten sollte. Und das hieß, wirklich viel freizuhaben, da man zwar pro Nacht zehn Stunden arbeiten musste, nach vier Arbeitstagen aber auch fünf Tage freibekam. Dazu kam noch, dass ich auch früher schon ab und zu mal nachts dort gearbeitet hatte, weil es mir Spaß machte und damals dringend eine Aushilfe gebraucht wurde. Jetzt würde es also zu meinem Beruf werden. Nachtwache! Nicht schlecht. Hatte ich so doch endlich meine Ruhe. Schließlich empfand ich mich als Einzelkämpferin. Ich begann mich zu freuen. Hatte Jakobi wirklich Recht? Es war so!

Privat ging es mir auch ganz gut. Pit meldete sich in regelmäßigen Abständen und belagerte mich. Ich solle ihn doch besuchen kommen, oder er wolle mich besuchen. Ich merkte aber, dass ich das gar nicht wollte. Irgendetwas sträubte sich in mir. Pit war nett und aufmerksam, aber oft hatte ich das Gefühl, keine Luft mehr zu bekommen. Er konnte sehr bestimmend sein, und das behagte mir gar nicht. Mir, der Einzelkämpferin! Auf der anderen Seite war seine Aufmerksamkeit natürlich auch eine Wohltat für mein angekratztes Selbstbewusstsein als Frau. Also fragte ich wieder:

„Jakobi, kannst du mir sagen, warum es mich nicht zu Pit zieht?"

„Und ob, aber das weißt du ja. Du kannst deine momentane seelische Wüste nicht auf Dauer mit körperlichen Gelüsten stillen. Und dazu würde es kommen, und danach wäre Leere. So etwas kannst du tun, wenn es dir seelisch gut geht. Du brauchst zwar auch das Körperliche. Aber Dreh- und Angelpunkt sind für dich tiefe Gespräche, Verbundenheit, Auseinandersetzung, Beobachten und Analysieren. Folgt darauf etwas schönes Körperliches, passt es wunderbar.
Momentan ist dein Körper jedoch in Harmonie, und du hast weniger körperliches Verlangen. Zu Körperlichkeiten würde es jedoch bei euch kommen. Dein Verlangen ist aber, deine Seele in Harmonie zu bekommen. Deine Seele dürstet. Sie dürstet nach Verbreitung, nach Erleben und Austausch. Du darfst dir eine konstante Richtung für beides suchen. Siehst du da wieder dein Muster des Springens? Vom Körperlichen zum Seelischen/Geistigen und wieder zurück. Da musst du auch ausgleichen lernen.

Alles miteinander verbinden, und plötzlich sieht man, wie alles mit allem und jeder mit jedem verbunden ist. Das ist dann eine von vielen Erleuchtungen."

„Aber wie soll ich das konkret machen?"

„Als Erstes solltest du nicht einseitig leben. Du neigst zwar sehr dazu (siehe deine Essgewohnheiten: immer dasselbe). Aber du kannst es „bewusst" ändern. Somit siehst du wieder, dass Bewusstheit das A und O eines geistigen Fortschritts ist. Alle Charaktereigenschaften von dir, alle Gelüste, alle Talente, alle Neigungen und so weiter, müssen ungefähr zu gleichen Anteilen die Möglichkeit haben, sich auszuleben. Unterdrückst du irgendetwas, oder willst es an dir nicht sehen, obwohl es vorhanden ist, kommst du ins Ungleichgewicht – und dauert dieser Zustand an, kommen auch schon die ersten Probleme in dein Leben. Also musst du dir als Erstes ,bewusst' werden, wer du bist. Wieder ,Bewusstheit', die zählt. Setz dich einmal hin und schreibe alle deine positiven wie negativen Eigenschaften, Eigenarten, Wünsche, Gedanken, Träume auf. Schreiben ist wichtig, dass es dir auch ,bewusst' wird. Machst du etwas nur in Gedanken mal schnell, schnell, kann es eben schnell wieder ins Unbewusste abgleiten. Und dieses Spiel war gänzlich umsonst. Mach dir ruhig die Mühe. Hol hoch, was geht. Plötzlich erkennst du auch dein Muster, warum du bisher so gelebt hast. Dann kannst du wieder ,bewusst' einschreiten und damit verändern."

„Aber das mache ich ja zur Zeit!"
„Ja, und es verändert sich auch viel in deinem jetzigen

Verhalten. Du bist durchdachter. Du verhältst dich in vielem jetzt ganz anders als früher. Ein großer Fortschritt! Bleib auch mal kurz stehen und freue dich darüber."

„Warum fühle ich mich so leblos?"

„Noch einmal – weil du zu einseitig gelebt hast. Das heißt jetzt nicht, dass du mit Gewalt an deinen freien Wochenenden Spaß haben sollst. Das wäre immer noch ein Springen innerhalb von Extremen. Versuche, Extreme aufzulösen. Versuche, im Alltag gleich zu leben. Der Alltag ist dein Leben, nicht das Wochenende. Vormittags weniger arbeiten wäre gut. Da bist du schon zu festgefahren. Lockere dies, und deine gespannten Gesichtszüge lockern sich mit."

Also entschied ich mich, Pit kennen lernen zu wollen und ihn mir bewusst anzusehen. Ich nahm seine Einladung an und fuhr am darauf folgenden Wochenende zu ihm. Dieses Mal sah ich in ihm nicht nur das frauenmordende Ungeheuer, sondern auch einen recht sensiblen Mann. Klar, dass das Thema natürlich wieder Sex war. Aber vielleicht sollte ich mich nicht so wehren, sondern es einfach akzeptieren. Schließlich lebte ich in keinem Zölibat!

Er war jedenfalls sehr lieb, und seine Annäherungsversuche sprachen für sich. Es war für mich eine ganz neue Situation. Auf der einen Seite wollte ich nicht überrumpelt werden, auf der anderen Seite meldeten sich meine körperlichen Bedürfnisse. Wenn ich mich nun auf ihn einlassen sollte, musste aber auch das übrige Bild von ihm stimmen.

Und so fing ich an, das, was mir nicht so gut gefiel, einfach auszublenden. Innerlich hatte ich jedoch fast täglich meinen Kampf damit, da ich tief in mir wusste, was ich da tat. Ich wehrte mich gegen ein Einlassen. Ich wollte mir Zeit lassen. Dachte ich!

Eine Sache beschäftigte mich besonders. Momentan war es so, dass sich jeder Gedanke, den ich hatte und der mir wichtig war, auch erfüllte. Alles, woran ich in letzter Zeit intensiver gedacht hatte, trat auch ein. Die Geistwesen hatten mir ja immer wieder erklärt, was für eine gewaltige Macht Gedanken hatten. Wie schnell sie Wirklichkeit werden konnten. Sie sagten, wie wichtig es wäre, sich seiner Gedanken bewusst zu sein, da sie eben Wirklichkeit werden könnten. Wenn wir ein bestimmtes Thema durchgingen und sie mich unterrichteten, geschah auch in der Praxis etwas Entsprechendes.

∾

Ich hatte Schwierigkeiten, mich auf Pit einzulassen. Vielleicht hatte ich aber auch damals schon ein Gefühl dafür, was auf mich zukommen würde. Doch nach meinem damaligen Denkmuster zweifelte ich halt erst mal an meiner Fähigkeit, überhaupt lieben zu können. Schließlich gab er sich doch große Mühe, und ich hatte nichts Besseres zu tun, als mich zu wehren. Er meinte es doch gut mit mir? Oder? Jedenfalls sah es danach aus.

Dennoch war nicht zu übersehen, dass er auf seine Art Druck auf mich ausübte. Ich hatte das leise Gefühl, wenn ich auf ihn zuging, war ich für ihn auch richtig, sobald ich mich aber von ihm weg bewegte, lag ich völlig falsch und war unwissend in seinen Augen. Und da ich gefallen wollte, glaubte ich ihm. Ab und zu versuchte ich, mich gegen diesen leisen Druck zu wehren. Doch nach und nach fiel meine Festung in sich zusammen.

Was ich jedoch nicht wusste, war, dass ich die Liebe, die ich ihm schenken wollte, erst für mich selbst finden musste. Ich hatte mich bereit erklärt, bei meinen Geistwesen „in die Lehre zu gehen". Und wie jeder weiß, sind Lehrjahre keine Herrenjahre. Damals dachte ich, ich hätte schon ausgelernt. Ein großer Irrtum, der mir aber die Möglichkeit gab, alles nachzuholen und „wirklich" zu lernen.

Mich faszinierte, dass mein neuer Freund über alles offen reden konnte. Dass es dabei hauptsächlich um Sex ging, sah ich nicht. Ich sah nur die Offenheit. Oft hielt er mich die ganze Nacht im Arm, und ich war so gerührt, denn das hatte ich mir immer gewünscht. Also musste er Mr. Right sein.

Dennoch schoben sich immer wieder Fragen dazwischen, kamen immer wieder Zweifel auf: Er ist so lieb – ist er immer so? Oder schläft das alles wieder ein? Ist er immer so offen, oder nur am Anfang? Hat er wirklich so großes Interesse an mir, oder nur jetzt in der „Werbungsphase"? Will er mich wirklich kennen lernen, oder bin ich nur jetzt für ihn interessant, da er mich erobern möchte?

Viele Fragen, die mich verunsicherten und die ich mit einer Handbewegung einfach wegwischte. Es durfte nicht sein, was nicht sein darf! Manchmal hatte ich das

Gefühl, als würde ich etwas erzwingen wollen, während ich anfing, mich selbst zurückzunehmen. Ich versuchte, mich ganz auf Pit einzustellen. Er hatte Recht, und ich hatte dumme Fragen!

Das war leichter gesagt als getan. Ich merkte, dass Pit nicht nur lieb war. Es war schwere Arbeit, das für mich zu verstecken. Also beschloss ich, mit ihm darüber zu reden, was ich empfand. Dass ich spürte, da war nicht nur ein Dr. Jekyll, sondern auch ein Mr. Hyde. Und Mr. Hyde wusste sich gut zu verstecken.

Mein Freund versuchte natürlich, mir diese Flausen auszureden. „Ich meine es doch nur gut mit dir und deinen Kindern. Hab doch ein bisschen Vertrauen zu mir. Manchmal habe ich das Gefühl, du strengst dich überhaupt nicht an, mir zu vertrauen. Ich jedenfalls würde mich sehr freuen, wenn wir zusammenziehen würden. Wehre dich doch nicht so und gönne deinen Kindern wieder eine Familie." Damit waren meine Widerstände erst mal stillgelegt – wobei ich sagen muss, dass mir nicht ganz wohl dabei war. Doch ich konnte nicht recht fassen, warum das so war. Ich merkte nur, dass ich, nicht ganz freiwillig, in eine Richtung gezogen wurde, in die ich eigentlich gar nicht wollte. Es ging mir alles zu schnell.

Doch der Druck, den er mit den Kindern machte, ließ meinen Widerstand schmelzen. Wir waren erst drei Monate zusammen und sahen uns nur am Wochenende, und doch hatte ich manchmal das Gefühl, ich könne ihm nicht mehr entkommen. Dann besann ich mich wieder auf seine schönen Seiten – und ich hatte ja so viele Beweise, dass er mich wirklich liebte. Mitunter schickte er mir, einfach so, Blumen über Fleurop, legte mir heimlich Geld in meinen Geldbeutel und verwöhnte mich auch sonst nach Strich und Faden. Wenn er bei uns zu Besuch war, durfte ich nicht in die Küche. Er meinte, ihm mache die Küchenarbeit Spaß und ich solle mich derweilen ausruhen.

Was will man mehr? Welche Frau wurde so verwöhnt? Ich hatte großes Glück, und ich schrieb es meiner monatelangen Arbeit an meiner Persönlichkeit zu, dass ich jetzt ernten durfte.

Und doch fühlte ich den sprichwörtlichen „Haken". Pit war sehr vereinnahmend. Meine Kinder und ich hatten fast keine Luft mehr, wenn er da war. Er machte sich wichtig, und auch ich glaubte, dass er so wichtig war. Nur Feli und Lisa wurden immer stiller. Der Jüngsten schien es nicht gut zu gehen. Ich fragte meine geistigen Freunde, was ich denn tun könne.

„Lisa ist alleine, ohne Mutter und Vater. Verwaist fühlt sie sich. Angst vor der Welt! Gib ihr alle Liebe, die du aufbringen kannst, sonst nimmt sie Schaden. Auch wenn du es nicht in dem Sinne zurückbekommst, wie du meinst, kannst du wenigstens das Schlimmste vermeiden. Noch ist Zeit. Handle jetzt sofort, dann kann sich diese Kinderseele fangen."

„Soll ich denn wegziehen?"

„Du weißt, das ist nicht deine Frage. Auch dort musst du für Sicherheit sorgen. Es ist eine schwierige Zeit, die beendet oder bereinigt werden muss. Für die Kinder und dann erst für euch. Ob es die Stadt deines Freundes ist oder nicht, ist gleichgültig. Es geht um die Einteilung. Um ein Schema, welches Bestand hat. Ihr habt solches nicht. Bei dir ist die absolute Unsicherheit. Schlimmer kann es gar nicht kommen. Mittlerweile drei Jahre der Unsicherheit wirft ein kleines Kind um. Handle! Mach einen Plan, der Sicherheit gibt. Sicherheit für euch alle."

„Ich habe Angst, etwas falsch zu machen. Den Kindern ihren Vater zu nehmen, und dem Vater die Kinder."

„Nein, hab keine Angst. Jeder Erwachsene ist für sich selbst verantwortlich. Nicht die Kinder! Aber du nimmst ihnen nicht den Vater. Diese Verbindung kannst du halten und stärken, aber auch dieses ist nicht deine Arbeit. Es ist alleine Sache des Vaters. Es ist seine Verantwortung, dafür Sorge zu tragen, wie sein Verhältnis zu den Kindern ist. Du hast nur Angst, dass er sie im Stich lässt und sie dir die Verantwortung dafür geben. Aber Kinder sind voll großem Wissen. Sie wissen um die Gesetze, darum, wie etwas sein soll. Wann es passt und wann nicht, und auch weshalb.

Die Kinder können dann, aus größerer Entfernung, sehen und spüren, was sie wirklich wollen. Denn du weißt ja auch, dass man erst durch sein ‚Tun' sieht, was man wirklich will. Dann kann man sich freiwillig abnabeln, aber dann ist es auch in Ordnung. Man ist selbst dahin gekommen."

„Soll ich mich auf Pit einlassen?"

„Das steht momentan außer Frage. Es ist absolut unwichtig. Erst einmal in der eigenen Familie aufräumen."

Zu dieser Zeit hatte ich eine gute Freundin, die im selben Ort lebte, in dem auch mein Freund wohnte. Das war für mich ein kleines Bonbon, wenn ich dorthin ziehen würde. Aber zur Sicherheit fragte ich lieber nach. Wird Gudrun dort wohnen bleiben?

„Vielleicht zieht sie in den Nachbarort. Es ist unwichtig für dich. Du wirst sehen, Menschen kommen und andere gehen. Es ist ein ewiger Fluss."

Ich beschloss, mir erst einmal etwas Zeit zu geben. Mein Freund gab sich alle Mühe, meinen Widerstand zu brechen. Wir telefonierten täglich mehrere Stunden. Unser längstes Gespräch dauerte 5 ½ Stunden. Wir wussten uns viel zu erzählen. Vor allem Pit. Ich versuchte, ganz ehrlich zu ihm zu sein. Auch was meine negativen Punkte betraf, zum Beispiel, dass ich sehr anspruchsvoll war. Und dass es gut so für mich war. Ich wollte mich nicht zurückschrauben. Vielmehr wollte ich ja herausfinden, was ich erreichen konnte in meinem Leben. Und dafür waren Ziele wichtig!

Oft dachte ich an die Worte der Geistwesen, dass Gedanken und Wünsche sehr viel Kraft haben und dass jeder Mensch die Freiheit hatte, sich sein Leben so zu gestalten, wie er es für wünschenswert hielt. Ich brauchte also nicht mehr zu glauben, dass ich hierfür oder dafür nicht „würdig" war. Es kam nur auf meinen eigenen Glauben an! Außerdem hatte ich mir erst vor kurzem geschworen, wenn ich etwas haben wollte, sollte es das Beste sein! Ich wollte mir beweisen, dass das wirklich möglich ist. Mein Armutsdenken wollte ich damit ausradieren. Jetzt war eine andere Zeit angesagt!

Und je eher Pit das wusste, desto besser für uns beide! Ich wollte keine Missverständnisse mehr. Er sollte wissen, wie ich drauf war – und er akzeptierte es! Er sagte mir immer wieder, wie sehr er uns liebte und dass er mit uns eine Familie gründen wollte. Was hatte ich da für ein Glück an meiner Angel? Vielleicht ging ja mit ihm ein großer Wunsch in Erfüllung!

Natürlich wollte ich für meine Kinder wieder eine Familie haben. Auf der anderen Seite fürchtete ich mich davor, meine Eigenständigkeit zu verlieren. Eigenständigkeit war mir sehr wichtig. Ich war sehr stolz darauf, sie zu haben. Ich lief nicht mit dem Haufen mit, nur weil es alle so machten. Und oft fiel ich aus dem „gesellschaftlichen Rahmen", weil ich Dinge anders sah. Es machte mir auch nichts aus, dass für mich andere Regeln galten als für die Übrigen. Ich wollte beides: meine Eigenständigkeit leben und dazugehören!

Für viele war dies ein Widerspruch, doch ich bin immer noch überzeugt, dass auch das, mit etwas Toleranz, funktioniert. Ich wusste, dass im Leben viel mehr möglich ist als das, was unsere Gesellschaft uns vermittelt. Nur haben die meisten Menschen einfach Angst. Angst davor, alleine zu sein, vielleicht. Oder ausgeschlossen zu werden – eben, nicht dazuzugehören. Ich denke aber, eine Einheit kann alles fassen. Auch Widersprüche!

Meine Kinder und ich waren das beste Beispiel. Feli, meine große Tochter, war die Eigenständigkeit, und Lisa stand für die Zusammengehörigkeit. Wir waren ein hervorragendes Team. Eine Einheit. Ich liebe Menschen, die eigen sind und sich das auch zu leben trauen. Ich denke, mit Liebe im Herzen ist es egal, wie eigen Menschen sind.

❧

Nach vier Monaten hatten Pit und ich unseren ersten Streit, den ich bis heute nicht ganz verstanden habe. Es ging alles so schnell. Seit ein paar Wochen kränkelte ich. Grippe! Es wurde nicht besser, und in meinem Inneren spürte ich, dass der Druck zu groß geworden war, ständig über einen möglichen Umzug nachzudenken. Ich brauchte unbedingt eine Auszeit. Pit war aber ein Meister im Bedrängen. Also kam er am Wochenende zu uns, um mich gesund zu pflegen. Eigentlich wollte ich meine Ruhe haben, aber er erklärte mir, dass ich lernen müsse, Hilfe anzunehmen. Ich dachte, er hätte Recht.

Nachdem er angekommen war, packte er mich als Erstes ins Bett, machte mir Tee – obwohl ich Tee nicht mag – und versuchte mir beizubringen, dass ich sofort die benutzten Papiertaschentücher in den Müll bringen müsste, der Bakterien wegen. Ich erklärte ihm, dass das meiner Meinung nach nicht viel ausmache, worauf er, etwas gekränkt, bekundete, dass er aber großen Wert darauf lege. Er wollte einen Beweis dafür, wie viel er mir bedeutete. Na ja, so wichtig war mir das mit den Taschentüchern nun auch nicht. Also folgte ich seinem Wunsch! In regelmäßigen Abständen kam er an mein Bett, um nachzusehen, ob ich auch ja die Tempos in den Abfalleimer getan hatte. Hatte ich es versäumt, setzte er ein ernstes Papa-Gesicht auf und gab mir das Gefühl, etwas ausgefressen zu haben. Das nervte. Ich sagte mir zwar, dass er es ja nur gut mit mir meinte und ich mich nicht so anstellen sollte. Doch registrierte ich eine aufkommende Trotzreaktion meinerseits. Ich wollte selbst entscheiden, was für mich gut war und was nicht. Und dieser Blick von ihm, wenn ich es wieder vergessen hatte! Ich wusste nicht, sollte ich lachen oder mich ärgern?

Ich beschloss, erst einmal ein heißes Bad zu nehmen. So krank war ich nun auch wieder nicht. Kaum hatte ich meine Entscheidung ausgesprochen und ging Richtung Bad, stellte er sich mir in den Weg und schickte mich zurück ins Bett, ging selbstbewusst ins Bad, ließ Wasser ein, prüfte, welche Temperatur es haben durfte, und träufelte das von ihm auserwählte Öl hinein. Und das alles mit einem Gesichtsausdruck, als ginge es um Leben und Tod.

Das war zu viel. Ich sagte zu ihm: „Pit, ich will gar nicht so umsorgt werden. Ich bin noch nie so betüttelt worden und will es auch in Zukunft nicht. Es ist zwar lieb gemeint von dir, aber so krank bin ich jetzt doch nicht." Er wollte gerade das Badetuch auf den Ständer legen, als ich mein Anliegen vorbrachte. Er ließ es zu Boden fallen, drehte sich auf dem Absatz um und verließ ohne ein weiteres Wort das Badezimmer. Ich schluckte und überlegte, ob ich mich im Ton vergriffen hatte. Aber ich fand, ich hatte es ganz nett gesagt.

Als ich ihm nachging und fragte, was los sei, bekam ich erst mal keine Antwort. Dann warf er mir vor: „Weißt du Sabine, du bist furchtbar eigensinnig. Überlege dir, ob das so gut ist. Vor allem deinen Kindern gegenüber. Die schauen sich ja alles ab von dir." Also, das ging mir zu weit! Ich wollte doch nur mein Bad selber einlassen …!

Von da an bemerkte ich immer öfter, dass er mich gerne maßregelte. Aber ich machte die Augen zu, weil nicht sein kann, was nicht sein darf. Ich merkte nur, dass die Luft zum Atmen immer dünner wurde. Damit war der Grundstein seines ständigen Beleidigt-Seins gelegt.

Allmählich sah ich auch seine überaus große Ernsthaftigkeit. Er lachte so gut wie nie. Und das, wo bei uns so viel gelacht wurde! Wenn er lachte, dann meist über seine eigenen Witze – und die konnten richtig wehtun!

Aber das Leben kann doch nicht nur aus Ernsthaftigkeit bestehen! Manchmal machte er mir mit seinem „Ernst" richtiggehend Angst. Er war so negativ eingestellt. Schnell fühlte er sich betrogen, gelinkt, ausgetrickst und ausgelacht. Nach und nach meinte ich, leichte Anzeichen eines Verfolgungswahns bei ihm zu entdecken.

Ich versuchte, mich zu beruhigen. Anscheinend lernte ich jetzt seine Schattenseiten kennen. Und das war wichtig, da es immer zwei Seiten gibt. Nicht nur die tollen, sondern auch die weniger tollen. Und ich wollte lernen, einen Menschen mit beiden Seiten zu lieben.

Damals wusste ich noch zu wenig. Ich dachte, wenn man wirklich liebt, muss man sich auch viel gefallen lassen und demütig einstecken, was einem nicht passt. Mit der Zeit kamen aber so viele Dinge ans Tageslicht, dass ich Schwierigkeiten hatte, sie zu übersehen. Seine Offenheit, über Probleme zu reden, schmälerte sich zusehends, und das machte mir am meisten zu schaffen. Wie konnte ich etwas klären, wenn er nicht mitmachte? Sein Weg lautete: Lassen wir das, reden wir nicht mehr drüber!

Ich wurde immer unsicherer, ob wir zusammenziehen sollten. Aber vielleicht hatte ich ihn mir ja ausgesucht, um an mir arbeiten zu können. Vor allem wollte ich Demut und Geduld lernen – ein Irrweg, wie sich später herausstellen sollte. Damals hielt ich das jedoch für meine Schwachstellen. Und da Demut und Geduld wichtige Eigenschaften sind, um im geistigen Bereich zu arbeiten, dachte ich, kann es nie verkehrt sein, sich damit eingehend zu beschäftigen.

Ich sagte also „Ja" zu Pit!

∾

Und damit begann eine lange Zeit des Kampfes und des Streitens. Aber auch des Wachsens! Je mehr ich mich auf die Beziehung einließ, desto schlimmer wurde es. All die Eigenschaften, die ich an ihm liebte, verabschiedeten sich plötzlich.

Ich verstand die Welt nicht mehr und fragte meine geistigen Freunde:

„Warum müssen wir uns gegenseitig immer so ärgern?"

„Um euch zu spüren. Ihr liebt euch, und das ist die Art der Liebe, wie ihr sie beide von zu Hause her kennt. Das ist für euch wirkliche, lebenserhaltende Liebe. Wehgetan, egal in welcher Art, zu bekommen. Eigentlich wärt ihr schon so nahe an der Auflösung. Macht jetzt nicht den Fehler, das Leiden als Beweis der Liebe zu sehen. Leiden ist keine Liebe! Da liegt die Liebe im Schatten. Wacht auf und seht, dass diese Art von Liebe und Leiden keine wahre Liebe ist. Befreit euch von dieser kindlichen Einstellung. Ihr sucht ja ganz bewusst das Leiden, weil es für euch ‚wahre Liebe' ist. Traut euch, jetzt im Erwachsenenalter zu sagen: ‚Leiden ist keine wahre Liebe.' Ihr denkt, wenn ihr nicht leiden könnt, ist es keine Liebe. Macht euch unser Gesagtes bewusst. Versucht, die Liebe zu genießen."

„Ich dachte, Pit kann es genießen, weil er ja den Streit meidet – und er ist so sensibel."

„Das ist nur das äußere Bild. Schließlich muss er sich ja vor sich selbst rechtfertigen können. Aber er verursacht Situationen, die andere Nahestehende wütend machen. Er verletzt unbewusst, da er weiß, er bekommt damit eine Abwehr. Und das ist das, was er von seiner Mutter gelernt hat. Und somit kann er wieder leiden.

Bei dir ist es nicht anders. Du erschaffst die Situation so, dass du leiden kannst. Leidet ihr beide dann so richtig schön, merkt ihr wieder, dass ihr euch liebt. Ihr müsst aus diesem Denken aussteigen. Macht euch klar, dass ihr nicht leiden braucht, um Liebe zu empfinden. Ihr braucht nicht alles zu zerstören. Fangt an umzudenken. Sagt euch: ‚Ich gönne mir die Liebe ohne Leid. Ich brauche kein Leid, um Liebe verdient zu haben.' Denn das, was ihr tut, ist eine Gratwanderung, die nicht gut gehen kann und vor allem keinen Bestand hat. Macht euch die Situation mit euren Eltern, aus eurer Kindheit, bewusst. Wie sehr ihr gelitten habt und wie glücklich ihr über ein bisschen Aufmerksamkeit wart."

„Aber wie können wir das wirklich umsetzen, so dass wir es leben können?"

„Nur langsam, durch Bewusstwerdung. Ihr könnt euch gegenseitig gut unterstützen. Ihr müsst euch beide damit auseinander setzen. Ihr seid euch gegenseitig zu eindeutige Spiegel. Deswegen geht ihr gleich in die Luft. Der eigene Fehler zwickt am meisten. Aber ihr mögt euch wirklich. Euch ist es beiden ernst. Seht es als Prüfung. Prüfung nicht eurer Beziehung, so weit seid ihr noch nicht.

Seht es als Prüfung eurer eigenen Reifung. Schaut bewusst zu und freut euch, nach jedem Streit es anschauen zu können und die Schuld nicht am anderen zu suchen, sondern immer, und das schreibe groß, IMMER an eurer Unfähigkeit, eure eigene Unzulänglichkeit zu erkennen. Dann werdet ihr nicht wütend oder enttäuscht, sondern ihr habt dann freie Wahl, euer Drehbuch selbst schreiben zu können. Und das wird euch frei und glücklich machen. Aber es ist ein weiter, beschwerlicher Weg. Aber wenn ihr wirklich wollt? Wollt ihr wirklich glücklich sein, dann nur zu. Wir haben euch jetzt gesagt, wie es geht."

Eines wollte ich jedoch noch wissen: „Warum konnte ich stattdessen nicht sofort den richtigen Partner finden?"

„Weil du erst mal dein altes Programm auflösen musst.

Schließlich bist du ja mit einer Aufgabe auf die Welt gekommen. Die gilt es jetzt zu lösen. Deine Aufgabe besteht ja darin, deinen eigenen Wert zu sehen und das Leid aufzulösen, da du es nicht brauchst. Um es auflösen zu können, schafft man sich dann natürlich die passenden Bedingungen. Unbewusst macht das ja jeder von euch. Nur kommt ihr dann ins Wanken, wenn es heißt, diese Aufgabe zu lösen. Ihr inszeniert eure Aufgabe, um dann mit Unverständnis zu reagieren.

Du bist jetzt so weit, dass du deine eigene Inszenierung anschauen kannst. Natürlich stehst du dem gegenüber sehr verwirrt da. Noch nie im deinem Leben hattest du Gelegenheit, deine eigene Inszenierung, die dir auf den ersten Blick ja nicht gefällt, anzusehen. Das ist das Eigentliche, was dich verwirrt. Du fragst dich, warum du dir jetzt wieder ein Leid ausgesucht hast. Es ist nicht schwer zu verstehen. Schau in deine Kindheit, hattest du etwas anderes gelernt, als zu leiden?

Aber Leiden ist bald nicht mehr dein Thema. Du wirst dich davon verabschieden. Es ist eine Abnabelung, und der letzte Schnitt tut weh. Aber mache dir keine Sorgen, sondern werde dir noch mehr bewusst. Du kannst die Liebe leben, aber erst muss der Abschluss des Leidens getan werden."

So genau konnte ich nicht erfassen, was die Geistwesen mir sagten, aber offensichtlich hatte ich jetzt Gelegenheit zu lernen. Und ich wollte lernen! Viel lernen! Also ließ ich mich auf Pit ein, ohne weiter darüber nachzudenken. Als ich ihm sagte, dass wir zu ihm ziehen würden, war seine Freude groß.

Ich wollte nur noch bis zum Ende des Schuljahres warten, damit die Kinder es leichter hatten mit dem Neubeginn in einer fremden Schule. Bis dahin war noch ein halbes Jahr Zeit. In diesem halben Jahr hatte ich Gelegenheit, Abschied zu nehmen von allem, was mir hier lieb war. Es war eine schwere Zeit, mit vielen Tränen – weil ich ja tief in meinem Herzen gar nicht wegwollte. Doch die versprochene Gelegenheit zu lernen war wie ein Magnet für mich. Ich wollte es ausprobieren, koste es, was es wolle!

∽

Mein Wunsch nach einer Meditationsgruppe wurde immer größer. Und wie sich die Dinge in letzter Zeit meistens von selbst ergeben hatten, kam Pit eines Tages zu mir und meinte, er habe jetzt einen sehr netten Kreis von Leuten gefunden, die sich jeden Montagabend trafen und meditierten. Was verwunderlich war: Diese Gruppe existierte tatsächlich in dem kleinen Örtchen, in dem Pit wohnte. Das war für mich eine weitere Bestätigung meiner Entscheidung. Wie es auch sonst viele Gegebenheiten gab, die mir zeigten, dass es richtig wäre, zu meinem Freund zu ziehen.

Einmal im Monat fuhr ich also montags zu ihm, um an dieser Gruppenmeditation teilzunehmen. Es waren sehr nette Menschen, und es stellte sich heraus, dass auch sie an Geistwesen glaubten. Sie hatten selbst ein Medium in ihrem Kreis, das am Ende des Abends „sprach". Sie hatten also Kontakt zu Geistwesen, die ihnen Botschaften übermittelten. Das interessierte mich natürlich. Genau dort wollte ich ja hin!

Die Zeit verstrich, und mit Bangen sah ich den Tag des Umzugs näher rücken. Eines Tages bekam ich einen Anruf vom Freund meiner Freundin Gudrun, die ja dort wohnte, wo ich hinziehen wollte. Er erzählte mir unter Tränen, dass Gudrun im Krankenhaus sei und wahrscheinlich bald sterben müsse. Die Ärzte sagten, sie habe eine Gehirnblutung und hätte nur eine Überlebenschance von fünf Prozent.

Das durfte nicht sein! Gudrun war für mich und die Kinder die Lebensfreude in Person. Sie war zwar sehr arm und oft krank, aber ihre Lebensfreude verlor sie nie. Ich bewunderte sie sehr. Auch wenn sie in ihrem Leben große Schwierigkeiten hatte – sie lachte immer und nahm das Leben leicht. Bestürzt fuhr ich nach Landshut ins Krankenhaus. Sie lag ohne Bewusstsein im tiefen Koma. Eine Woche lang besuchte ich sie, zusammen mit ihrem Freund, jeden Tag. Am Ende schalteten die Ärzte alle lebenserhaltenden Geräte ab. Gudrun war gestorben. Sie war gerade vierzig Jahre alt geworden. Das Leben ist ein Kommen und ein Gehen – wie wahr!

Wieder kamen Zweifel auf, die ich jedoch verdrängte. Pits Sensibilität verwandelte sich unmerklich in etwas, das ich nicht durchschauen konnte. Er stellte neue Regeln im Umgang miteinander auf, ohne sich selbst daran zu halten. Beschwerte ich mich darüber, hatte er immer gute Erklärungen parat, warum dies für ihn nicht galt. In meiner Gutgläubigkeit und Naivität glaubte ich ihm. Doch tief in meinem Inneren blinkte ein Alarmlicht. Es war nicht leicht, dieses Signal zu ignorieren. Ich wollte das Richtige tun, und vor allen Dingen, ich wollte es jedem recht machen. Ich glaubte, nicht glücklich werden zu können, wenn einer unglücklich ist.

Die Geistwesen meinten daraufhin: „Da haben wir deinen Denkfehler. Ja, Denkfehler! Du solltest lernen, auch dann glücklich zu bleiben, wenn dein Mitmensch unglücklich ist. Erstens kannst du ihm doch besser helfen, wenn es dir gut geht, und zweitens, wo gibt es das Gesetz, dass deine Grundstimmung sich der deines Mitmenschen anschließen muss? Das ist völlig unlogisch! Als glücklicher Mensch bist du doch ein Vorbild für alle. Und möchte ein unglücklicher Mensch, auch wenn er es nicht zugeben mag, nicht lieber auch so glücklich sein wie du? Willst du dein Leben abhängig machen von Leuten, denen du begegnest? Das wäre dumm und töricht. Du weißt es doch schon besser. Jeder kann doch selbst bestimmen, ob er lieber glücklich oder unglücklich sein möchte. Jeder hat die Verantwortung für sich selbst, und jeder, wirklich jeder, hat alle Möglichkeiten, sein Leben zu gestalten."

Nach und nach wuchsen meine Zweifel – nun hatte ich nicht einmal mehr eine Freundin in Pits Heimatdorf! Immer wieder fragte ich mich, ob wir dorthin gehörten. Ich wollte zu Pit, aber in dieses abgelegene Dorf? Wo ich niemanden kannte und die Menschen nicht gerade freundlich wirkten? In seiner Nachbarschaft wurde viel „über den Zaun" gestritten. Außerdem wohnte er direkt neben seiner Mutter, und die beiden verstanden sich nicht wirklich gut. Dauernd gab es Streitigkeiten zwischen ihnen. Würde ich das aushalten können? Wo ich doch so harmoniesüchtig war? Fragen über Fragen, sie kamen und gingen und kamen wieder ... !

Natürlich blieben meinen Kindern diese Zweifel nicht verborgen. Auch für sie war es eine schwere Zeit. Sie mussten sich mit ihrer Mutter auseinander setzen, die zu ihrem Freund ziehen wollte und sich tagein, tagaus fragte, ob das richtig sei. Mein Freund sah die Gefahr und versuchte, dieses Thema nicht zu berühren. Er appellierte lediglich an meine Muttergefühle: Ich solle den Kindern doch eine neue Familie gönnen und mich nicht so egoistisch in meine Zweifel hineinbegeben. Das zog eigentlich immer bei mir. Das Alarmlicht wurde abgeschaltet.

❧

An einem Wochenende lud Pit uns zum Grillen bei seinen Freunden ein. Wir sollten sie kennen lernen. Ich fand das gut – und so gingen wir alle zusammen hin. Jetzt hatte ich die Gelegenheit, mich mit seinen Bekannten anzufreunden, denn neue Freunde konnte ich dort gebrauchen. Und da ich sehr kontaktfreudig bin, freute ich mich schon darauf. Nach wenigen Minuten stellte sich jedoch heraus, dass diese Freunde ganz bestimmt nicht meine werden würden. Das gastgebende Paar war alkoholabhängig, und die Kinder, im selben Alter wie die meinen, rauchten „Kette".

Ich versuchte, gute Miene zum bösen Spiel zu machen, aber ich merkte, dass ich mich dabei verkaufen musste. So lächelte ich still, wo ich am liebsten meine Sachen gepackt und fluchtartig den Ort verlassen hätte. Aber ich wollte ja keine Spielverderberin sein. Pit war so glücklich und fühlte sich sichtlich wohl bei ihnen. Ich fühlte mich wie ein Fremdkörper zwischen ihren ordinären Witzen und dem jedes Mal folgenden übertriebenen Lachen.

War es das, was ich meinen Kindern bieten wollte? Wollte ich so in Zukunft leben? Und wie, in Herrgottsnamen, konnte Pit sich hier wohl fühlen? Ich dachte, wir wären auf derselben Wellenlänge? Ich versuchte, aus seinem Gesicht zu lesen, dass er nur so tat, als würde es ihm Spaß machen. Aber er hatte anscheinend tatsächlich seine Freude. Ich merkte, wie sich mein Hals zuschnürte und die aufkommenden Tränen fast nicht mehr zu unterdrücken waren. Sollte das meine neue Heimat werden?

Als der nächste Witz alle ästhetischen Grenzen sprengte und Pit so sehr draufloslachte, dass ihm der Kaffee durch die Nase kam, war es mit dem Verständnis bei mir vorbei. Ich sah wohl sehr entsetzt aus, und ich konnte beim besten Willen nicht lachen. Alle wollten mir den Witz erklären, weil sie meinten, ich verstünde ihn nicht. Als sie endlich merkten, dass ich ihn schon verstanden hatte, nur nicht darüber lachen konnte, fragte meine „zukünftige Freundin", ob wir im Bayerischen Wald wohl zum Lachen in den Keller gingen. Worauf wieder alle losprusteten.

Pit fand sichtlich Gefallen an dem Ganzen. Wie sollte ich einer Meute ordinärer Witzeerzähler erklären, dass es einfach geschmackliche Grenzüberschreitungen gibt?

Ich wurde noch stiller. Ich dachte nur: Da passe ich nicht rein. Mit solchen Leuten kann ich nicht zusammen sein. Wenn man so direkt sein muss, um lachen zu können! Da liebe ich doch meine Freunde. Die brauchen keine plumpen Witze – es wäre ihnen eher peinlich.

Ich wollte nur noch nach Hause. Das war nicht meine

Welt. Ich verabschiedete mich bald darauf und verließ mit meinen Kindern fluchtartig die Wohnung. Wenig später folgte Pit. Er gab zu, es wäre bei seinen Freunden wirklich „unmöglich" gewesen. Ich enthielt mich jeglicher Bemerkung.

Doch jetzt kam Angst auf. Pure Angst! Hatte ich mich in Pit getäuscht, oder wollte ich einfach nicht sehen, dass er ganz anders war als ich? Kann man wirklich so blind sein, nur weil man verliebt ist? Oh ja, man kann! Die nächsten Tage hatte ich damit zu tun, das Erlebte zu verdrängen. Schließlich kann nicht sein, was nicht sein darf!

Umso mehr genoss ich die letzte Zeit zu Hause im Bayerischen Wald. Meine Arbeit war wieder super. Manchmal hatte ich das Gefühl, vom Glück verfolgt zu sein. Wenn ich nachmittags Dienst hatte, fuhr ich abends zu meinem Pferd und ritt aus. Anschließend fuhr ich mit meinem neu erworbenen Jeep heimwärts und kam mir vor wie eine Königin. Ich hatte es so gut! Und wenn ich dann meine Kinder sah, war ich stolz.

❧

So wurde es Sommer, und es war an der Zeit, Nägel mit Köpfen zu machen. Ich musste meinem Mann sagen, dass ich ausziehen würde. Für mich war dies die schrecklichste Arbeit, die zu tun war. Ich raffte mich auf und teilte ihm mit, dass wir zum Ende des Sommers zu Pit ziehen würden. Ich glaube, für mich war es schlimmer als für ihn. Ich sagte ihm, dass ich mir große Sorgen machte, wie es ihm damit ginge. Er tat mir so Leid, dass mein Herz fast zersprang. Ich weinte viel und hoffte, er würde mich bitten zu bleiben. Ein Wort von ihm, und ich wäre sicherlich geblieben!

Aber er sagte nichts. Nicht mal dieses eine Wort: „Bleib." Eigentlich ging er ganz gut damit um. Aber seine wirklichen Gefühle kannte ich natürlich nicht. Obwohl wir geschieden waren, hing ich noch sehr an ihm. Mit Abschied und Trennungen hatte ich immer meine Schwierigkeiten. Ich wusste aber auch, dass Michael mich nicht einengen wollte. Ich hatte die Freiheit zu tun, was ich für richtig hielt. Und genau aus diesem Grund sagte er natürlich nicht „bleib".

Zu dieser Zeit renovierte Pit sein Haus und erfüllte mir jeden Wunsch. Er gab sich wirklich Mühe, keine Arbeit war ihm zu viel. Es blieb uns nicht mehr viel Zeit. Bald begannen die großen Ferien. Ich musste meine geliebte Arbeit kündigen. Jeden Tag verschob ich es auf den nächsten. Bis ich nach einer durchweinten Nacht schweren Herzens meinem Job, meinen Kollegen und meinen Heimbewohnern „Lebewohl" sagte. Jetzt war es besiegelt. Es gab kein Zurück mehr.

Ich weinte viel und fühlte mich überfordert. Ich hatte lange Gespräche mit Pit. Er versuchte, mir zu helfen, aber der Zweifel kam immer wieder. Manchmal war ich mir sicher und dann wieder nicht. Ich hatte doch ein gutes Umfeld, und es fiel mir so schwer, es aufzugeben. Zwar wusste ich, dass ich das alles woanders auch haben könnte. Aber bisher war es so gewesen, dass ich es nur dann wirklich gut hatte, wenn ich alleine war. Mit Partnern tauchten immer Probleme auf.

Dann verwarf ich solche Gedanken wieder, da Pit ja auch sehr kontaktfreudig war. Vielleicht konnten wir doch gemeinsame Freunde haben? Und er konnte so geduldig mit mir reden! Das war für mich etwas sehr Wichtiges. Ich hatte immer so viele Fragen, und Pit hörte mir zu, so dass ich das Gefühl hatte, dass wir gut zusammenpassten. Also weg mit diesem blöden Zweifel!

Trotzdem fragte ich meine geistigen Freunde: „Warum habe ich einerseits so Angst, zu Pit zu ziehen, wobei es mich auf der anderen Seite doch hinzieht?"

„Du weißt tief in deinem Inneren, dass es jetzt um das Lernen und Akzeptieren deines eigenen Wertes geht. Und das kannst du nicht alleine lernen. Da brauchst du sicherlich ein Gegenüber. Es ist deine Lebenseinstellung, die auf dem Prüfstein steht. Und natürlich wirst du sehr hart damit konfrontiert. Jetzt sind es nicht nur Kleinigkeiten, die man ohnehin leicht für sich akzeptieren kann. Jetzt geht es um mehr. Jetzt stellst du quasi das Gelernte auf die Probe. Es ist wie mit einem Kind, das schwimmen lernt. Solange der Reifen um ihn ist, hält es lange aus. Ist er jedoch weg, strampelt es wie um sein Leben. Erst wenn es merkt, dass es nicht untergeht, wird es ruhiger. Genauso kannst du deine Situation sehen. Jetzt ist der Schwimmreifen weg und du strampelst um dein Leben ...!"

„Was, meinst du, hält mich so an der Angst?"

„Das hat viele Beweggründe. Du meinst, du alleine bist verantwortlich für dein Leben. Das stimmt auch so weit, nur dann kommt das Komma, wo eigentlich der Punkt kommen sollte. Selbstverantwortlich zu leben heißt nicht, alleine leben zu müssen. Selbstverantwortlich kannst du auch in einer Beziehung leben. Nur – das gibt es für dich nicht! Sobald du in einer Beziehung lebst, meinst du, nicht mehr selbstverantwortlich sein zu können. Und daraus resultiert dein Dilemma. Dass man nur im Alleinsein selbstverantwortlich und also glücklich sein kann!"

„Also meint ihr, meine Angst besteht nur darin, meine Selbstverantwortlichkeit zu verlieren?"

„Ja, genau. Dein Freund muss dich leben lassen, wie du bist, ohne wenn und aber. Er braucht keine Schraubstöcke und Vorwürfe. Auch er muss lernen, dass es andere Ansichten gibt. Du musst deinen Wert kennen lernen und leben lernen, und er sollte lernen, Freiheiten zu lassen. Aus seiner Enge zu gehen. Du kannst nach außen gehen, und er kann nach innen gehen."

„Also ratet ihr mir, zu ihm zu ziehen?"

„Wir raten dir zu gar nichts. Wir zeigen dir nur auf. Willst du viel lernen, musst du viel riskieren. Und Risiko hat oft etwas mit Angst zu tun. Aber wachsen kann man nur, wenn man seine Angst verliert und damit ein bisschen unabhängiger wird. Und je unabhängiger, desto selbstständiger und je selbstständiger, desto freier und je freier, desto glücklicher und je glücklicher, desto vollkommener und je vollkommener, desto göttlicher. Du weißt, worauf es hinausgeht?"

„Warum stehe ich vor dieser Entscheidung?"

„Weil Entscheidungen dich reifer machen, egal wie du dich entscheidest. Auf das Endresultat kommt es nicht an, weil es kein Richtig oder Falsch gibt."

„Dann ist es egal, wie ich mich Pit gegenüber entscheide?"

„Auf höherer Ebene ganz bestimmt. Auf der Ebene deines Erdenlebens nicht."

„Warum kann ich nicht auf der höheren Ebene sein?"

„Weil du ja was zu lernen hast. So weit bist du noch nicht, sonst könntest du dich ja ohne Zucken entscheiden. Richte dein Leben auf Erden, dann kommen hohe Energien von alleine."

„Aber war ich nicht auch auf höheren Ebenen, als ich mich von meinem Mann trennte?"

„Da hast du ja auch aufgeräumt in deinem Erdenleben. Frage dich, ob du danach ohne Lücken glücklich warst! Wärst du es gewesen, hättest du nach niemandem gesucht."
„Aber das heißt doch nicht gleich, dass man zusammenziehen muss!"

„Du lebst ja nicht alleine. Du bist nicht unverbindlich. Es sind ganz normale Konsequenzen, die erforderlich werden, wenn man in Verbindung mit anderen Menschen lebt. Da gilt halt nicht nur: Was will ich? Da musst du dich auch mit den Wunschvorstellungen der anderen auseinander setzen. Ein ganz normaler Vorgang."

„Warum stecke ich jetzt da fest, wo ich bin?"

„Weil du dich bis zu einem gewissen Grad auf etwas eingelassen hast und jetzt deine Persönlichkeitsstruktur in Gefahr ist. Am besten, du liest noch mal unser vorheriges Gespräch nach, sonst drehen wir uns im Kreis."

„Und was sollte Pit lernen?"

„Dass die Verantwortung bei sich selbst erst mal aufhört. Natürlich hat man noch andere Verantwortlichkeiten, Beruf, Kinder, Partner. Aber nicht so viel, wie für einen selbst. Er hat die Gewichte der Verantwortung zu gleichmäßig verteilt. Er meint, sich verantwortlich für andere zu fühlen. Er will Verantwortung für andere tragen, ohne zu sehen, dass das gar nicht geht. Jeder muss seine eigene Verantwortung tragen. Man kann höchstens sich als Helfer in Not anbieten, aber nicht die Verantwortung für alle übernehmen. Das könnte er lernen."

Ich ahnte wohl, dass eine schwere Zeit auf uns zukommen würde, denn meine Traurigkeit schien grenzenlos und meine Angst vor dem Neuen ebenfalls. Hier ein kleiner Tagebuchauszug:

„Liebes,
Ich schreibe dir aus einer inneren Verzweiflung, da ich den Knopf zum Abschalten nicht finden kann. Aus den Tiefen meines Ichs heraus ist eine Schleuse geöffnet worden, wo mehr Traurigkeit als die in meiner Ehe herauskommt. Es ist ein gut verschnürtes Paket geöffnet worden, und ich kann nichts anderes tun, als abzuwarten, wann es verebbt. Habe mich selbst aus meiner scheinbar sicheren Welt hinausgerissen. Vielleicht spürte ich auch, dass ich noch nicht so sicher war, wie ich dachte. Vielleicht finde ich nach diesem Päckchen Traurigkeit richtige Sicherheit? Seit Wochen muss ich weinen, weinen – und doch drängt es mich, dies jetzt zu tun. So viele vertrocknete Tränen.
Alle werden sie jetzt lebendig.“

Ein anderer Auszug, der zeigt, dass es keine leichte Zeit war:

„Heute war ein trauriger Tag. Habe wieder den ganzen Tag geweint. Verstehe das gar nicht, dass ich so am Vergangenen hänge, wo doch so viel Leid war. Mit Pit habe ich es so schön. Er liebt uns drei wirklich sehr. Ich werde ihn nie mehr loslassen. Irgendwann mache ich alles gut für ihn. Er hat jetzt eine schwere Zeit mit mir. Aber das kommt davon, wenn man versucht, jemanden zu überreden.

In mir ist momentan Stillstand. Ich packe ganz automatisch. Kein Gefühl dabei! Nur manchmal Verzweiflung und große Trauer. Aber ich spüre, ich muss es tun. Parkweg … unsere neue Adresse … Vielleicht ist es wirklich eine Parkzeit? Ein Übergang zu etwas, was stimmiger ist. Wenn ich in der Wohnung meines Mannes bin, bin ich das heulende Elend. Vorgestern bin ich in jedes Zimmer gerannt und habe für jedes Zimmer einen Handkuss hergeschenkt und für meinen Mann liebe Grüße. Dass er freier wird und mehr Herz zeigen kann. Aber ich freue mich auch auf unsere neue Zukunft. Man wird viel Neues erleben. Und eigentlich habe ich großes Vertrauen zu mir. Es ist für jeden Menschen hart, alte Gewohnheiten loszulassen. Warum dann nicht auch für mich? Es ist auch ein großer Schritt ins Unbekannte. Solange Pit mir meine Freiheit nicht einzuengen versucht, geht es. Sonst werde ich mich entschieden zur Wehr setzen, denn ich kämpfe für mich."

Damals hätte ich mir den letzten Satz in großen, roten Buchstaben übers Bett hängen sollen.

Der Umzugstag nahte. Dies war mein letzter Eintrag:

„Ich bin verzweifelt. Kann mich nicht von hier lösen. Michael und die Vergangenheit ‚übermannen' mich. Er war der Mann, den ich liebte, mit dem ich meine Kinder bekam. Mit dem ich so viel erlebte. Auch wenn es viel Leid war, waren wir doch zusammen auch glücklich. Wir konnten es eben nicht besser. Und jetzt muss ich ihn verlassen für immer. Ich glaube, das Schlimmste ist, dass es ihm nichts ausmacht. Ich bin ihm egal. Nur der Kinder wegen verspürt er Wehmut. Warum hänge ich so an ihm? Vielleicht ist es meinem elterlichen Zuhause ähnlich.

Ich weiß ja gar nicht, was es heißt, um meiner Selbst willen geliebt zu werden. Erst jetzt bei Pit. Es ist schön, aber fremd. Ich bin so furchtbar traurig. Ich habe alles verloren. Ich glaube, jetzt kommt erst der richtige Trennungsschmerz. Ich hänge doch so an ihm, dass es mir das Herz bricht. Ich weiß, Michael weint mir keine Träne nach. Für ihn ist es vorbei. Für mich ist es viel schlimmer. Ich habe meine Familie verloren, egal wie weh sie mir tut, sie ist doch meine Familie gewesen. Was mache ich, wenn sich der Schmerz nicht auflösen will? Kann ich Neues anfangen, wo das Alte noch so tief sitzt? Kann ich jemals unbelastet glücklich werden? Ich muss einfach!"

Am letzten Tag veranstaltete ich noch ein großes Abschiedsessen mit all meinen Freunden. Es war ein Fest des Auf-Wiedersehen-Sagens. Am nächsten Tag zogen wir um.

Schwere Lehrzeit

Um die erste Zeit für Lisa einfacher zu machen, kaufte ich ihr einen Hund, welchen sie sich schon lange gewünscht hatte. Er sollte ihr Ablenkung verschaffen, wenn sie Heimweh bekam. Dieser kleine Hund wurde Ablenkung für uns alle. Ich glaube, wenn wir ihn nicht gehabt hätten, wäre die kommende Zeit noch um einiges schwerer geworden.

Lisa gab ihr den Namen „Vefa".

Sie war ein lustiges Hündchen, lieb und lebensfroh. Ein richtiges Sensibelchen – und sie hatte ein großes Herz. War man zum Beispiel kurz aus dem Zimmer gegangen und kam dann wieder, war ihre Wiedersehensfreude so groß, als wäre man eine Woche weggewesen.

Vefa wurde zum Dreh- und Angelpunkt der Familie. Sie fing die ganze Schwere der ersten Zeit auf. Oder versuchte es wenigstens.

Ich fand einfach keine Ruhe. Pit war mit den Nerven fertig, ich war reserviert, und die Kinder waren vorsichtig. Pit bestand aus lauter Vorschriften, reglementierte und stellte Verbote und Gebote auf. Er war schnell auf 180 und noch schneller beleidigt. Seine nebenan wohnende Mutter versuchte, mich und die Kindern schlecht zu machen, und mischte sich in vieles ein. Mit einem Mal entwickelte sich alles so, wie ich es auf keinen Fall haben wollte.

Vor lauter Regeln merkte ich kaum, dass ich immer passiver wurde. Alles fiel schwer. Angst war wieder mein ständiger Begleiter, da Pit sich immer mehr von seiner Schattenseite zeigte. Ich saß in der Falle.

Ich fühlte mich so schwer, dass ich kaum mehr aus dem Bett kam. Nur dort fühlte ich mich geborgen. Meine Angst vor Pit und seiner plötzlichen Strenge brachte mich dahin, wo ich nicht hingehörte. Ich wollte doch ein Leben in Freiheit! Und wo war ich jetzt? Es war fast so wie damals bei meinen Eltern. Wo war der Traummann, der mich pflegte und sich um mich sorgte? Wo war dieser Mann, der mit mir die Freiheit leben wollte?

Erst als meine große Tochter, damals 15 Jahre alt, an meinen Verstand appellierte, dass ich doch nicht ständig im Bett liegen und nicht jeden Tag mit denselben Klamotten herumlaufen sollte, wachte ich auf. Ich merkte, dass ich begann, depressiv zu werden.

Also versuchte ich, mit Pit zu reden: „Pit, ich muss jetzt einmal mit dir reden. Wie stellst du dir denn unser Zusammenleben so vor. Vielleicht setzen wir uns einmal zusammen, und jeder äußert seine Wünsche. Ich habe das Gefühl, wir haben total unterschiedliche Vorstellungen. Lass uns doch darüber reden, bitte!" Es stellte sich jedoch heraus, dass er es nicht für nötig hielt, sich über irgendetwas auszusprechen. Wir lebten zusammen, und das genügte! Seine Ansprüche reduzierten sich auf Arbeit und Fernsehen. Ich wurde immer verzweifelter! Das war doch gerade das, was wir nicht gewollt hatten. Alles auszudiskutieren, das war unsere Devise gewesen.

Und was noch schlimmer war: Er versuchte, ein autoritärer Vater zu sein. Vor allem meiner 13jährigen Tochter gegenüber, die ich sehr selbstständig erzogen hatte. Dauernd lagen wir uns in den Haaren, was diesem Mädchen zu verbieten war und was nicht. Meine Erfahrung hatte mir aber längst gezeigt, was gut für sie war und was nicht. Ich wollte sie nicht kleinkariert erziehen und schon gar nicht autoritär.

Auf der einen Seite machte er wirklich alles für die „Mädels", wie er sie liebevoll nannte, auf der anderen Seite versuchte er, sich in alles einzumischen, was sie betraf. Die Kinder waren furchtbar genervt, weil sie das von mir nicht gewohnt waren und selber bestimmen wollten, was sie wann taten.

Es kam noch hinzu, dass ich zwar auch arbeiten ging, aber „da ich ja die Frau war", den ganzen Haushalt erledigen musste, was ich gar nicht lustig fand. Ich versuchte, Aufgaben an alle zu verteilen. Doch für Pit war es selbstverständlich, dass er davon nicht betroffen war. Seine zugeteilten Aufgaben wurden einfach nicht erledigt. Es war zum Verzweifeln!

Ich sah es nicht ein, ihm seine Sachen nachzuräumen und hinter ihm sauber zu machen. Wenn ich mit Auszug drohte, das war das letzte Mittel, nahm er sich ein paar Tage zusammen und half mit. Doch sobald es zur Gewohnheit zu werden drohte, ließ er wieder ab davon. Alles Reden und Bitten half nichts. Er war schließlich der Mann im Haus!

Zudem war er unglaublich eifersüchtig Lisas Hund gegenüber. Jeder liebte diesen kleinen Welpen. Wenn ich morgens von meiner Nachtschicht nach Hause kam und klingelte, musste ich oft draußen in der Kälte warten, bis der Kampf zwischen Herrchen und Hund ausgefochten war, wer mich als Erster begrüßen durfte. Und das Herrchen wurde sehr ärgerlich, wenn der kleine Welpe nicht verstehen konnte, warum er nicht zuerst an der Reihe war. So war der erste Streit am Tag schon vorprogrammiert.

Ich fand es lächerlich, welche Machtkämpfe wegen solcher Kleinigkeit geführt wurden. Nach einigen Wochen war es so weit, dass ich vor der Tür stand und Bauchweh bekam, wenn ich daran dachte, was gleich folgen würde. Versuchte ich ein gutes Wort für Vefa einzulegen, kamen bissige Bemerkungen, dass ich ihn nicht respektiere, und jeglicher Versuch, es zu erklären, war vergebens. Schließlich hatte Vefa so großen „Respekt" vor Pit, dass sie den Schwanz einzog, wenn er nach Hause kam. Damit war für ihn geklärt, wer der Herr im Hause war.

Mir machte dieser harte Kern, den er hatte, Angst. Versuchte ich, mit ihm darüber zu reden, war er entweder beleidigt oder sagte nur „Ja ja". Ich dachte immer öfter ans Kofferpacken. Auf der anderen Seite ging ich davon aus, es läge an mir und den Kindern. Irgendetwas mussten wir falsch machen, dass Pit immer so ärgerlich wurde. Ich nahm mir vor, noch ein wenig abzuwarten. Es würde sich bestimmt alles einrenken.

Und tatsächlich, sobald ich meine Rolle als liebende, pflichtbewusste Hausfrau annahm, nicht zu viel redete und keine Forderungen stellte, nichts besser wusste und endlich anerkannte, wer das Sagen hatte, hatte ich das schönste Leben! Sogar seine Mutter war dann freundlich zu mir. Pit war wieder nett, und er war stolz, dass es keine Streitereien mehr über die Fernbedienung gab.

Natürlich wurde nur das gesehen, was ihm gefiel. Pochte ich drauf, einen Film anzusehen, wurde regelmäßig „mal kurz umgeschaltet". Nur damit wieder klar war, wer der Herr im Haus war.

Ich kam mir vor wie ein kleines Kind, dem alles vorgeschrieben wurde. Pit hatte dafür kein Gehör, seine Sorge war nur, wie er seine Frau gefügig machen könne. Das alles ging natürlich nur so lange gut, bis ich wieder versuchte, mit ihm darüber zu reden, und mich gegen das Reglementieren wehrte. Dann gingen der Kampf und die Streitereien von vorne los. Ein aussichtsloses Unterfangen!

Ich fragte mich immer wieder, warum er mich überhaupt bei sich haben wollte. Er wusste doch, wer ich war: eine selbstbewusste Frau, die ihr Leben selbst in die Hand genommen hatte. Ich war kein Hausmütterchentyp, und ich wollte es auch nie werden. Und je mehr er merkte, dass sich das ihm zuliebe nicht ändern würde, desto schlimmer ließ er mich die Folgen spüren.

Es gab Wochen, da sprach er fast kein Wort mit mir. Nur das Nötigste, und das in einem Ton, der einem das Blut in den Adern gefrieren ließ. Meine Töchter wurden zusehends unglücklicher, aber da ich mittendrin steckte und meinte, alles würde doch noch gut werden, sah ich es nicht. Immer wieder drängten sie mich, wieder auszuziehen. Sie litten vor allem darunter, dass Pit nicht mit sich reden ließ und ständig seine Machtspiele anwandte.

Ich begann aufzupassen, wann ich etwas falsch machte und was ich überhaupt machte, dass Pit dauernd so verärgert war. Doch es wurde nicht besser, und mich überkam eine große Dauer-Müdigkeit. Außerdem begann meine Sehkraft nachzulassen. Ich sah immer schlechter, und das machte mir wirklich Angst. Also fragte ich meine geistigen Freunde. Ich schrieb in mein Tagebuch: „Liebe Freunde, warum sehe ich so schlecht und bin so furchtbar müde?"

„Warum in die Ferne schweifen, wenn das Gute liegt so nah? Ein einfaches Konzentrieren auf deine innere Wertigkeit. Kein Bild nach außen, sondern hinein sollst du sehen, in dein Seelenleben, wie du erschaffen bist. So lange, bis du nicht mehr in die Ferne schaust, so lange, bis du keinen Zentimeter über deinen großen Zeh hinaussiehst. Bei dir bleiben ist die Devise. Du musst lernen, dich selbst zu sehen, wie du bist, mit all deinen Bedürfnissen und dass du ein Recht darauf hast. Du lässt dich aber nicht wirklich auf dich ein, sondern versuchst, alles mit dem Kopf auszumachen. Das geht natürlich nicht. Solange du dich nicht körperlich und geistig auf dich selbst einlässt, wird dir viel Kraft genommen. Daher deine Müdigkeit!"

Wir waren jetzt acht Wochen bei Pit. Mir kam es vor wie eine Ewigkeit. Jeden Tag gab es neue Aufregungen. Also versuchte ich, neue Freunde kennen zu lernen. Vielleicht würde ich dann mein brennendes Heimweh vergessen. Doch ich hatte die Rechnung ohne den Wirt gemacht. Kaum wandte ich mich nach außen, kam Pits Eifersucht zum Vorschein: „Was willst du denn mit solchen Leuten? Der Typ macht dich doch total an, und du merkst es gar nicht. Auf alle Fälle möchte ich ein Versprechen von dir haben. Du triffst deinen neuen Bekannten nur, wenn entweder seine Frau oder ich dabei sind. Außerdem verstehe ich gar nicht, für was du diese Leute brauchst. Du hast doch mich. Genüge ich dir jetzt schon nicht mehr. Na, das ist ja ganz toll." Und wenn ich ihm dann sagte, dass er an Gesprächen mit mir ja kein Interesse mehr hatte, war er wieder tagelang beleidigt und sprach kein Wort mit mir.

Es war zum Aus-der-Haut-Fahren. Was ich auch tat, es war hundertprozentig falsch. Nur eines war richtig – die kuschende Hausfrau! Manchmal gab es zwei, drei Tage, vor allem nach einem Streit, da war Pit wie früher. Modern, aufgeschlossen, lustig und überhaupt nicht streitsüchtig. Dann begann ich, wieder zu hoffen. Es war also der alte Pit noch da, auch wenn er sich so oft versteckte! Ich machte mir zur Aufgabe, diesen Pit wieder zu finden. Und so entfernte ich mich immer weiter von mir selbst.

&

Meine einzige Freude waren die wöchentlichen Meditationsabende, bei denen ich große Fortschritte machte. Es dauerte nicht lange, und ich fiel schon zu Beginn einer Meditation in Trance. Ich bekam zwar alles um mich herum mit, konnte mich aber nicht bewegen. Ich fühlte mich wie ein Fernseher, der auf Stand-by geschaltet ist. Es machte mir keine Angst, da ich mich ja in guten Händen wusste. Außerdem war mir klar: Wenn ich „sprechen" lernen wollte, musste ich natürlich in eine Art Trance kommen. Wie sollte sonst jemand durch mich sprechen können?

Es stellte sich heraus, dass ich mich ganz leer machen musste, damit ein Geistwesen in mir „Platz haben" würde und damit die Möglichkeit zu sprechen. Eines Abends, nach einer sehr schönen Meditation, kam ich nicht sofort aus meinem Trancezustand. Alle Teilnehmer beobachteten mich und warteten gespannt, was sich da anbahnte. Sie sagten später, ein richtiges Knistern wäre zu spüren gewesen. Plötzlich begann ich zu sprechen. Ich spürte deutlich, dass ich sprach. Aber ich wusste auch, ich sprach nicht selbst.

Da ich mich gut aufgehoben wusste, ließ ich es geschehen. Es war nicht viel, aber schon damals wurde jede Frage, die gestellt wurde, beantwortet. Als ich wieder richtig wach war, herrschte große Aufregung, alle plapperten durcheinander, und ich war so froh, dass es diesmal richtig geklappt hatte. Es war gar nicht schwer! Ich musste es einfach nur geschehen lassen. Endlich war ich einen Schritt weiter. Dieses Erlebnis zeigte mir, dass man tatsächlich etwas lernen kann. Wenn man nur wirklich will und nicht lockerlässt. Jetzt war ich auf dem richtigen Weg. Ich war gespannt, was noch alles auf mich zukommen würde.

Von da an sprach ich einmal in der Woche bei unserem gemeinsamen Meditationsabend. Erst waren es kurze Sätze, später wurden es ganze Vorträge, die bis zu zwei Stunden andauerten. Es meldeten sich immer mehrere Geistwesen. Sie ließen uns wissen, dass ich drei Bücher schreiben würde, um den Menschen, die sich selbst besser verstehen wollten, zu helfen. Im Anschluss durfte jeder Teilnehmer Fragen stellen, die zur größten Zufriedenheit beantwortet wurden. Ich freute mich riesig!

Doch das war noch nicht alles. Immer öfter bekam ich zusammen mit den Antworten dazugehörige Grafiken. Ich konnte Zeichnungen anfertigen, die das Verstehen erleichterten. Sie waren so lange in meinem Kopf, bis ich mich hinsetzte, um sie aufzuzeichnen. Hier ein Beispiel: Es illustriert die verschiedenen Rhythmen von uns vieren, die zustande kamen, weil Pit schneller „drehte" als wir:

Feli	Lisa	ich	Pit
½	½	½	¾

Kreisbewegungen

Da, wo der Schnittpunkt ist, wo wir mit Pit „identisch kreisen", verstehen wir uns auch. Doch sobald er schneller wird, kommt das Ganze ins Ungleichgewicht. Erst langsam und dann immer krasser, bis ein Höhepunkt der Unterschiedlichkeit erreicht ist, dann kommen wir langsam wieder zusammen.

Dann sah ich Kurven, so zum Beispiel eine Verletzbarkeitskurve, mit Eigenschaften wie Diskussionsbereitschaft und Streitstrategie:

Ich:

Verletzungsstärke: tief, aber rund, redebereit, emotional, oft unkontrolliert

Pit:

Weich, leicht durchschaubar, naiv, lang andauernd, gepresst

Feli:

Spitz und hart, selten

Lisa:

Rund, abwendbar

Eines Tages hatte ich plötzlich die Eingebung, warum unser Haus nicht fertig wurde. Es spiegelte unsere Beziehung wieder. Das meiste war fertig, außer dem Bad und dem Keller fehlten nur noch Kleinigkeiten. Interessant wurde es, wenn man sich die noch unfertigen Räume und ihre Bedeutung ansah. Der Keller war am schlimmsten. Das war unser Unbewusstes – obwohl ein Teil schon „in Bearbeitung" war.

Das Badezimmer, als Ort der Reinigung, war sehr veraltet. Da hatten wir beide noch nicht viel geschafft. Keiner von uns hatte, für sich, „klar Schiff" gemacht. Aber das konnte ja auch im wirklichen Leben erst nach dem Keller – dem Aufräumen von Unbewusstem – kommen. Die Küche, in der gekocht wurde für das Beziehungsglück, war fast fertig. Also hatten wir auch da noch Möglichkeiten, uns zu vervollständigen und uns für unser Glück etwas einfallen zu lassen. Toilette war fertig? Aber halt, es war die Gästetoilette. Wir hatten also Gelegenheit, unseren seelischen Müll abzubauen, aber noch hielten wir ihn unter dem Deckmäntelchen „Gästetoilette" nicht für uns geeignet. Das war ja interessant! Und weiter?

Das Schlafgemach! Das Bett lud zwar dazu ein, sich auszuruhen, aber das Drumherum passte noch nicht. Unsere Kleiderschränke waren nicht fertig, und Umzugskisten dienten zur Aufbewahrung. Vieles war eben noch nicht abschließend geklärt. Feli schien als Einzige mit sich stimmig zu sein. In ihrem Zimmer hatte alles seinen Platz, und sie hatte es schön dekoriert. Lisa dagegen hatte Schwierigkeiten. Ihr Zimmer blieb leer und ungemütlich. Aber sie wünschte sich sehnlichst einen großen Spiegel. Um sich zu erkennen? Wow, es passte alles zusammen.

Ich dachte darüber nach, wie dieses Beispiel sich auf andere Bereiche übertragen ließ. Die Tiere zum Beispiel. Wer hat welches Verhältnis zu welchem Tier? Wow!

Hund und Pit:
Pit verweigert und verneint einige seiner Triebe. Darum will er so leise reden, mag keine lauten Diskussionen, schluckt Ärger mit außen stehenden Menschen hinunter und zeigt ihn dann – ein Täuschungsmanöver – woanders.

Hund und ich:
Ich liebe emotionale, auch laute Gespräche, bei denen die Kraft der Stimme zu hören ist, und bringe meinen Ärger unweigerlich zum Ausdruck.

Katze und Pit:
Weichheit, die Pit sehr wichtig war, Unberechenbarkeit (plötzlich zeigen sie die Krallen), anschmiegsam, schnurrend, allzeit bereit für Streicheleinheiten.

Katze und ich:
Alles, was ich ablehne. Dafür gefällt mir ihr Freiheitsdrang, ihre Unbestechlichkeit, ihr Instinkt.

Ich war wie im Fieber. Erkenntnisse strömten so schnell in mich, dass ich Angst bekam, ich hätte nicht genügend Zeit, alles aufzuschreiben:

Kinder und Pit:
Kinder sind Anteile in einem selbst, die in Schach gehalten werden müssen. Man braucht die Kontrolle über sie, damit sie nichts anstellen. Kinder sind unberechenbar offen, so auch gewisse Anteile in ihm selbst, die ihn verraten könnten.

Kinder und ich:
Persönlichkeitsanteile, die freie Bahn haben. Die mich belehren können. Die ausgelebt werden wollen, um vollkommen zu werden, wenn sie sich alle gefunden haben.

Wiederum gilt das gleiche Gesetz auch bei Tieren.

Je öfter ein Tier krank wird, desto größere Schwierigkeiten hat es in einem bestimmten Bereich.

Mein Pferd „Namastee" bekam eine schwere Lungenentzündung, als sie für eine lange Zeit alleine im Stall stehen musste. Lungenentzündung hat etwas mit Kontaktaustausch zu tun. Sozusagen ein Kommunikationsproblem!

Vefa wird nicht krank, da sie mit Liebe überschüttet wird und die Härte von Pit damit abgefangen wird.

Meine zwei Vögel wurden nicht krank, weil sie sich hatten und sich geben konnten, was sie brauchten.

Unsere Katze Käthe ist gesund, weil sie Liebe von uns allen bekommt.

Das Auto und ich:
Gute Grundvoraussetzungen (schönes, neues und funktionierendes Auto). Doch ich fing an, das Auto innen verschmutzen zu lassen, das hieß, ich machte eher einen Schritt zurück als nach vorne. In meinem Weiterkommen bremste ich mich. Ich ließ Dinge im Auto, die eigentlich woanders hingehörten. Haftete also ein bisschen am Alten, Überholten.

☙

Mittlerweile spitzte sich unser häusliches Drama zu. Es wurde immer schwieriger, miteinander zu kommunizieren. Wir schienen die einzelnen Wörter unterschiedlich zu verstehen. In der Beziehung mit meinem Mann, der in dieser Hinsicht sehr korrekt war, hatte ich gelernt, den Sinn der Worte für das zu benutzen, wofür sie standen. Hatten wir Missverständnisse, benutzten wir oft das Wörterbuch, um nachzusehen, was ein Wort wirklich bedeutete. Damit war die Sache dann rasch geklärt.

Pit hingegen ging von heute auf morgen ganz eigenartig mit Worten um. Plötzlich gab es permanent Verständigungsschwierigkeiten, die mich an den Rand des Wahnsinns brachten. Versuchte ich, mittels eines Wörterbuchs Klarheit zu schaffen, ging Pit einfach aus dem Zimmer. Wie so eine schwierige Situation ablief, erzähle ich kurz:

Wieder einmal hatten wir Streit. Es ging ums Telefonieren. Da wir alle viel telefonierten, beschlossen wir, das Mobilteil über Nacht auf der Basisstation zu lassen. Natürlich geschah es immer wieder, dass die Kinder das vergaßen. Pit nutzte diese Gelegenheit, um einen langen Vortrag darüber zu halten, dass kein Mensch sich an die vereinbarten Regeln hielt. Er machte einen so großen Wirbel darum, dass ich aus Angst beschloss, wie ein Luchs darüber zu wachen, dass es nicht mehr vorkam.

Hatte ich es dennoch einmal übersehen, fragte er jede von uns, ob sie telefoniert hatte. Dann stellte er sie noch einmal persönlich zur Rede.

Eines Tages, die Kinder waren bei ihrem Vater, kam ich vom Nachtdienst nach Hause und fand das Telefon im Bad wieder. Pit und ich hatten nachts miteinander telefoniert. Die Versuchung war zu groß, und so fragte ich ihn, warum er das Telefon nicht auf die Basisstation gelegt hatte. Natürlich klopfte mir das Herz bis zum Hals. Es war gewagt, ich wusste das. Aber ich ließ mein Rebellenherz sprechen. Pit sah mich ungläubig an und behauptete nach einer Sekunde Bedenkzeit, er habe gar nicht telefoniert.

Ich entgegnete, dass ich ihn doch nachts angerufen hatte – und die Kinder konnten es ja diesmal nicht gewesen sein. Bingo! Er bestand weiterhin darauf, er habe nicht telefoniert. Ich fragte ihn, ob er mich ärgern wolle. Da sah er mich ernst mit weit aufgerissenen Augen an und sagte: „Bine, jetzt sag ich es dir noch mal! Ich habe nicht telefoniert! WIR haben telefoniert!"

Für ihn war der Fall damit offensichtlich erledigt. Für mich jedoch nicht! Ich verstand gar nichts und wollte mich nicht einfach so abfertigen lassen. Nach einigem Hin und Her meinte er, wenn er angerufen wird, könne man nicht sagen, er habe telefoniert. Er habe halt seine eigene Anschauung, und die gelte genauso wie meine. Sämtliche Erklärungen, dass er ja dennoch das Telefon in der Hand hatte und auf die ihm so wichtige Station hätte legen können, wurden immer nur mit dem Satz kommentiert: „Ich habe nicht telefoniert!"

Das war mir zu viel, und ich ging ins Bett. Ich brauchte meine Nerven für wichtigere Dinge. Als ich am Nachmittag aufstand und in die Küche kam, nahm mich Pit in den Arm und entschuldigte sich bei mir. Vorsichtshalber fragte ich ihn, wofür er sich denn entschuldigte. Ich freute mich aber, dass er einsichtig war. Ich wollte ihm doch nur zeigen, dass auch er was vergessen konnte und dass das kein Weltuntergang war.

Er antwortete: „Wegen des Telefons! Ich habe da halt eine andere Anschauung." Diesen Satz sollte ich in Zukunft noch öfter hören. „Ich habe halt eine andere Anschauung!" Klingt gut, wenn es passt. Aber es wurde zu seiner Allround-Entschuldigung.

Ich sagte ihm, dass er sich für seine Anschauungen nicht entschuldigen müsse. Ich sähe es nicht so, dass er nicht telefoniert hätte. Schließlich sagte er zu uns auch immer, dass wir telefonierten, auch wenn wir angerufen wurden. Wir konnten dann nicht sagen, wir hätten gar nicht telefoniert. Also wieder zwei dubiose Wertungen seinerseits. Ich versuchte viele Male, ihm zu erklären, worum es mir ging. Aber es war so, als würde ich plötzlich chinesisch reden. Am Ende fragte er mich: „Warum regst du dich so auf, nur weil das Telefon nicht auf der Basisstation war?"

Nach langem Überlegen und durchweinten Nächten sagte ich ihm, dass wir wieder ausziehen würden. Ich konnte einfach nicht mehr. Wollte nicht wegen nichts und wieder nichts mit ihm streiten. Das war so sinnlos! Was lief da nur falsch? Ich wollte eigentlich gar nicht weg von ihm. Aber mit ihm war nicht zu reden. Wo war nur unsere Lockerheit geblieben?

Wir schoben uns gegenseitig die Schuld in die Schuhe. Was nützt mir mein Wollen, wenn wir eine andere Sprache sprechen? Wie sollen wir uns verständlich machen, wenn sich nicht jeder bemüht, den anderen zu verstehen? Das Reden und Sich-Unterhalten war mir sehr wichtig, und ich wollte nicht drauf verzichten, nur um des Friedens willen. Wir hätten unsere Unterhaltungen auf ein Minimum beschränken müssen: „Wie war dein Tag? Das Auto ist kaputt! Wo ist das Katzenfutter?"

Pit dachte immer, ich würde es mir leicht machen. Aber ich fragte mich: Ist es leicht, einen Menschen aufzugeben, den man liebt, nur weil man sich nicht verständigen kann?

Bestimmt nicht!

War es leicht, wieder alle Zelte abzubrechen und mit unbestimmtem Ziel weiterzuwandern?

Bestimmt nicht!

Und war es leicht, fragte ich, sich selbst wieder zu zeigen: Du hast es wieder einmal nicht geschafft!

Nein!!

Und war es leicht, den Kindern das zu erklären?

Für ein Wochenende fuhr ich alleine in den Bayerischen Wald. In meinem alten Wohnort mietete ich mir ein Zimmer in einer Pension. Hier hatte ich Ruhe und konnte mich erholen. So viele Leute, die ich kannte. Ich war wieder zu Hause. Pit meinte, sein Dorf wäre jetzt mein Zuhause. Aber das stimmte nicht. Das Zuhause ist dort, wo man sich geborgen fühlt und Freunde hat!

∽

Immer wieder gab es Momente, in denen ich dachte, es läge nur an mir, dass wir solche Schwierigkeiten hatten. Ich zerfleischte mich mit Selbstvorwürfen und gelobte Besserung. Ich wollte nicht mehr dagegen reden, etwas besser wissen, meine eigene Meinung haben. Ich wollte lernen, demütig zu kuschen. Natürlich war dieses Vorhaben im Vorhinein zum Scheitern verurteilt.

Wie kann man jemandem, der sich als Opfer fühlt, erklären, dass er kein Opfer ist? Dass auch er Fehler macht? Er, der ja so gut war! Kritik war ein fürchterliches Wort in seinen Ohren – wenn sie ihm galt. Er selbst hatte keine Hemmungen, Kritik zu üben.

Ich hoffte, noch einen Weg für uns zu finden. War es nicht ein großer Vertrauensbeweis von mir gewesen, zu ihm zu ziehen? Und trotzdem zweifelte Pit immer wieder an meiner Liebe.

Zwischendurch gab es kurze Verschnaufpausen. Dann konnten wir uns wirklich lieben. Doch diese Zeiten hielten nur zwei, drei Tage an, um wieder im Streit zu enden. Jetzt, im Nachhinein, kann ich mir so etwas Entsetzliches gar nicht mehr vorstellen. Aber damals dachte ich, ich müsse um mein Leben kämpfen. Ich hatte keine Ahnung, dass ich dabei war, ein altes Kindheitsmuster aufzulösen. Ich wollte unbedingt wachsen, reifen und lernen. Unbedingt!

Viele Freunde fragten mich bereits, warum ich nicht einfach ginge. Aber etwas war eigenartig. Je mehr ich versuchte, die ganze Geschichte zu durchschauen, meine Fehler zu suchen, seine Fehler zu sehen, neutral zu analysieren, was da lief, und mich darauf einzulassen – und somit natürlich auch durchzuhalten –, desto mehr wuchsen meine medialen Fähigkeiten. Das verstand ich überhaupt nicht. Heute ist mir einiges klar: Wenn ich in meinem Leben aufräume, habe ich auch die Gelegenheit, geistig „weiter" zu werden. Sofern ich dies möchte. Und ich wollte ja! Also blieb ich.

In dieser Panik, nicht mehr zusammenkommen zu können, weil er sich einfach weigerte zu verstehen, lernte ich meine eigene Aggression kennen. In manchen Zeiten der Verzweiflung, wenn Pit provozierte und ich voll darauf einstieg, flogen bei uns Tassen und Teller.

Ich machte mir doch solche Mühe, mich ihm zu erklären, und er zuckte einfach mit den Schultern? Irgendwann ging es bei mir um Leben oder Tod. Ich fühlte mich als seine Gefangene, war ausgeliefert. Ich musste mich retten – aber wie? Ich bekam Angst vor mir und vor ihm. Es war so, als wäre man im falschen Film und fände den Ausgang nicht mehr.

Und so verging ein ganzes Jahr. Jeden dritten Tag Streit mit einem Mann, der so provoziert, dass jede andere Frau schon längst davongelaufen wäre. Ich jedoch blieb. Tief in meinem Innern spürte ich, dass ich an etwas Wichtigem dran war. Ich wollte nicht einfach aufgeben, ohne etwas gelernt zu haben. Aber bisher hatte ich noch nichts verstanden. Da waren nur Schmerz, Trauer, Wut und Verzweiflung. Aber irgendwo dazwischen, das wusste ich, saß die Lösung, saß das Verstehen. Nicht umsonst war ich in diese Situation geraten – so viel ahnte ich schon. Und auf keinen Fall wollte ich so etwas mit einem eventuellen nächsten Partner noch einmal erleben.

Als Nächstes – und ich ließ mir sehr viel einfallen – war ein Eheberater dran. Nach vielem Betteln, Flehen und Drohen besuchten wir ihn. Als dieser jedoch wagte, Pit darauf aufmerksam zu machen, dass er mich doch mal aussprechen lassen sollte, und dies sogar mehrmals, war es mit der Eheberatung vorbei. „So etwas brauchen wir gar nicht, Sabine. Wir sind doch keine kleinen Kinder. Wir wissen doch am besten, wie wir miteinander auskommen können. Lass uns das selbst in die Hand nehmen. Das schaffen wir auch ohne Eheberater. Was will uns dieser fremde Mensch helfen können? Der kennt uns doch gar nicht. Wir müssen nur öfter miteinander reden."

Hört, hört – hat er vielleicht doch etwas verstanden? Meine Hoffnung wuchs, und ich erklärte mich damit einverstanden, dass wir es noch einmal selber versuchten. Was für ein Irrtum. Am Abend wurde noch geredet, tags drauf nicht mehr!

Natürlich verstehe ich jetzt, dass das gar nicht funktionieren durfte. Ich hatte etwas zu lernen, und das hätte ich nicht in einer harmonischen Beziehung gekonnt. Ich glaube, für viele Menschen wäre es nicht verkehrt, wenn sie wüssten, dass man manchmal durch große Schwierigkeiten gehen muss, um etwas auflösen zu können. Es würde ihnen helfen, nicht den Mut zu verlieren.

Pit hatte zu kämpfen. Er kämpfte um sein Recht, um seine Ehre und um sich selbst. Er vergeudete so viel Kraft fürs Kämpfen – und ich tat es ihm gleich. Doch langsam erwachte ich. Meine Angst und Verzweiflung wurden kleiner. Ich fing an, das Ganze bewusst zu betrachten.

Jeden Streit, jede Zwistigkeit, jede Provokation versuchte ich einzuordnen. Und langsam, ganz langsam, sah ich ein anderes Bild.

Doch da ich ihn ja so sehr liebte, hatte ich große Verlustängste. Und diese ließen mich dieses neue Bild, das am Entstehen war, immer wieder vergessen. Von neuem begann ich, um diese Liebe zu kämpfen... und verlor natürlich.

Diese psychischen Anspannungen griffen mit der Zeit auch meine Gesundheit an. Ich wurde wieder häufig krank. Eigentlich war ich immer angespannt. Ich sagte mir, dass das keine Dauerlösung sein konnte. Mich plagten so viele Fragen und Gedanken. Pit wälzte alle Schuld von sich und mir zu. Das belastete mich am meisten. Ich wollte doch gut sein, Frieden haben und Liebe schenken. Pit jedoch hatte nur einen Lösungsvorschlag: „Du musst halt endlich umdenken. Denk doch so wie ich, dann haben wir bald keine Probleme mehr."

Einmal saßen wir friedlich zusammen am Frühstückstisch, und er fragte mich: „Sag mal, was beschäftigt dich zurzeit am meisten?" Ich entgegnete ihm: „ Ich überlege zurzeit, was eigentlich der Sinn meines Lebens ist." Daraufhin blickte er mich strafend an und schüttelte den Kopf. Ich fühlte mich unverstanden bei ihm. Manchmal dachte ich, er sei in die Steinzeit zurückgekehrt. Freiwillig!

❦

Mein Wachsen als Sprachmedium ging immer besser voran. Ich fühlte mich gut aufgehoben in meiner Meditationsgruppe. Während unserer Einleitungsmeditation fiel ich meist von ganz alleine in Trance. Ohne jegliche Anstrengung meinerseits meldete sich ein Geistwesen. Oft waren es unterschiedliche Wesen, aber sie sagten, sie kämen alle von der Kausalebene. Mir persönlich sagte das gar nichts, da ich mich ja mit solchen Dingen nie beschäftigte. Aber unsere Gruppenleiterinnen sagten, diese Wesenheiten wären sehr hohe Wesen, mit einem hohen Wissen und großer Liebe.

Das merkte man an ihren Antworten! Man konnte wirklich jede erdenkliche Frage stellen, und sie wurde beantwortet. Die ganze Gruppe freute sich mit mir. Nur Pit hielt sich zurück.

In dieser Gruppe lernte ich dann auch meine neue Freundin kennen, Jutta. Sie war ein ruhiger und stiller, etwas unsicherer Typ, die aber ebenso eifrig wie ich, „unbedingt wissen" wollte. Das imponierte mir. Sie sagte offen, was ihr gefiel und was nicht. Manchmal hatte ich das Gefühl, wir würden uns schon ewig kennen, und so schloss ich sie in mein Herz. Wir versuchten uns gegenseitig zu helfen, wenn eine nicht mehr weiterwusste. Es war eine wirklich schöne Freundschaft.

Was mich aber vor allem berührte, war, dass sie so fest zu mir hielt. Dieses „Sprechen" war für mich immer wieder eine Überwindung, und ich war von Zweifeln geplagt. „Waren es wirklich hohe Wesenheiten, die da durch mich sprechen? Waren die Antworten auch klar und deutlich? Konnte man die Liebe in ihnen spüren?"

Tausend Fragen! Jutta baute mich auf. Nie zweifelte sie an dem, was ich tat.

Diese Hilfe war für mich sehr wichtig, denn immer wieder spielte ich mit dem Gedanken, damit aufzuhören. Doch sie ermunterte mich unerbittlich weiterzumachen, weil es eine große Hilfe für viele Menschen sei. Wenn ich sie nicht gehabt hätte, stünde ich jetzt nicht hier und würde auch keine Bücher schreiben.

Was mich allerdings irritierte, war, dass mein eigener Partner nie ein Wort über mein „Sprechen" verlor. So fragte ich ihn eines Tages, warum er so wenig mit mir über seine Eindrücke darüber redete.

Zunächst bestätigte er ein Gefühl, das ich schon länger über ihn hatte. Er fragte: „Ja sag einmal, merkst du denn gar nicht, wie Jutta dich anhimmelt und verherrlicht?" Konnte das eine Art Neid sein? Ich sagte ihm: „Weißt du, Jutta ist die Einzige, die sich wirklich neidlos mit mir freut. Sie ist genauso dankbar wie ich selbst über jede Information von den Geistwesen."

Ich bemerkte auch, dass einige andere Teilnehmer an den Meditationen, die sich am Anfang mit mir gefreut hatten, mich nicht mehr so freundlich begrüßten wie zuvor. Zuerst dachte ich, dass ich mir das nur einbildete. Doch dann kam eine Zeit, da mein Gesprochenes „zensiert" wurde. Das eine war wahr, das andere sollte von „negativen Energien" stammen. Irgendwann hieß es dann, nur vierzig Prozent des Gesprochenen sei wirklich wahr, den Rest könne man vergessen.

Natürlich war ich entsetzt. Ich wollte nicht sprechen, wenn nur vierzig Prozent davon wahr wären. Ich wollte für mich die Sicherheit haben, dass alles wahr war. Als ich meiner Freundin erklärte, dass ich aufhören würde, fiel sie aus allen Wolken: „Spinnst du? Du brauchst doch nicht alles glauben, was man dir erzählt. Deine Durchsagen sind super, und ich bin froh, dass wir jetzt eine Quelle haben, wo wir nach Wahrheiten fragen können. Lass dich doch nicht so verunsichern. Habe doch mehr Vertrauen." Ja, meine Freundin! Ich konnte nicht aufhören, da sie mich nicht mehr ausließ!

Sie überwachte mich, schubste mich und machte mir Mut zum Weitermachen. Aber ich wollte Beweise für die Wahrheit meiner Durchsagen, und so fragte ich meine Geistwesen und schrieb in mein Tagebuch:

„Liebe Geistwesen, warum habe ich plötzlich Gegner?"

„Du erfährst nun, was es heißt, feinfühlig, feinsehend und feinhörend zu sein. Im ersten Stadium macht es dich einsam, weil du dein Gegenüber durchleuchten kannst. Du siehst Dinge, die ein anderer nicht sieht. Genauso nimmst du wahr. Natürlich fühlst du dich nur verstanden von jemandem, der auf der gleichen Ebene steht. So deine liebe neue Kollegin und Freundin. Ihr Weg ging noch schneller als deiner. Doch der Unterschied ist, dass du nicht neidisch wirst, da du ja eine Mitbewohnerin für deine Welt bekommst. Du siehst die Wichtigkeit der Mitbewohner, da keiner gerne alleine Grenzgänger ist. Neid kommt in eurem Leben nicht mehr vor. Das heißt nicht, dass ihr euch nicht vielleicht dasselbe wünscht. Aber ihr seid anderen für ihr ‚Haben' nicht neidisch. Aus dem einfachen Aspekt heraus, dass ihr euch für den und mit dem anderen freuen könnt. Das gelingt euch aber nur auf einer bestimmten, erreichten Stufe.

Neid ist der Luxus derjenigen, die sehr im Materiellen verhaftet sind, auch wenn sie den Anschein geben, sie wären geistig am Wachsen. Bist du aber wirklich geistig am Wachsen, siehst du das, was ein anderer hat, nicht mit Neid an, sondern mit Freude. Neid ist also ‚materiell verbunden‘, wobei das Geistige außer Acht gelassen wird. Erinnere dich an deine Mitte:

Geistiges   **Materielles**

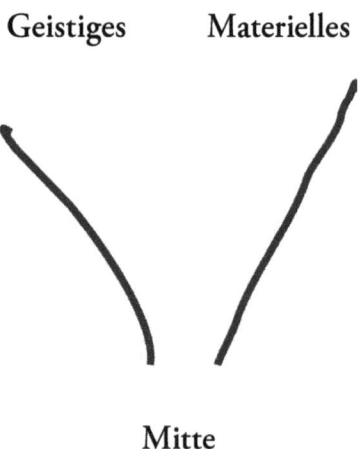

Mitte

Wächst man so schnell wie ihr beiden, ist der Neid anderer nicht weit. Eine ganz normale Situation! Natürlich für euch erst mal furchtbar, da ihr ein ‚Außenseiterdasein‘ fristen müsst. Das bedeutet aber auch, je mehr an Außenseiter-Sein du zulassen kannst, desto mehr bist du mit dir allein, und desto besser kannst du das Alleinsein üben. Siehe Vortrag vom letzten Mal: Einsamkeit und Alleinsein.“

Dies bezog sich auf eine Durchsage der Geistwesen aus der Meditationsgruppe, die ich hier wiedergeben möchte:

„Wir wissen, dass dieses Wort ‚Einsamkeit' für jeden von euch ein großes Thema ist. Jeder hat sich mit dieser Einsamkeit schon einmal auseinander setzen müssen. Viele fangen schon in der Kindheit an, sich einsam zu fühlen. Wir möchten euch erklären, wie ihr mit diesem Phänomen ‚sich einsam zu fühlen' zurechtkommen könnt, um einen kleinen Anker zu finden, damit ihr euch nicht in der Einsamkeit verliert, denn Einsamkeit ist kein Zustand – Einsamkeit ist ein Gefühl! Und dieses Gefühl könnt ihr selbst bewirken, und es bewirkt sich auch selbst.

Ihr lernt: Es bedeutet Einsamkeit, wenn ich allein bin, wenn ich mich unverstanden fühle, wenn ich ‚böse' Mitmenschen habe, wenn mich keiner verstehen will, wenn ich nirgendwo Anteil habe. Wenn ich keinen Anschluss an irgendjemand anderen bekomme, an eine Gruppe, an einen Menschen, an eine Gesellschaft, dann kann ich mich ganz schnell einsam fühlen.
Das Gefühl der Einsamkeit geht aber einen ganz anderen Weg, um euch zu erreichen. Dieses Einsamkeitsgefühl kommt nicht von außen auf euch zu, dieses Einsamkeitsgefühl bahnt sich einen Weg von euch nach außen. Und das ist das, was euch dann von außen widergespiegelt wird.
Ihr setzt euch zum Beispiel Grenzen, ihr lernt schon vom Kindesalter an, Grenzen zu setzen und somit ‚zuzumachen',

unehrlich zu sein, nicht alles zu sagen, was euch bewegt, Geheimnisse zu haben. Ihr lernt von Kindheit an, Mauern um euch zu bauen, die euch angeblich schützen, die den anderen nicht zu sehr an euch heranlassen, oder um euch eine Heimat zu geben, oder aus anderen Gründen.

Dies sind Regeln, die ihr euch auferlegt, die euch aber noch mehr die Berechtigung geben zu sagen: Ich bin einsam.

Denn, je mehr Geheimnisse du hast, je mehr Versteck-spiele du machst, desto einsamer wirst du dich fühlen, wenn du wirklich einmal alleine bist. Und Alleinesein hat nichts mit Einsamkeit zu tun. Das bedeutet aber, dass es darum geht, in vielerlei Hinsicht seine Grenzen aufzumachen.

Das bedeutet, dass du lernen musst, eine Verbindung zu deiner Außenwelt zu bekommen, und das heißt nicht, eine Verbindung zu irgendwelchen Menschen. Das heißt, eine Verbindung zu allem, was dich von außen umgibt. Das bedeutet eine Verbindung zu den Dingen, die um dich herum sind, das bedeutet eine Verbindung zu dem Mobiliar in deiner Wohnung, zu deinem Haus, zu deinem Garten, zu deinen Tieren, zu deinen Kleidern, zu deinen Menschen, zu deinen Arbeitskollegen, zu allem, was dich berührt. Und das ist sehr, sehr wichtig!

Dieses Gefühl der Einsamkeit wird dir von Anfang an antrainiert, indem du für dich Grenzen setzt, indem du Geheimnisse hast, dich nicht verbinden willst nach au-ßen. Dieses Einsamkeitsgefühl hat nichts damit zu tun, dass du alleine bist. Dieses Einsamkeitsgefühl hat auch nichts damit zu tun, dass du vielleicht gerne etwas teilen möchtest mit einem Partner, den du nicht hast und mit dem das Leben doch dann so schön und so erfüllt wäre! Wäre das nicht eine schöne Bereicherung? Wärest du dann nicht wirklich glücklich?

Uns ist es wichtig, euch die Augen zu öffnen, dass ihr das alles gar nicht braucht und haben müsst.

Wenn du dir sagen kannst: Ich habe keine Geheimnisse mehr – und damit im Reinen bist – das heißt, dass du es auch so meinst, dass du sehr wohl alles sagen kannst, ohne das Gefühl zu haben, du gibst zu viel von dir Preis. Dann hast du eine Verbindung nach außen geschaffen, die du nicht verlieren kannst und die dir immer das Gefühl geben wird, dass du nicht einsam bist.

Wenn ihr wollt – wenn ihr wirklich aufwachen wollt –, werdet ihr so weit kommen, dass ihr mit euch im Reinen seid, dass ihr in eurer Mitte seid und dass ihr so glücklich seid, dass ihr es gar nicht fassen könnt. Dass sich jeder Wunsch von euch erfüllt, allein dadurch, dass ihr daran denkt – weil ihr nämlich keine Grenzen mehr setzt! Und diese Wunscherfüllung kann nur geschehen, wenn ihr grenzenlos werdet.

Und – grenzenlos zu sein ist kein Nachteil, es ist nichts Negatives. Ihr braucht keine Grenzsetzungen in dem Sinn. Grenzsetzungen braucht ihr nur da, wo ihr sagen müsst: Das tut mir nicht gut, das will ich nicht, damit verletzt du mich zu sehr, da verletzt mich die Situation zu sehr, da bin ich noch nicht so weit, das tut mir weh. Da könnt ihr Grenzen setzen. Aber für eure Persönlichkeit ist es sehr, sehr wichtig, grenzenlos zu werden, und das bedeutet – auch wenn das für euch nicht recht nachvollziehbar ist, das bedeutet sogar, dass ihr zu Dingen Kontakt aufnehmt! Zu allem, was euch gehört, zu allem, was euch im Alltag umgibt. Dass ihr versucht, einen Austausch zu schaffen, egal ob es mit einem Menschen oder mit einem Tier ist. Und wenn ihr das versucht zu tun, dann wird euch wieder eine Welt gezeigt werden, wo ihr seht: Das kann ich auch erreichen, das gibt es also auch, das gibt es nicht nur im Himmel, sondern das gibt es auch auf Erden!

Aber ihr müsst lernen aufzumachen – euer Herz aufzumachen, und das bedeutet, grenzenlos zu sein. Ihr habt es nicht nötig, irgendwelche Geheimnisse zu haben.

Ehrlichkeit in allen Bereichen ist das Wichtigste als Grundlage eurer geistigen Entwicklung. Ehrlichkeit sogar da, wo du meinst, einem anderen wehzutun. Ehrlichkeit da, wo du sagen kannst: Ich belüge niemanden! Es ist besser, als wenn du dir selbst Schmerz zufügst, indem du dich belügst. Denn dadurch würdest du deine eigene geistige Entwicklung behindern. Das ist zum Beispiel ein Stein, den du dir selbst in den Weg legst.

Einsamkeit ist also ein Gefühl. Wenn du aufmachst und lernst, dich mit allem und jedem verbunden zu fühlen, wie kannst du dann noch einsam sein? Wie kannst du jemals das Gefühl bekommen, einsam zu sein? Das funktioniert dann nicht mehr. Du bist nur einsam, wenn du die Verbindungen, die du hast, in deinem Leben, in deiner materiellen Welt, in deiner geistigen Welt, wenn du diese Verbindungen abschirmst, zuschnürst, unterbindest – und dann sagen wir: Es ist kein Wunder, dass du dich einsam fühlst!

Lerne also, deine Grenzen aufzumachen! Werde dir in deinem Alltag bewusst, wo du Grenzen setzt, wo du Geheimnisse hast, woran du nur bestimmte Menschen teilhaben lässt, wo du aufteilst: Die dürfen das wissen, und die dürfen das nicht wissen. Da setzt du Grenzen, und diese Grenzen blockieren dich selbst, und diese Grenzen werden dich in Notzeiten in die Einsamkeit führen.

Je unabhängiger du wirst, so dass du keine Menschen – jetzt bitte nicht missverstehen, b r a u c h s t –, desto eher wirst du offen für uns. Und in diesem Bereich braucht man eine gewisse Unbeirrbarkeit, die man eben in einer Gruppe nicht so schnell bekommt. Lernst du es erst mal, den Gruppenzwang loszulassen und dein Alleinsein zu genießen, kommen wieder Menschen auf dich zu, aber diesmal die richtigen. Und ein neuer Lernabschnitt kann beginnen.

Nur ist es wichtig, diese Reihenfolge zu kennen und sich damit nicht zu behindern, dass man glaubt, man wäre nur noch ein Ausgeschlossener. Vielleicht ein Ausgeschlossener für gewisse Menschen. Für andere bist du herzlichst willkommen.

Aber dieses Phänomen ist so gewichtig, dass viele Lernende an diesem Punkt scheitern und sich vom Geistigen zurückziehen, da sie als Erstes diese Abschiebung erleben. Und ihr Menschen habt nicht vor, abgeschoben zu werden. Ihr wollt lieber aufgenommen werden. Deswegen hören viele von euch hier auf zu lernen, weil erst mal eine Wüste kommt.

Aber was wären wir für Wesenheiten, lockten wir euch erst unter vielen Hindernissen hierher und würden euch dann in Einsamkeit stehen lassen. Das Gegenteil wird der Fall sein, nur erwartet dieses Gegenteil von euch etwas Mut und Ausdauer. Nun fragst du, was tun in deiner Situation?

Dein Partner ist gewaltig gefordert. Er hat Angst. Angst vor einer Stärke, die er nicht einordnen kann. Sind vielleicht doch böse Mächte im Spiel? Ist es nicht gefährlich, wenn eine Ungläubige (ich bin konfessionslos) sich mit Gott in Verbindung setzt? Ist nicht da, wo Gott ist, auch gleich der Teufel? Wie kann eine Ungläubige sich schützen? Sind es wirklich gute Geister? Hast du genug Demut, wenn du Kaugummi kauend im Meditationskreis sitzt? Gehört zur Demut nicht auch eine Demutshaltung?

Alles Prägungen, von denen er sich nur vom Kopf her freigemacht hat. Aber sie sitzen tief in seinem Herzen. Gegen Angst kommst du von außen nicht an. Angst muss immer von innen aufgelöst werden, durch Anschauen und Erkennen. Doch dieses beansprucht eine gewisse Zeit und Ruhe mit sich selbst!!

Für manche Gleichgesinnte bist du eine Rivalin, mit der sie konkurrieren müssen. Es ist ein ganz erdgebundenes Kräftemessen und hat natürlich viel mit Macht zu tun. Gerade wenn du in machtlosen Lebenssituationen steckst, ist eine gewisse geistige Macht dann natürlich wichtig, da man sich dann besser erklären kann, warum eine Situation gescheitert ist.

Man hat quasi eine Ausrede. Die heißt ‚geistige Macht‘. Man gibt das ‚Scheitern seiner Lebenssituation‘ ab, indem man sich seine Macht auf geistigem Gebiet wiedergibt.

Ist solche nun bedroht von einer noch größeren Macht, droht das selbst gebaute Scheitern-Macht-Kartenhaus zusammenzufallen, und am Ende bleibt ein großer Scherbenhaufen übrig, der dich wieder an das Scheitern einer Situation erinnert. Eigentlich ja nicht schlimm! Warum für euch Menschen? Ihr könnt sehen, dass ihr euer Haus (Macht) auf Sand (Scheitern) gebaut habt.

Also wäre es an der Zeit, euren Untergrund für euer Haus zu festigen. Ihr müsstet euren Sand mit Lehm und Kies auffüllen und das Ganze entwässern, so dass ein fester Untergrund entstehen kann. In eurem Leben würde es so aussehen, dass ihr dahingeht nachzuschauen, warum ihr an einer Aufgabe gescheitert seid. Also Bewusstwerdung! Licht ins Dunkel bringen! Sich anschauen trauen! Lösungen – und vor allem Verständnis für euch zu haben. Habt ihr euer ‚Scheitern' so aufgearbeitet, kommt eure so geliebte ‚Macht' von ganz alleine. Nur hat sie nun einen anderen Namen: verständnisvolle Liebe!

Was kannst du also tun?

Verständnisvolle Liebe üben, und kannst du dies nicht, dann habe Geduld mit dir."

„Was geschieht momentan mit Jutta?" Meine Freundin und ich arbeiteten schwer an uns und hatten Schwierigkeiten, wenn eine von uns gelobt wurde. Wir konnten Lob nur sehr schlecht annehmen. Das war in unseren Augen nicht demütig genug. Wir gingen davon aus, dass es demütiger war, nicht bewundert zu werden und andere Menschen auch nicht zu bewundern. Es könnte ja ein

Personenkult sein. So ganz genau wussten wir auch nicht Bescheid.

„In Zukunft nur so viel, dass sie mit Riesenschritten vorwärts geht. Bewundernswert!

Und das ist auch das Wort zum Anfang:
B e w u n d e r n s w e r t

Was ist dran auszusetzen?

Bei euch ist es so: In Lebenslagen, die mit euch selbst nichts zu tun haben, könnt und dürft ihr wohl bewundern. Aber sobald das Bewundern persönlich wird, winkt ihr ab und sagt: ‚Nicht für mich'. Ihr verwehrt euch selbst die schönsten Dinge im Leben, um euch selbst zu kasteien. Denn in eurem Glauben bekommt man nichts geschenkt. Das habt ihr eures Erachtens ‚nicht verdient'. Jemanden wegen seiner geistigen Fähigkeiten zu bewundern kommt für euch einer Todsünde gleich. Denn ihr meint, jemanden zu bewundern ist gleichzusetzen damit, jemanden zu verherrlichen.

Doch wir sagen euch, da gibt es einen Riesenunterschied, der es doch wert wäre, beachtet zu werden. Was wäre das Leben ohne Bewunderung? Du bewunderst die Natur – gut, das kannst du noch zulassen –,

du bewunderst Naturschauspiele,

du bewunderst große Künstler (die ja doch weit weg sind),

du bewunderst Schauspieler, Musiker, Akrobaten u.s.w.

Doch dich und deinen Nächsten bewunderst du nicht.

Im Gegenteil! Ist jemand oder du selbst doch zu bewundern, vergräbst du lieber alles in Nichtbeachtung.

Bewunderung ist aber etwas sehr Schönes und Positives. Ihr solltet aufhören, euch zu kasteien, und euch nicht mehr ein Armutszeugnis geben. Denn damit gebt ihr nicht nur euch, sondern auch Gott ein Armutszeugnis.

Sagt die Bibel nicht, Gott habe euch in seinem Bildnis erschaffen?

So habt ihr allen Grund, euch für eure Arbeiten und Eigenschaften zu bewundern. Damit schätzt ihr doch auch die Schöpfung, wie sie ist. Und soviel wir wissen, gehört ihr auch dazu!

Also fangt an, alte Zöpfe abzuschneiden. Bewundert euch ruhig in Liebe und seht, was Schöpfung ist. Wir meinen schon, dass es zu bewundern ist!
Das hat jetzt mit Personenkult überhaupt nichts zu tun – und lasst euch dies nicht nachsagen.

Und noch kurz zu denjenigen, die doch noch zweifeln: Personenkult bedeutet, wenn man so sein will wie der andere, den du nicht nur bewunderst, sondern quasi anbetest. Wenn du ein Abbild seiner werden möchtest und deine eigene Persönlichkeit leugnest. Somit deine Wichtigkeit und Wertigkeit! Dann hast du sicherlich ‚BEWUNDERN' nicht verstanden."

❧

So wuchs die Freundschaft zwischen Jutta und mir. Aber es war nicht immer leicht. Wir waren sehr offen miteinander und scheuten uns nicht, der anderen zu sagen, wenn diese etwas für sich nicht verstanden hatte. Wir übten freundschaftliche Kritik, ohne dass die andere verletzt war. Es war uns beiden wichtig, ehrlich miteinander umzugehen, auch wenn es vielleicht manchmal hart war zu hören, dass man etwas eventuell falsch verstanden hatte, oder wenn wir uns gegenseitig auf unsere Fehler hinwiesen.

Aber damit waren wir natürlich auch bereit, sofort zu bereinigen, was zwischen uns lag. Und jede wusste von der anderen, wie wichtig es ihr war zu klären, so dass keine Missverständnisse zwischen uns lagen. Einige meiner anderen Freunde glaubten zwar, sie würden auch alles sofort bereinigen wollen und hätten keine Angst vor Kritik. Aber das stimmte oft nicht, und ich verspürte dann den Wunsch, sie darauf hinzuweisen, dass sie eigentlich eine andere Einstellung hatten.

Manche gaben nur vor, sie wären bereit, eine unklare Geschichte bereinigen zu wollen. Aber man merkte sehr schnell, ob jemand etwas aushielt im „Bereinigen". Sobald bemerkt wurde, dass man womöglich wirklich nicht korrekt gehandelt hatte, wurde versucht zu vertuschen, zu verstecken, eine Sache wurde umgedreht oder gar die Wörter im eigenen Mund. Ich sah sie immer sehr schnell, diese „Bereitschaft".

Natürlich fiel es mir selbst auch nicht immer leicht, Kritik einzustecken, weil es eben nicht schön ist oder weil ich mich fürchtete und am liebsten gekniffen hätte.

Austeilen geht immer leichter. Ich wollte aber in allem

eine Ehrlichkeit. Es war mir wichtig, dass meine Mitmenschen mich auf meine Fehler aufmerksam machten. Ist es nicht so, dass jeder bei sich selbst lieber die guten Seiten sehen mag und die schlechten am besten gar nicht?

Aber das war mir zu oberflächlich. In die Tiefe bohren und an die eigene Ehrlichkeit kommen, das wurde mein Lebensmotto. Und manchmal musste man wirklich tief bohren. Es wurde eine meiner Spezialitäten, so dass sich keiner mehr vor mir verstecken konnte.

Bei dieser Übung merkte ich, dass mein „Sehen" wieder einen Schritt vorwärts machte. Ich kam automatisch immer mehr an die Wahrheit heran. Je mehr ich versuchte, Unwahrheiten aufdecken zu können, desto größer wurde meine Fähigkeit, die Wahrheit zu sehen. Sie wurde mit der Zeit so groß, dass ich immer schneller zwischen Wahrheit und Unwahrheit unterscheiden konnte. Es ging sogar so weit, dass ich in manchen Fällen schon vorher „wusste", wann jemand nicht die Wahrheit sagen wollte.

Das war manchmal richtig gespenstisch für mich. Ich fragte mich, warum ich diese Begabung hatte, denn natürlich machte ich mir damit nicht nur Freunde. Ich bekam immer wieder Ärger mit meinen Mitmenschen. Aber ich konnte meinen Mund nicht halten, denn – hat man mit so einer Sache einmal begonnen, kann man nicht mehr aufhören. Man kann sich nicht einmal mehr selbst in die Tasche lügen. Aber mir war es recht, obwohl auch ich manchmal bei mir nicht so gerne hinsehen wollte.

Es war mir wichtig zu erkennen, wann eine Harmonie echt war und wann sie nur aufgesetzt war. Ich kannte Leute, bei denen es den Anschein hatte, ihr Leben und ihre Einstellung zum Leben und zu Menschen seien geklärt und sehr liebevoll. Bei diesen beiden Worten „geklärt und liebevoll" spitzte ich gleich die Ohren. War es denn so leicht, klar und liebevoll zu sein? Also, ich musste oft darum kämpfen.

Meine Partner im Leben hatten damit anscheinend gar keine Probleme. Oberflächlich gesehen, versteht sich!

Sie wollten Frieden um jeden Preis. Und diesen, ich nannte ihn immer Pseudofrieden, brachte ich so lange durcheinander, bis die Disharmonie, die ja nur vertuscht wurde, auf den Tisch kam und gelebt werden musste. Danach war dann wirklicher Friede, da man sich damit auseinander gesetzt hatte und Unwahrheiten und Verstecktes ans Licht gekommen waren. Doch oft war es so, dass diese Disharmonie schon zu lange versteckt worden war und sich so viel angestaut hatte, dass es für mich beinahe zu schwer zum Aushalten war.

Wartet man zu lange, ist eine Klärung sehr schwierig und die Konfrontation damit noch härter, als hätte man es gleich getan. Solch späte Klärungen waren meist mit einem Streit verbunden. Ich musste dann immer viel reden, erklären und versichern, dass es mir nicht um einen Angriff ging, sondern um ein wirkliches, ehrliches Klären.

Könnten wir lernen, Unstimmigkeiten sofort auszuleben, ohne immer auf die über alles geliebte Harmonie zu schielen, wären wir stärker im Gleichgewicht. Aber ich spürte die Angst und das Unbehagen meines Gegenübers. Pit war da sehr sensibel. Natürlich nur, wenn er auf etwas Negatives aufmerksam gemacht wurde. Er selbst konnte ohne Rücksicht gnadenlos kritisieren.

Bei manchen Gesprächen, egal ob positiv oder weniger

positiv, wenn meine Stimme im Eifer des Gefechts etwas kräftiger wurde, nur eine Nuance, dann wurde ich angehalten, leiser zu sprechen. Aber wenn ich gerade dabei war, eine Geschichte zu erzählen, die sehr spannend war, vergaß ich oft, dass ich leiser reden sollte. Ich musste mich also immer bremsen. Ruhig und sachlich bleiben, auch wenn mein Temperament, was ja nichts Böses ist, lieber lauter wäre, um sich besser ausdrücken zu können.

Das war für mich natürlich auch wieder eine interessante Sache. Immer wenn ich lauter wurde, wurde Pit noch leiser. Er hielt mir vor, er könne das laute Reden nicht aushalten und man müsse nicht unbedingt laut reden. Leise wäre viel schöner. Er müsse nie laut reden. Da kam für mich meine neu erworbene Fähigkeit, Wahrheiten zu „sehen", wieder zum Vorschein. Natürlich hatte ich keine Beweise, denn er redete in der Tat sehr leise. Aber die Unwahrheit lag in der Luft. Das war für mich die Gelegenheit, in die Tiefe zu bohren.

Wieder einmal hatte es Streit zwischen uns gegeben. Diesmal war ich jedoch ruhig und ausgeglichen geblieben. Nicht wie sonst, wenn ich bei seinen Beschuldigungen sofort versuchte, mich zu verteidigen. Ich blieb gelassen, das erste Mal. Und prompt flippte er selber aus! Ich wurde immer ruhiger, und er wurde immer lauter und konnte sich gar nicht mehr bremsen.

Das war also seine Wahrheit! Aber warum blieb ich eigentlich so ruhig? Das war doch sehr untypisch für mich! Ich merkte, dass mir Anschuldigungen, von denen ich nicht überzeugt war – ich wurde ja immer sicherer, weil ich an mir arbeitete –, egal wurden. Sie berührten mich einfach nicht mehr. Außerdem hatte ich von unserem blöden Kriegsspiel die Nase voll. Ich wollte leben und nicht dauernd leiden!

So konnte mich sein plötzliches Brüllen auch nicht mehr treffen. Ich konnte mich einfach raushalten. Plötzlich war ich Zuschauerin. Es war so, dass er in einer negativen Welt war und ich in meiner positiven blieb. Das brachte ihn noch mehr aus der Fassung. Seine Anschuldigungen steigerten sich. Das war sonst immer ein Mittel gewesen, mich doch noch wütend zu machen. Aber ich blieb ruhig.

Für einen kurzen Moment konnte ich dieses Spiel erfassen und freute mich sehr, dass ich in meinem Frieden bleiben konnte. Dieses Mal war nicht ich die Böse, und dieses Mal konnte ich sagen: „Schrei doch nicht so!" Für mich war das ein Phänomen, und ich erahnte die Gesetzmäßigkeit dieses Spiels. Ich war mir jedoch nicht sicher und beschloss, wieder einmal meinen Freund und Therapeuten Bernd zu besuchen. Er würde mir weiterhelfen können.

❧

Die Woche drauf fuhr ich nach Regensburg. Bernd sagte mir, dass ich jetzt viel lernen und ein Kindheitsmuster auflösen könne. Ich sollte mich in eventuelle Streits nicht reinziehen lassen: „Sobald Pit negativ und auf Streit aus ist, versuchst du einfach in deiner positiven Welt zu bleiben. Lass ihn einfach in ‚seiner Welt'. Wenn er dann bemerkt, dass er dich nicht zu sich hinüberziehen kann, wird er natürlich erst einmal alles Erdenkliche ausprobieren, um es doch zu schaffen. Danach resigniert er, und du hast deinen Frieden. Aber solange er dich aufregt, hast du selber noch etwas zu lernen. Dann mache deine Augen auf."

Bernd wollte gerne einmal miterleben wie es ist, wenn ich „spreche", um eventuell selbst Fragen stellen zu können und zu überprüfen, mit welchen Wesenheiten ich mich abgab.

Das war mir sehr recht. Dann hatte ich auch eine Absicherung für mich. Wir machten einen Termin für die kommende Woche aus.

Jutta und Pit waren natürlich mit von der Partie. Sie waren neugierig, wie andere Menschen die Geistwesen einschätzten. Bernd brachte noch ein paar Kollegen mit, die sich schon seit langem mit diesem Thema beschäftigt hatten. Auch sie waren sehr gespannt.

Wir hielten die Sitzung in unserem Wohnzimmer ab. Ich war aufgeregt. Jetzt würde sich entscheiden, ob es gute oder weniger gute Wesenheiten waren! Oder ob alles nur Einbildung war. Kurz vor dem vereinbarten Termin war ich so aufgeregt, dass ich am liebsten alles abgeblasen hätte. Aber meine Freundin Jutta sprach mir Mut zu, und so ließ ich mich darauf ein.

Es war ein sehr, sagen wir mal, erfolgreicher Abend. Alle waren begeistert. Ihre vorher aufgeschriebenen Fragen wurden zu ihrer Zufriedenheit beantwortet. Ich wusste, alle waren sehr objektiv. Sie schlugen mir vor, die ganze Sache doch auszubauen, auch um weiter daran zu lernen. Vielleicht könnte ich ja vielen Menschen, die in ihrem Leben nicht mehr weiterwussten, eine Hilfe sein.

Ich war sehr glücklich. Nur einer wurde ganz still: Pit! Als die Meute gegangen war, fragte ich ihn mit roten

Wangen und glücklichem Gesicht: „Warum bist du denn so still? Freust du dich nicht mit mir?" Er antwortete: „Ich bin nur vorsichtig. Ich habe das Gefühl, dass diese Leute nicht ehrlich sind. Sie wollen bestimmt nur Profit mit dir machen. Klar, du siehst so was natürlich wieder nicht."

Ich fiel aus allen Wolken. Auf die Idee wäre ich nie im Leben gekommen. Doch je mehr ich ihm erklärte, dass Bernd ein lieber und neutraler Mensch sei und mir immer geholfen hatte, desto mehr versteifte er sich gerade auf diese Idee. Es dauerte nicht lange, und ich durfte Bernd mit seinen Freunden nicht mehr erwähnen, ohne seinen Zorn heraufzubeschwören. Die Einzige, mit der ich reden konnte, war Jutta. Sie war einfach für mich da und verstand meinen Freund genauso wenig wie ich. Sie meinte, er müsse sich doch am meisten mit mir freuen. Ich war sehr traurig. Und so hatten wir wieder ein Thema, das zum Tabu wurde.

In dieser Zeit war ich sehr zerrissen. Ich wusste nicht mehr, ob mich Pit um meiner selbst willen liebte, ob er mich sah, wie ich war. Ich verstand nicht, warum er sich so negativ auf mich eingeschossen hatte. Aber ich durfte dieses Thema nicht mehr erwähnen. Meine anfängliche Freude über die Sitzung mit Bernd und seinen Kollegen wich einem zwiespältigen Gefühl.

Ab diesem Zeitpunkt fing Pit an, noch extremer zuzumachen. Er schimpfte oft, weil die Kinder irgendeine Kleinigkeit liegen gelassen hatten. Er aber war der Ober-Liegenlasser. Ich konnte nicht mehr mit ihm reden. Mir schien, als wäre er routinierter geworden im Zumachen. Nie sah er einen Fehler bei sich, ohne anschließend einen Fehler beim anderen zu entdecken. Wenn ich doch einmal versuchte, darüber mit ihm zu reden, schwieg er einfach. Wochenlang fast kein Wort! Ich begann wieder, vom Bayerischen Wald zu träumen. Meine Heimat rief!

Immer wieder fragte ich mich: Habe ich etwas falsch gemacht? Habe ich etwas übersehen? Vielleicht dachte er so einfach und ich so kompliziert? Oder umgekehrt? Aber seine wachsende Distanziertheit spürte ich deutlich – und sie machte mir Angst.

Ich war doch so, wie ich war. Es machte mich traurig, dass ich mich selbst wieder in Frage stellte. Ein Rückschritt für mich! Ich war voller Selbstzweifel. Und auch voller Wut, da nichts vorwärts ging. Schlimm war es vor allen Dingen für meine Kinder. Schließlich waren sie mit mir hierher gezogen, weil sie glaubten, ihre Mutter und sie selbst wären gut aufgehoben. Auch sie hatten ja alles zurückgelassen: Freunde, Schule, ihr soziales Umfeld! Und wofür eigentlich?

Sie wurden immer stiller. Und ich litt darunter. Was war ich nur für eine Rabenmutter, die ihren Kindern so etwas zumutete? Immer in der Hoffnung, es könne doch noch besser werden. In meiner Unfähigkeit, eine Änderung der Situation herbeizuführen, wuchs meine Wut gegen Pit. Die ersten Teller flogen nach einer seiner Provokationen. Ich hatte keine Nerven mehr dafür. Es ging sogar so weit, dass ich, wenn ich verzweifelt war, anfing zu weinen und ihn bat zuzuhören. Doch als er darauf entgegnete, ich solle den Kindern kein Theater vorspielen und ihn zum Buhmann machen, griff ich ihn tätlich an.

Entweder sprang ich von einer Sekunde auf die andere hoch und würgte ihn, oder ich trommelte gegen seine Brust, schrie und weinte, warum er so grausam sei. Es waren furchtbare Szenen, die mit meiner Verzweiflung wuchsen. Plötzlich bekam ich große Angst. Angst vor mir selbst! Was würde ich tun, wenn ich einmal zufällig ein Messer in der Hand hielt? Was würde ich tun, wenn mein Schmerz mich so übermannte, dass ich rot sah?

Angst! Sie wurde wieder zu meinem Begleiter. Meine Kinder hatten auch Angst. Sie sahen meine Verzweiflung. Sobald ein Streit sich anbahnte und Feli dabei war, schaute sie schnell, ob kein Messer oder sonst etwas Gefährliches in meiner Nähe war. Sie spürte, dass es fünf vor zwölf war.

Danach ging es mir immer sehr schlecht. Ich hatte mich also nicht mehr in der Hand. Für Pit war es der Beweis, wie gefährlich und böse ich war. Und ich konnte ihm diesmal nicht widersprechen. Wie tief war ich gesunken!

Wir saßen wieder einmal am Küchentisch, und ich nahm die Gelegenheit wahr, um ihm zu sagen, dass ich mein Verhalten schlimm fände. Ich versuchte zu erklären, warum es geschah: „Weißt du Pit, dass ich dich tätlich angegangen bin, tut mir furchtbar Leid. Ich will das gar nicht, und so etwas ist mir noch nie in meinem Leben passiert. Wenn wir streiten und du mir wieder vorhältst, wie schlecht ich bin, dann fühle ich mich so provoziert, verletzt und gedemütigt, dass dies eine Kurzschlusshandlung bei mir auslöst. Ich leide sehr darunter, dass du mir gar nicht zuhörst, wenn ich mich erklären will, sondern anfängst, mich schlecht zu machen. Wenn du wochenlang nicht mehr mit mir redest. Ich halte das alles nicht mehr aus." Aber er hatte kein Ohr dafür.

Dieses Mal konnte ich alles in Ruhe erklären. Es war, als stünde ich außerhalb von mir selbst. Aber er wurde aggressiv, schimpfte, verteidigte sich und rannte aus dem Zimmer. Da wurde mir klar, dass ich von ihm nichts erwarten konnte. Kann man Zugeständnisse erwarten von einem, der sich permanent als Opfer sieht? Nein!

Ein wenig erinnerte er mich an mich, wie ich früher gewesen war. Da hatte ich ganz ähnliche Züge. Jetzt konnte ich lernen, es einfach stehen zu lassen.

Natürlich war das kein Dauerzustand. Aber für mich erst mal etwas, womit ich umgehen konnte. Ich würde ja sehen, ob er lernte, sich anzusehen. Momentan wollte er nur flüchten. Für eine dauerhafte Beziehung war das natürlich nicht genug. Ich wusste nicht, inwieweit er sein Sich-Angegriffen-Fühlen loslassen lernen würde.

Meine Kinder bewunderten meine Ruhe und Ausdauer, mit ihm zu reden, obwohl er dauernd stichelte. Sie selbst wollten mit einem Menschen, der sich permanent angegriffen fühlte, nicht mehr zusammenleben. Es war ihnen zu anstrengend. Vor allem, weil sie keine Besserung der Streit-Situation sehen konnten. Meine Große war in dieser Zeit besonders lieb zu mir. Sie umarmte mich dauernd und küsste mich. Auch Lisa zeigte mir ihre Liebe. Wir wurden noch fester zusammengeschweißt. Das Schönste war, dass wir drei uns als etwas Besonderes sahen. Und das war auch meine Erziehung, auf die ich sehr stolz war. Riesig stolz auf meine Kinder.

Manchmal konnte ich es gar nicht fassen, wie „top" die beiden waren. Es herrschte großes Vertrauen zwischen uns – und eine Wahnsinnsliebe!

So war ich nicht überrascht, als Feli mir eines Tages erklärte, dass sie gerne ausziehen würde, da sie diesen Krieg zwischen uns nicht mehr aushalten konnte. Ich verstand sie zu gut!

Natürlich war für mich klar, dass ich sie nicht allein gehen lassen würde. Unsere Grenzen, die Situation zu ertragen, waren erreicht. Am Abend erzählte ich Pit davon. Die letzten Tage hatte er wieder ein bisschen aufgemacht und war freundlicher gewesen. Er reagierte mit einem Achselzucken: Er habe immer gewusst, dass, wenn so etwas geschehen würde, einer auf der Strecke bleiben müsse, und das sei nun er. Kein Gedanke daran, wie es uns damit ging!

❧

In der darauf folgenden Nacht weckte er mich auf: „Sabine, Sabine, ich bekomme keine Luft mehr. Mein Herz sticht so, und ich habe furchtbare Angst." Immer wieder fasste er sich ans Herz und sagte, ich müsse ihm helfen. Sofort packte ich ein paar Sachen und half ihm, sich anzukleiden, um ins Krankenhaus zu fahren. Ich hatte Angst, er könnte auf der Fahrt sterben. Er saß neben mir und japste nach Luft. All meine Schandtaten liefen wie im Zeitraffer vor mir ab, und ich schwor mir, sie wieder gutzumachen, sollte er das Ganze überstehen.

Im Krankenhaus angekommen, vollzog sich eine unglaubliche Wandlung. Er schäkerte mit der Krankenschwester. Und Luft bekam er auch wieder! Es wurden einige Untersuchungen gemacht. Pit musste zur Beobachtung einige Tage im Krankenhaus bleiben. Die Kinder und ich besuchten ihn jeden Tag, und er schien wie ausgewechselt. Er beteuerte, dass er im Angesicht des Todes gemerkt habe, was wir ihm überhaupt bedeuteten. Er sehe jetzt, wie ungerecht er gewesen war. Er an unserer Stelle wäre schon längst gegangen!

Aber er versprach Besserung, da er jetzt aufgewacht sei und sein egoistisches Verhalten sehen könne. Er entschuldigte sich bei jedem von uns, und wir bekamen wieder Vertrauen zu ihm. Nach einigen Tagen durfte er wieder nach Hause kommen. Die Ärzte versicherten, dass es keine Herzattacke gewesen war.

Wir malten ihm ein Willkommensschild, und die Welt war wieder in Ordnung. Endlich, endlich hatte er eingesehen. Wir waren so froh! Vielleicht würden wir doch noch eine Familie werden? Pit war die nächsten Tage offen und herzlich, sogar zu unserem Hund. Meine Kinder wurden wieder sicherer und bemühten sich, ihm zu zeigen, dass sie ihn mochten. So hatte ich es mir immer vorgestellt. Es war herrlich!

Eine Woche verging. Zwei Wochen vergingen. In der dritten Woche vollzog sich wieder eine Wandlung mit Pit. Er wurde immer mehr zu dem, der er vor dem Krankenhausaufenthalt gewesen war: ein unleidlicher Hausgenosse.

Wieder fing er an, Regeln aufzustellen, beleidigt zu sein und alles und jeden zu kritisieren. Der neue Pit war verschwunden, und das ganze Theater fing von vorne an. Es ging immer um das Gleiche. Pit meinte, ich erfülle meine Rolle als Frau nicht, weil ich nicht tat, was er für gut empfand. Weil ich eine eigene Meinung hatte. Und die war leider allzu oft der seinen entgegengesetzt. Ich solle mich endlich fügen, dann wäre auch Frieden im Haus.

Doch mein Naturell ist nun mal anders. Ich wollte von niemandem abhängig sein, keine „Deppenarbeit" verrichten und nur die Brotkrumen der anderen aufräumen. Wenn wir gemeinsam eine Arbeit verrichteten, war es meine Aufgabe, hinterher sauber zu machen. Das hieß dann „Teamarbeit". Beim besten Willen, das konnte ich nicht.

Ich brauchte eine Herausforderung, die Mut und Zivilcourage verlangte. Ich wollte mein eigenes Zepter schwingen, da ich doch noch so viel erreichen wollte. Natürlich hätte ich das schönste und bequemste Leben hier haben können. Für den Preis der Aufgabe meiner Eigenverantwortlichkeit. Aber das schien mir zu eintönig. Nein, das war nicht das Meine.

Und somit war unser Unglück wieder vorprogrammiert. Ich hatte das Gefühl, als wäre ich in meine Kindheit zurückgesprungen. Es gab viele Situationen, die mich an meine Eltern erinnerten. Manchmal dachte ich sogar, ich führte die gleiche „Ehe" wie sie. Als würde ich sie nachleben. Ich spürte dann ein Brennen in der Magengrube, wenn mir dieser Vergleich kam. So wollte ich nicht leben!

Also fragte ich die Geistwesen, wie ich das endlich klären könnte. Schließlich hatten sie mir ja angeboten, ich könnte immer fragen, wenn ich nicht weiter wüsste. Also schrieb ich in mein Tagebuch:

„Was können wir tun?"

„Ihr seid dem Unglück hörig. Solange ihr dies nicht sehen könnt, ist alles Bemühen vergebens. Man gönnt sich kein dauerhaftes Glück, denn man hat es nicht verdient. Man hat ja noch nicht viel genug für dieses Glück getan. Das ist das, was ihr gelernt habt, in eurer Kindheit. Das Schwierigste eures Menschseins ist die Auflösung dessen, was euch eingebrannt wurde. Zeichen bleiben immer zurück. Erkennen ist das Einzige. Ihr seid jetzt ganz dicht an einem Persönlichkeitsanteil, mit dem früher ‚Schindluder' getrieben wurde. Quasi ein Stück eures Grundgerüstes, was faulig ist. Nun gilt es, Fauliges ausfindig zu machen und mit Gesundem auszutauschen."

„Wie kann ich dies tun?"

„Zusehen, woher deine Wut und dein Hass kommen. Du bist als kleines Kind in deiner Freiheit sehr beschnitten worden. Machtlosigkeit war dein Opfer. Du durftest dich auch nicht erklären, denn deine Worte stießen damals schon auf Unverständnis. Unverständnis war ein Baustein deiner Erziehung, woraus Machtlosigkeit keimte. Daraus wird die Verzweiflung geboren! Verzweiflung hat dich nie in die Resignation geführt, sondern zum Aufstand, zum Kampf um Leben und Tod. Denn es ging um Leben oder Tod. Du warst lange Zeit kurz vor dem Tode, der Resignation, und damit vor der Zerstörung deiner Persönlichkeit.

Das Gleiche geschieht jetzt, nur mit dem Unterschied, dass deiner Persönlichkeit nichts geschehen kann, da du gefestigt bist. Aber es sind starke Kindheitsverbindungen da, die dich alles unbewusst noch einmal erleben lassen.

Ebenso bei deinem Freund. Auch du spielst den Part des Kindheitsangriffs. Er meint, sich immer noch schützen zu müssen, statt es anzunehmen für seine Entwicklung. Da früher ein Angriff auf ihn oft überraschend kam, hat er gelernt, so zu tun, als verstünde er nichts. Er hat sich nie auf einen Angriff eingelassen, wenn er von hinten kam, also nicht zu verstehen war. Er hat gelernt, in seiner Zwangslage, ein Verwirrspiel zu spielen, um eventuell die Schärfe nehmen zu können. Dass er sich nur scheinbar einlässt, sieht man bei ihm besonders deutlich bei einem Angriff. Die Taktik, den Angreifer ins Bodenlose, ins Nichts zu stürzen, hat ihn schon durch seine Kindheit hindurch gerettet. Jetzt heißt es, Abschied zu nehmen von euren Maßstäben und Regeln. Ihr braucht euch beide nicht bedroht zu fühlen.

IHR SEID NICHT EURE ELTERN!

Tut ihr es nicht, wie es so viele Kinder nicht können, lernt ihr, so zu sein, wie eure Eltern euch hingebogen haben."

Ich versuchte zu verstehen. Vom Kopf her war mir alles klar, aber wie sollte ich es umsetzten? Es kam mir vor, als hätte ich die Richtung verloren. Jedes Mal, wenn wir Streit hatten, versuchte ich danach zu ergründen, was ihn ausgelöst hatte. Aber ich kam nicht drauf. Je verzweifelter ich es versuchte, desto verworrener wurde alles. Ich wusste nicht mehr, auf was ich achten musste. Also fragte ich meine Geistwesen: „Was soll ich tun?"

„Hebe deinen Geist und höre, blau ist die Farbe des Meeres und rot die Farbe deines Herzens. Mischst du beide, entsteht die Farbe lila. Momentan hast du als Maler noch Schwierigkeiten beim Mischen. Du bleibst noch nicht bei blau und rot. Auch nimmst du grün und orange mit hinein. Das ist ganz normal und menschlich. Erst nach vielem Üben und Versuchen bist du bei den Farben rot und blau. Dann stimmen deine Versuche, und du bekommst die Farbe lila. Dann weißt du, wie es geht. Sollten wir dir jetzt sagen, wie es funktioniert, bist du ewig abhängiger Schüler.

Lass dir Zeit beim Versuchen und übereile nichts."

„Was soll ich mit Pit tun?"

„Wenn jemand sich ein Bein bricht, bekommt er einen Gips zur Schonung. Der Verband gibt ihm also Zeit, dass die Knochen wieder zusammenwachsen können. Diese Zeit brauchst du. Du bist jetzt in einer Situation, in der du nicht sein möchtest. Aber genau diese Situation wird dir dauerhaften Frieden bringen. Denn man lernt nicht nur in guten, sondern auch in schlechten Zeiten. Sieh es als Ausbildung mit Abschlusszertifikat. Aber dies hier ist sehr wichtig für euch beide. Jeder wird einen riesigen Entwicklungsschritt machen, ohne dass er ihn bewusst machen wollte. Mehr dürfen wir dir hierzu nicht sagen."

Also, wenn ich auf ein Kindheitsmuster gestoßen war, musste ich lernen, da selbst wieder rauszukommen. Ich wollte als Kind immer geliebt und angenommen werden. Ich musste darum kämpfen, so zu sein, wie ich war. Musste immer wieder um Verstanden-Werden kämpfen. Wieder und wieder wurde mir als Kind gezeigt, wie trotzig und schwierig ich sei. Als Teenager wurde es noch schlimmer. Einmal erwischte mich meine Mutter, als ich mit offenen, langen Haaren, die ich vorher mit meiner Freundin auf Lockenwickler gedreht hatte, heimlich das Haus verließ. Ich kam mir wie ein Model vor, aber sie betrachtete mich richtiggehend angeekelt und warf mir vor, ich sähe aus wie eine „Schnalle" – also eine Hure.

Das traf mich tief mit meinen 15 Jahren. Wenn ich versuchte, meinen Kopf durchzusetzen, bei ganz harmlosen Dingen, griff sich meine Mutter immer gleich ans Herz und klagte: „Kind, wenn ich mal an einem Herzversagen sterbe, bist du schuld!" Ich kann mich heute noch an den Stich erinnern, den mir das versetzte. Ich verstand nicht, warum ich so schlecht sein sollte. Ich selbst fand mich eigentlich ziemlich nett.

Und doch kämpfte ich um die absolute Liebe meiner Mutter. Für mich wurde dieser Kampf zur Normalität, auch dann noch, als ich mit 28 heiratete. Am Telefon weinte ich bitterlich, wenn meine Mutter sich wieder einmal von mir abwandte und ich ihr Herz, sosehr ich mich auch anstrengte, nicht erreichen konnte.

Bis mein Mann Michael mich in vielen Gesprächen davon überzeugte, dass es darauf gar nicht ankam. Ich müsste von mir selbst überzeugt sein, unabhängig davon, was meine Mutter von mir hielt. Er zeigte mir dieses ganze Liebe-Abhängigkeits-Spiel auf, und langsam, Stück für Stück, löste ich mich von ihr. Ich war gut, so wie ich war. Aus, basta!

Aber wirklich verstanden hatte ich es vermutlich damals noch nicht. Denn dasselbe Thema hatte ich ja jetzt wieder auf dem Tisch. Es ging darum, meinen Wert zu sehen und auch dafür einzustehen, ohne in die Angst zu fallen, deshalb verlassen zu werden. Und wenn ich doch verlassen wurde, dann war es ohnehin nicht der richtige Freund für mich. Wenn ich nicht lernen würde, für mich einzustehen, würde es keiner tun, das war klar! Im Gegenteil, je mehr ich mir gefallen ließ, desto öfter würde ich in solche Situationen geraten. Langsam dämmerte mir etwas, wovon ich dachte, es längst verstanden zu haben. Aber es gibt einen Unterschied zwischen verstehen und verstehen! Das eine sitzt nur im Kopf – und das andere geht ins Gefühl. Es wird dann viel klarer.

Es war schwierig für mich, das, was ich verstanden hatte, praktisch umzusetzen. Ich musste also die Möglichkeit in Betracht ziehen, verlassen zu werden, wenn ich darauf bestand, so zu bleiben, wie ich war. Das hieß für mich, mich permanent mit meiner größten Angst auseinander zu setzen. Ich hatte furchtbare Angst vor dem, was kommen würde, und dennoch war mir klar, dass ich gehen musste. Wie heißt es so schön? Man muss manchmal durch seine größte Angst hindurchgehen, um etwas aufzulösen.

Ich lernte, meinen Wert nicht mehr in Frage zu stellen,

sondern zu mir zu stehen. Das war anfangs schwer, da ich mir immer zuerst selbst die Schuld für irgendein Unheil gab. So war ich das bisher gewohnt gewesen.

Man möchte nicht glauben, wie sehr man sich an einer Verhaltensweise festbeißen kann. Immer wieder ertappte ich mich dabei, wie ich ins alte Muster zurückfiel. Und immer wieder stand ich auf und versuchte es noch von neuem. Manchmal ging es besser, und manchmal hatte ich gar keine Erfolge zu verzeichnen. Doch in dieser Zeit wurde ich auch immer sicherer und fester.

Ich ließ mich nicht mehr so schnell verunsichern oder mir irgendeine Schuld zuschieben. Pit reagierte verunsichert. Er ahnte vermutlich, dass sein Machtverhalten immer weniger Wirkung auf mich hatte. Seine Schuldzuweisungen wurden direkter und krasser, und ich merkte, wie fit ich darin wurde, mich emotional aus der Sache rauszuhalten. Je klarer ich wurde, desto selbstsicherer wurde ich auch. Und diese Selbstsicherheit half mir, keine Schuldzuweisungen mehr anzunehmen.

Als er merkte, dass ich mich nicht mehr provozieren ließ, ließ er tatsächlich davon ab, und wir konnten ruhigere Tage erleben. Es wurde richtig schön – und meine Hoffnung auf einen dauerhaften Frieden meldete sich wieder.

က

Eines Tages lud er mich zur Geburtstagsfeier seines Freundes ein. Ich fand das großartig. Lange war es her, dass wir beide etwas gemeinsam unternommen hatten. Freudig sagte ich zu. Mir konnte ja nichts mehr passieren, dachte ich.

Auf besagter Party waren sehr viele Leute, es schien ein vergnüglicher Abend zu werden, obwohl ich niemanden außer Pit kannte. Wir waren kaum angekommen, als er sich kurz von mir verabschiedete, da er Freunde im Nebenzimmer erspäht hatte. Kurz darauf war er wieder bei mir. Nach fünf Minuten dasselbe Spiel. Da kam er dann nicht gleich wieder.

Ziemlich lange saß ich einsam an meinem Tisch. Meine Tochter war auch dabei, die hockte aber mit ihren Freundinnen zusammen. So lächelte ich vor mich hin und wartete. Pit kam wieder, tätschelte meine Wange, sagte, er käme gleich zurück – und war wieder weg. Inzwischen hatte ich ein Hähnchen vertilgt und spielte mit meinem Bierglas. Ich blickte in die Runde, um zu sehen, ob ich vielleicht nicht doch ein bekanntes Gesicht sah.

Es saßen lachende Menschen zusammen, die sich anscheinend schon lange kannten, oder verliebte Pärchen, die nur Augen füreinander hatten. Keiner beachtete mich. So saß ich da, mit einem erzwungenen Lächeln, in der Hoffnung, keiner würde meine aufkommende Traurigkeit bemerken. Von Pit keine Spur.

Mit den Fingern schnippte ich kleine Brotkrumen vom Tisch, um wenigstens irgendetwas zu tun, zählte die Muster auf der Tischdecke und kämpfte mit den Tränen. Dann überlegte ich, was ich für Möglichkeiten hätte. Ich stand also auf und suchte Pit. Ich fand ihn, angeregt plaudernd, mit einer früheren Freundin zusammen stehen. Als er mich sah, winkte er mich hinzu und lud mich ein, an ihrem Gespräch teilzunehmen. Das war nett, fand ich.

Doch es sollte anders kommen. Die beiden flirteten auf Teufel komm raus miteinander, bis sie ihm schließlich einen schmachtenden Kuss auf die Wange gab. Sie lachten und alberten herum, und ich fühlte mich als das fünfte Rad am Wagen. Langsam wurde ich ärgerlich. Sie schienen mich gar nicht mehr zu bemerken. Dieses ganze Flirten war mir zu viel. Ich drehte mich um und setzte mich wieder an meinen Tisch, mit Blickrichtung zu den beiden.

Manchmal sah Pit zu mir rüber und prostete mir zu, um sich danach wieder seiner neuen Begleiterin zuzuwenden. Ich wusste nicht, was ich machen sollte. Da gab es mehrere Möglichkeiten: Ich konnte still vor mich hin weinen, meine Wut zum Ausdruck bringen und mich mit lautem Geschrei zwischen die beiden werfen oder die Verletzte spielen.

Ich wusste nicht, was ich fühlen sollte – und vor allem, was ich rechtmäßig zum Ausdruck bringen durfte, ohne wieder die Böse zu sein. Wenn ich jetzt ganz cool zu mir stehen könnte, was wäre dann richtig? Ich wusste einfach nicht, wie man sich in so einer Situation verhalten kann oder soll, ohne die Böse zu sein. Also fiel ich wieder in mein altes Muster.

Nachdem ich den beiden eine Stunde lang zugeschaut hatte, sie immer noch sichtlich Vergnügen miteinander hatten und Pit anscheinend nicht den Wunsch verspürte, mir Gesellschaft zu leisten, beschloss ich, nach Hause zu fahren.

Ich ging rüber, lächelte sie an und sagte: „Also ich fahre

jetzt heim. Mir ist total langweilig. Ich kenne ja niemanden hier." Pit tat so, als sei er schockiert: „Aber es sind doch so viele Menschen hier. Setz dich doch einfach irgendwo dazu und lerne die Leute kennen." Der spinnt wohl!", schoss es mir durch den Kopf. Dankend lehnte ich ab und bat um den Autoschlüssel. Als er merkte, dass es mir ernst war, erklärte er sich sofort bereit, mit mir nach Hause zu fahren. Ihm sei es ohne mich viel zu langweilig. Der Schuft!

Traurig und still fuhr ich mit ihm nach Hause. Hatte ich mir doch schon wieder zu viel Hoffnung gemacht? In Gedanken schimpfte ich mit mir. Das entging ihm nicht, und er fragte mich gereizt – plötzlich war er gar nicht mehr so spritzig wie noch vor einigen Minuten –, was ich denn schon wieder hätte. In Windeseile überlegte ich, was ich jetzt sagen konnte, ohne mich zu verleugnen, ihn aber auch nicht zu reizen. Die Ader an seiner Schläfe schwoll bereits verdächtig an.

Ich nahm die indirektere Ausführung und sagte: „Ach, ich finde es schade, dass wir nicht gemeinsam diesen Abend verbringen konnten. Ich kam mir wie das fünfte Rad am Wagen vor." Das war der Auslöser für fürchterliche Beschimpfungen und Schuldzuweisungen.

Ich hatte nur gesagt, wie ich mich fühlte. Aber wahrscheinlich waren es die falschen Worte. Ich ließ ihn schimpfen und sagte gar nichts mehr. In dieser Nacht schlief er im Wohnzimmer, seine neueste Art von Protest. Gegen Morgen bat ich ihn, doch ins Bett zu kommen, was er strikt verweigerte. Na, dann halt nicht! Um sechs Uhr hörten wir die Totenglocke läuten, worauf Pit schließlich doch noch friedlich ins Bett kam. Ich gab ihm meine Hand zur Versöhnung.

Später sprach ich mit meiner großen Tochter. Ich dachte, ich hätte wieder etwas falsch gemacht. Feli jedoch entgegnete aufgebracht: „Also Pit hat sich unmöglich benommen. Ich habe mich wirklich total geschämt für sein Verhalten meinen Freunden gegenüber. Der hat dich ja total provoziert. Daß du dir das gefallen lässt, verstehe ich nicht. Natürlich ist er dann mit dir nach Hause gefahren. Sein Spiel hätte ihm keinen Spaß mehr gemacht, wenn du fort wärst. Da hätte sich ja dann keiner mehr geärgert." Eigenartig, so hatte ich das noch nicht gesehen.

Er spielte danach den Beleidigten und Gekränkten. Aber mit was für einer Perfektion ...!

Für mich ergab sich ein neuer Lernschritt. Für mich, die niemandem etwas Böses, geschweige denn mutwillig anderen schaden wollte. Feli bestärkte mich in dem aufkeimenden Gefühl, dass Pit sich mir gegenüber gemein verhalten hatte – und seine Freundin nicht minder. Sie war selbst verheiratet, und immer wenn ihr Mann nicht zugegen war, flirtete sie mit Pit, der dazu allzu gerne bereit war. Schließlich ging es um sein Image!

Mutig geworden, rief ich die Besagte an, und entgegen meiner üblichen Reaktion in solchen Fällen machte ich sie zur Minna! Dann legte ich auf, ohne dass sie zu Wort gekommen war. Ich hörte, wie mein Herz klopfte, als hätte ich gerade einen Sprint hinter mir. Und ich hatte das erste Mal keine Schuldgefühle. Es ging mir so gut wie schon lange nicht mehr. Ich bemerkte, wie gut es tut, seine Wut und Enttäuschung kundzutun – und nicht immer nur die Liebe, Nette und Verständige zu sein.

Trotzdem fragte ich meine geistigen Freunde, wann dies alles endlich ein Ende hätte und wofür es überhaupt gut war.

„Halt noch ein Weilchen aus, für den Knackpunkt ist es noch zu früh. Willst du wissen, für was es gut ist? Ein Lernschema, um sich auf sich selbst zu besinnen, gibt es nicht. Es gibt nur verschiedene Lernarten. Jeder lernt durch andere Verhaltensweisen. Am besten lernt man über das, was man als Kind gelernt hat, oder vielmehr, mit welchen Verhaltensweisen man konfrontiert worden ist. Es ist wie mit einer Rechenaufgabe, die ein Lehrer dir in der Schule zeigt. Mag sie am Anfang auch sehr schwierig sein.

Vielleicht liegt dir die Lehrmethode des Lehrers nicht. Du versuchst einen anderen Lösungsweg. Aber in deiner Prüfung zählt auch der Rechenvorgang, den dein Lehrer dich zu lehren versucht hast. Solltest du auch das richtige Ergebnis haben, so werden dir doch viele Punkte in puncto ‚Rechenvorgang‘ abgezogen, weil er nicht so ist, wie du ihn lernen solltest. Es ist quasi ein ermogeltes Ergebnis, da es ja nicht nur um die Lösung geht.

Genauso ist es im Leben bei euch. Ihr steht schon ziemlich früh vor eurer eigentlichen Aufgabe. Doch erst mal versucht ihr mit etlichen Tricks, euch eurer Aufgabe zu entledigen. Es gibt vielerlei Dinge, die euch vom ‚Weg‘ abbringen. Das am wenigsten Geeignete ist das Davonrennen und es sich leicht machen, indem man die Situation meidet, die einem Probleme bereitet. Das kannst du im Großen wie im Kleinen beobachten. Geschafft hast du es erst, wenn du das Beste für dich daraus gemacht hast. Dann steht es dir frei zu gehen.“

„Ich denke schon, dass ich es geschafft habe. Aber warum darf ich nicht gehen?"

„Eine Kleinigkeit hast du übersehen, und wir werden es dir sagen. ‚Die Verantwortung für dich‘ kommt an erster Stelle. Und da hängst du noch gewaltig. Erst wenn du dies begreifst, dass du nur Verantwortung für dich trägst und dafür gerade stehst, kannst du auch gehen. Und nicht einmal die Verantwortung für deine Kinder kann dir da im Wege stehen. VERSTEHST DU DAS?

Sieh dich an und schaue: Wo ist deine Verantwortung dir selbst gegenüber? Wie kannst du Verantwortung, gesunde Verantwortung für fremde Menschen tragen, wenn du keine für dich trägst? Deswegen streikt alles Wachstum bei dir. Um dich deiner eigenen Verantwortung zu stellen. Wie deutlich sollen wir es dir noch zeigen?"

„Warum denke ich so viel an Pit? Wie es ihm geht und so weiter?"

„Weil du vergessen hast, statt Pit ein ‚Sabine‘ vorzusetzen. Deine Aufmerksamkeit gibst du jemand anderem, der sehr wohl auf sich selbst aufpassen kann. Auch er hat seine Lernaufgaben. Warum weichst du dir aus? Nur du kannst auf dich aufpassen. Aber solange dein Hauptaugenmerk woanders liegt, haben wir nicht das Recht, dich anderes zu lehren."

„Was habe ich denn von Pit lernen dürfen?"

„Auf dich und deine Wahrnehmungen, Wünsche und Richtlinien zu achten und sie vor allem ernst zu nehmen. Wie damals in deiner Kindheit. Da wurdest du auch nur akzeptiert und wahrgenommen, wenn du dich verbogen hast. Damals reagiertest du mit kindlichem Trotz. Aber jetzt kannst du dich, so wie du bist, sehr wohl wahrnehmen und zu dir stehen. Jetzt brauchst du keinen Trotz und keinen Krieg. Du sollst dich jetzt wahrnehmen. Deine Wahrheit sehen, das ist alles. Wir hoffen, du hast es jetzt verstanden. Jetzt sollst du einfach den Rechenvorgang tun, den dein Lehrer – deine Lebensaufgabe – dir bietet. Keine Abwege und Umwege, denn sonst bist du nur halb am Ziel."

„Und dann finde ich eine Wohnung?"

„Dann findest du mehr als eine Wohnung!"

„Wird es was werden mit der Wohnung in dem Schloss?"

„Ist das dein Ziel?"

„Für den Anfang, ja!"

„Dann wird es so sein!"

Ich hatte nämlich vor ein paar Wochen von einem Arbeitskollegen, der mit seiner Freundin auf einem Schloss in der Nähe wohnte, gehört, dass dort eine Wohnung frei werden würde.

Ich war schon lange auf der Suche nach einer geeigneten Wohnung gewesen, hatte aber noch nicht das Passende gefunden. Es sollte schließlich keine Übergangswohnung werden.

Und von da an geschah ein „Zufall" nach dem anderen.

Zu der Zeit arbeitete ich als Nachtschwester in einer Rehaklinik. Mein Arbeitskollege hieß Tom. Normalerweise arbeitete er nachts alleine. Er hatte bereits gekündigt, da er künftig etwas anderes tun wollte, und musste nun seine letzte Nachtschicht mit mir zusammen verbringen.

Als er in meinem Korb ein Buch mit dem Titel „Übersinnliche Kräfte" liegen sah, wurde er neugierig und wollte wissen, was ich denn noch so treibe. Ich erzählte ihm von meinen Erfahrungen mit Geistwesen und dass ich „ein bisschen hellsichtig" sei.

Tom war sofort begeistert und lud mich für die kommende Woche zum Kaffee bei sich und seiner Freundin ein. Er verriet mir, dass die beiden sich auch mit diesen Themen beschäftigten und ich ihnen unbedingt mehr über mich erzählen müsse. Ich sagte zu.

Eines Abends fuhr ich zum Schloss. Ich war sehr aufgeregt, da ich mir in letzter Zeit so sehr Freunde gewünscht hatte, die auch auf „diesem Weg" waren.

Es wurde ein interessanter Abend, und wir waren uns alle auf Anhieb sympathisch. Daniela, Toms Freundin, war etwas jünger als ich. Sie war ein quirliger Typ, sehr lustig und sehr laut. Das gefiel mir gleich. Tom war eher der Ruhige, Bedächtige, vor dem ich mich ein wenig fürchtete, weil er sehr auf Distanz ging und immer lange überlegte, bis er auf Fragen antwortete. Das verunsicherte mich. Aber sie waren beide ausgesprochen nett und hilfsbereit.

Daniela erzählte mir von der Wohnung, die bald frei werden sollte, und zeigte sie mir gleich. Der Noch-Mieter war gerade nicht zu Hause, hatte ihr jedoch den Schlüssel für eventuelle Interessenten dagelassen. Aufgeregt begutachteten wir „mein zukünftiges Heim". Es gefiel mir auf Anhieb. Es war wie ein Traum. Wenn ich diese Wohnung bekommen würde, dann konnte ich wirklich von Pit wegziehen. Denn dann hätte ich einen großen Anreiz. Eine Wohnung in einem wunderschönen Schloss mit großem Garten außen herum. Wow, das wäre es – und meine Geistwesen schienen bereits zu wissen, was ich noch nicht wusste. Ich bewarb mich um die Wohnung.

Aber ganz so leicht wurde es mir natürlich nicht gemacht. Es gab einige andere Interessenten, die weit günstigere Voraussetzungen mitbrachten als wir. Wir mussten noch ein Zimmer außerhalb der Wohnung anmieten, da sie sonst zu klein war. Außerdem hatten wir einen großen Hund, und im Schloss gab es einen Mitbewohner, der Angst vor Hunden hatte. Und bei einem Vertragsabschluss mussten alle Bewohner des Hauses mit dem neuen Mieter einverstanden sein.

Jeder Bewerber musste sich im Schloss ein- bis dreimal vorstellen, damit man sich kennen lernen und sehen konnte, ob man zueinander passte.

Meine Kinder waren sofort begeistert von der Idee, auf ein Schloss zu ziehen. An diesem Abend jubelten und tanzten wir im Zimmer, vor lauter Freude darüber, endlich ein richtiges Zuhause zu bekommen. Nur mussten wir warten. Sehr lange warten ...

Diese Zeit nutzten wir drei dafür, uns geistig auf unser neues Heim einzustellen. Wir spielten Szenen durch, als ob wir schon im Schloss wohnen würden. Manchmal kamen wir uns vor wie in einem Film, in dem wir die Hauptrollen hatten und es wichtig war, wirklichkeitsnah zu spielen. Es machte uns riesigen Spaß. Oft konnten wir uns danach vor Lachen kaum halten. Es war einfach zu echt!

∾

Derweilen ging unser Leben bei Pit weiter. Aber jetzt hatten wir ein Ziel. Pit glaubte immer noch nicht, dass wir Ernst machen würden. Er war sich seiner sicher und scheute keinen Streit. Als ich ihm erzählte, wie nett Tom und Daniela seien und dass sie sehr an meiner geistigen Arbeit interessiert wären, meinte er verächtlich, dass sie mich doch nur ausnützen wollten, ich aber zu blind sei, das zu sehen. Nein, es tat nicht mehr weh!

Für ihn war immer klar, dass jeder der Kurse, die mich interessierten und die mich vielleicht im geistigen Bereich weiterbringen würden, reine Geldabschneiderei war. Entweder man bekam es von Gott über Nacht geschenkt, oder es ging gar nichts. Erarbeiten könne man sich auf diesem

Gebiet sowieso nichts. Ich wollte zu dieser Zeit gern an einem Aura-Kurs teilnehmen. Endlich weiterkommen!

Eines Abends gingen wir, nach endlos langer Zeit, wieder einmal zusammen aus. Pit war sichtlich guter Stimmung und erzählte mir, dass er vorhabe, einen Reiki-Kurs zu machen. Dass er da viel lernen könne und dass ihm das sehr wichtig wäre. Erstaunt fragte ich ihn, weshalb ein Reiki-Kurs gut sei und ein Aurakurs Geldabschneiderei? Ich konnte mir nicht verkneifen, ihm zu sagen, dass ich das schon ungerecht fände.

Und schon ging es los. Er ließ seine Zeitung, die er gerade in Händen hielt mit einer heftigen Handbewegung auf den Tisch fallen und sah mich richtig angewidert an: „Mit dir ist es einfach nicht auszuhalten. Weißt du, du bist richtig böse, beleidigend und herzlos." Seine Stimme schwoll nun an, so dass unsere Tischnachbarn interessiert zu uns hinübersahen. „Mit dir ist es einfach nicht auszuhalten. Du kannst wohl nie Ruhe geben. Andauernd musst du streiten." Dabei sah er mich an, mit eiskaltem Blick, und mir blieb regelrecht die Spucke weg. Es war ein solcher Überraschungsangriff, dass ich von einer Minute auf die andere in ein großes, tiefes Loch fiel.

Wieder einmal musste ich mit den aufsteigenden Tränen kämpfen. Still saß ich neben ihm, während er sich wieder in seine Zeitung vertiefte. Traurig und verlassen fühlte ich mich. Nach für mich endloser Zeit meinte Pit, der Abend sei wohl gelaufen, und wir fuhren nach Hause. Mit zugeschnürtem Hals saß ich im Auto. Das Leben hatte doch keinen Sinn mehr, wenn ich wirklich so böse war. Eigentlich sollte ich gar nicht mehr am Leben sein. Warum konnte ich nicht einfach umfallen und tot sein?

Kurz vor Mitternacht kamen wir zu Hause an. Es war Winter und sehr kalt. Ich wollte mit dem Hund noch kurz nach draußen gehen. Wie immer freute sich Vefa, dass ich endlich wieder da war. Das tat gut! Ich leinte sie an und ging mit ihr zu ihrem Hundeplatz.

Als ich wieder umkehrte, wehrte sich alles in mir, in dieses Haus zurückzugehen. Die Kinder waren nicht zu Hause, und ich fürchtete mich vor Pit. So ging ich am Haus vorbei, in die Dunkelheit. Ich lief über das anliegende Feld und ließ meinen Tränen freien Lauf. So sollte Pit mich nicht sehen. Ich konnte kein böses Wort mehr ertragen.

Immer wieder drehte ich mich um. Ob sich Pit wohl Sorgen machen würde, weil ich schon eine halbe Stunde unterwegs war? Aber es war mir gleichgültig. Ich spürte nur den Schmerz meiner Einsamkeit.

Bald darauf sah ich Pits Wagen über die Feldwege holpern. Er suchte nach mir. Eine kurz aufflackernde Freude machte sich bemerkbar, die jedoch sofort wieder verschwand. Er machte sich keine Sorgen um mich. Wahrscheinlich war er bereits so wütend, dass eher ich Sorgen haben müsste, wenn ich wieder heimkam. Und so war es dann auch. Kaum war ich zur Türe rein, stürmte Pit auf mich zu und schrie und schimpfte.

Ich ging schweigend an ihm vorbei zur Toilette. Pit stellte sich vor die Türe und wetterte, er hätte beinahe die Polizei geholt, ich müsse eigentlich in die Irrenanstalt – und so weiter! Ich saß auf der Toilette, und mein ganzer Körper wurde vor Angst, Erregung und Entsetzen durchgeschüttelt. Innerlich schrie ich nach meiner Mama, die mich erlösen sollte. Unter seinen donnernden Vorwürfen ging ich zu Bett. Doch einen Zweifel nahm ich mit: Bin ich wirklich so furchtbar?

Am nächsten Tag sagte ich ihm, wie schade ich es fände, dass wir nicht darüber reden konnten, was gestern gewesen war. Er behauptete, es läge nur an mir, weil vor drei Tagen, da wollte er mal reden, ... bla, bla, bla ...

Plötzlich rastete ich aus! Ich ließ alles raus, was sich aufgestaut hatte: „Blöder Hund, Primitivling, du kotzt mich an ..." Schrecklich! Ich war nicht mehr zu halten.

Danach war Sendepause. Am nächsten Tag kehrte ich reumütig zurück. Ich musste mich einfach mehr zusammenreißen!

Ich hielt mich ganz klein. Ich machte das, weil ich Pit liebte und Angst hatte, ihn zu verlieren. Jetzt verstand ich Frauen, die von ihren Männern geschlagen wurden und nicht gehen konnten. Es ist, als wären sie mit einem magischen Band an ihre Männer gebunden, das sie immer wieder zu ihnen zurückzieht. So war es jedenfalls bei mir, und ich begann wieder einmal, an meinem Verstand zu zweifeln.

Ich wusste natürlich, dass es ungesund war, was ich tat. Ich verstand mich ja selbst nicht! Ich sagte nichts mehr, wenn er Vefa schimpfte, weil sie gar nichts machte, und seine Mietzi lobte, obwohl sie Mist machte. Solche Ungerechtigkeiten registrierte ich nur noch nebenbei. Ich war stumm. Jetzt herrschte Frieden, denn Pit fühlte sich nicht mehr dauernd angegriffen und wurde lieb.

Aber wollte ich das? Einen Frieden, der kein Frieden mit mir selbst war? Mein innerer Ärger über Ungerechtigkeit,

Lügen und Selbstüberschätzung seinerseits, machte der mich nicht kaputt? Oder war es besser, sich gar nicht erst darauf einzulassen und ihn gewähren zu lassen? Ich musste zugeben: Ich wusste es nicht. Vom Kopf her schon, aber ich fühlte nichts mehr. Es tobte ein Krieg in mir: Wer war mir wichtiger, er oder ich selbst?

Eigentlich wollte ich doch aufspüren: Ist die Angst, ihn verlassen zu müssen, so groß? Hatte ich Angst vor dem Alleinsein? Meinte ich, ohne ihn nicht zurechtzukommen? Hatte ich Angst vor einem leeren Bett? Aber das hatte mir früher doch auch nichts ausgemacht! Hatte ich Angst davor, nicht dazuzugehören? Damit kam ich der Sache schon näher.

Hatte ich Angst vor mir selbst? Stand ich nicht zu mir? Wollte ich mir selbst gegenüber keine Verantwortung tragen? Und warum tat ich es bei anderen? Wahrscheinlich, um von mir abzulenken, da ich fand, es sei egoistisch, an sich selbst zu denken! Ich dachte, ich würde mich damit größer machen, als ich war. Ich hasste Selbstherrlichkeit, aber gleichzeitig imponierte es mir, wenn jemand zu sich stehen konnte. Daran konnte ich meinen Mangel sehen.

Aber ich wollte auch den Pit wiederhaben, den ich kennen gelernt hatte. Wieder konnten mir meine Geistwesen die Situation erklären:

„Es ist so wie mit einem halb gesunden Apfel, den man gekauft hat. Zuerst sieht man nur die rote Seite. Hat man ihn dann gekauft, merkt man, die andere Seite ist faul! Was macht man da? Die faule Seite wird abgeschnitten, und die gute isst man. Und wie ist es im übertragenen Sinne?

Die guten Seiten nimmt man an, und die faulen zieht man sich nicht rein, sondern zeigt, dass sie ungenießbar sind. Hält der Apfel den Schnitt nicht aus und bricht ganz auseinander, kann man sich einen besser essbaren suchen oder schaut, ob das Messer (meine Art und Weise mit ihm umzugehen) okay ist. Das heißt, den klaren Schnitt muss man sehen können ... also ein: ‚Das will ich nicht‘ – zum Beispiel Lügen oder Ungerechtigkeiten. Dann wirst du klar und bleibst dir treu und zeigst deutlich deine Grenzen. Wird dies alles von Pit ignoriert, kann es sein, dass du ihn dann ganz anders sehen kannst. Und dann kannst du eine Entscheidung leichter fällen.“

So lebten wir einige Zeit wieder sehr friedlich miteinander. Die Kinder sagten, es sei die Ruhe vor dem Sturm. Ich glaubte ihnen nicht. Im Gegenteil, ich hatte das Gefühl, Pit habe neue Einsichten erhalten. Er war jetzt sehr lieb zu mir. Als ich zwei Tage krank war, kümmerte er sich rührend mich.

✧

Die letzten zwei Monate waren dann sehr krass. Manchmal fragte ich mich, ob es mich überhaupt noch ärgerte, wenn wieder etwas vorgefallen war. Ich konnte es kaum mehr feststellen. War es nur unterdrückt, da ich momentan ja mein echtes „ICH“ nicht lebte, oder war es wirklich nicht mehr wichtig für mich? Was mich sonst geärgert hatte, registrierte ich zwar kurz, vergaß es aber ebenso schnell wieder. Zurück blieb nicht einmal mehr Groll. War das richtig?

Doch dieses Anschauen, was wahr war und was nicht, schärfte meinen geistigen Blick. In dem Lernprozess, in dem ich war, wurden meine hellsichtigen Fähigkeiten wachgerüttelt.

Eines Tages konnte ich zum ersten Mal einen Toten sehen. Es war der verstorbene Mann einer Arbeitskollegin. Er saß plötzlich neben ihr. Allerdings sah er nicht so aus wie kurz vor seinem Tod, sondern wie einige Jahre vorher. Damals hatte er einen Kinnbart gehabt. Den trug er auch jetzt. Ich freute mich über dieses Erlebnis. Damit übergab ich eine Bitte ans Universum:

Ich übergebe mich hiermit der Allmacht, die genau weiß,
was für uns alle jetzt das Richtige ist. In Demut und Dankbarkeit.

Die nächsten Tage waren sehr emotionsgeladen. Ein Streit folgte dem nächsten. Der Frieden war jetzt erst mal wieder vorbei. Die Kinder hatten also doch Recht gehabt. Pit demonstrierte seinen Unfrieden mit einem Marathon-Fernsehabend von 14 Stunden. Ich ergriff die Flucht.

Lieber Gott, lass mich das alles überstehen, ohne dass ich ihn erwürge!

Inzwischen war das Vorstellungsgespräch im Schloss angesagt. Ich musste mit Kindern und Hund antreten. Natürlich waren wir aufgeregt. Aber das Gespräch lief gut. Wir alle hatten ein sehr gutes Gefühl. Bei dieser Gelegenheit lernte ich den jungen Mann kennen, auf dessen Wohnung ich wartete. Sein Name war Stef. Wir hatten sofort einen Draht zueinander. Ein wirklich sehr sympathischer Mann. Damals ahnte ich nicht, dass er später mein bester Freund und Gesprächspartner werden sollte. Er war sehr ruhig und sprach nicht viel. Er gab mir seine Handynummer, falls ich noch etwas über die Wohnung wissen wollte – und eine Freundschaft begann.

Inzwischen hatte ich Daniela und Tom oft besucht. Wir verstanden uns so gut, dass ich begann, ihnen von den Sitzungen in der Meditationsgruppe zu erzählen. Dort ging ich mittlerweile nicht mehr hin. Ich wollte kein Störenfried sein.

Die beiden baten mich, eine Sitzung bei ihnen abzuhalten. Das tat ich dann. Bei unserer ersten Sitzung war ich sehr aufgeregt. Ich wusste nicht, ob es auch außerhalb meiner Meditationsgruppe funktionieren würde. Im Schloss gab es einen wunderschönen Meditationsraum, den man abdunkeln konnte. Bei leiser Musik versuchte ich, mich zu entspannen. Es dauerte nicht lange, und sie waren wieder da, die Wesenheiten.

Eine unglaubliche Leichtigkeit erfüllte den Raum. Während dieser Sitzung lachten wir viel mit den Geistwesen, die aber nicht nur Spaß machten, sondern auch unsere ernsten Fragen beantworteten. Zu später Stunde „verabschiedeten" sie sich. Wir nahmen uns vor, in dieser Runde öfter zusammenzukommen.

Ich freute mich über die Begeisterung von Daniela und Tom. Sie gaben mir Mut, und ich ließ mich wieder auf die Durchsagen ein. Wir trafen uns jetzt regelmäßig, und es kam so viel Material zusammen, dass wir einen Ordner anlegen mussten.

Daniela machte sich die Arbeit, jede Durchsage auf Tonband aufzunehmen und anschließend abzuschreiben. Und das war jedes Mal sehr viel Arbeit!

Ich erzählte ihnen, dass ich bald drei Bücher schreiben müsse und die Durchsagen dafür bestimmt wichtig seien. Noch ahnte ich jedoch nicht, dass wir eines dieser Bücher gemeinsam schreiben würden.

Unsere Freundschaft wurde immer verbindlicher und tiefer. Aber am schönsten war für mich in dieser Zeit, dass ich mich mit ihnen über Pit aussprechen konnte. Sie waren beide psychologisch geschult und standen mir oft mit Rat und Tat zur Seite. Wenn es wieder Streit zu Hause gab und ich nicht mehr weiterwusste, konnte ich sie zu jeder Tages- und Nachtzeit anrufen, und sie waren sofort für mich da. Das war eine große Stütze für mich.

Wie mir war es ihnen wichtig, sich immer die Hintergründe von allem anzusehen. Jetzt musste ich mich nicht mehr so alleine fühlen. Auch deshalb, weil die Verbindung zu meiner Freundin Jutta zu bröckeln anfing, da ich sehr ungerecht und streng zu ihr wurde. Ich sah meine eigenen Fehler übergroß bei ihr.

Daniela und Tom waren für alles sehr aufgeschlossen. Eines Morgens erwachte ich und hatte eine Eingebung, was ich tun sollte. Die Geistwesen nannten so etwas „Grundierungen". Verlegen erzählte ich ihnen davon, und sie waren sehr gespannt, wie das funktionieren sollte. Sie sagten, dass sie den Ausdruck „Grundierung" bereits aus der Reiki-Arbeit kannten. Also gab es das, was ich nun tun sollte, wirklich.

Daniela legte sich auf eine Liege, und ich hielt die Hände über sie und schloss die Augen. Nach einigen Sekunden fingen meine Hände an, leicht zu zittern, und bewegten sich über ihrem Körper. Sie machten Kreise, waagrechte und senkrechte Bewegungen oder flogen wirr durch die Luft. Nach fünf Minuten etwa wurden sie ruhiger, bis sie wieder in ihrer Ausgangsposition waren. Damit war es getan.

Das Erstaunlichste dabei war, dass ich in der Zeit, als die Hände sich so bewegten, in Daniela hineinsehen konnte. Ich „sah" ihren momentanen Zustand, ihre Emotionen, das, wo sie „hing", und das, was sie tun sollte, damit sich ein Problem lösen konnte. Es war fantastisch! Aber gleich fing das Zweifeln wieder an. Bilde ich mir vielleicht das Ganze nur ein? Zur Sicherheit musste anschließend Tom auf die Liege, dann ihre Kinder, danach die meinen und auch gleich noch ein Besucher, der gerade zugegen war.

Bei allen traf das zu, was ich gesehen hatte. Was kam da auf mich zu? Das war ja riesig! Ach, war ich glücklich in diesem Moment. Hatten die Geistwesen mich doch erhört und mich nicht vergessen? Was noch hinzukam, war, dass jeder sich nach dieser Grundierung stark und sicher fühlte. Und das hielt für einige Zeit an.

Je mehr sich unsere Freundschaft vertiefte, desto schlimmer wurde es mit Pit, der vor Eifersucht raste. Er bemerkte, dass ich dort Hilfe bekam. Dass da Menschen waren, die an mich glaubten und mich unterstützten und nicht neidisch auf irgendwelche Fähigkeiten waren. Pit sah seine Felle und seine Druckmittel davonschwimmen. In seiner Verzweiflung begann er jeden Tag mit einem neuen Streit.

Aber da wusste ich plötzlich: Nicht bei ihm zu bleiben und sich weiter zu quälen – was ich ja immer als Lernprozess verstanden hatte – war die Lösung, sondern:

Koffer packen und GEHEN.

Das war die beste Selbstbehauptung, nein, das beste Zugeständnis, welches ich mir selbst machen konnte. Und es war nicht einmal eine schwere Aufgabe, nein, ein ganz einfaches GEHEN.

Mittlerweilen hatten wir vom Schloss die Zusage bekommen. Wir durften dort einziehen. Juhu!

Einige Tage später hatten Pit und ich eine Aussprache. Ein verzweifelter Kampf gegen die Trennung entbrannte. Als er merkte, dass ich auf alle Fälle ausziehen wollte, fing die Provokation und Streiterei seinerseits wieder an. Manchmal versuchte ich noch, ihn umzustimmen und Erklärungen abzugeben.

Mein Gott, wo war meine Selbstachtung geblieben? Beängstigend war vor allem, dass dieser ganze Krach und der psychische Druck meinen Blutdruck, der normalerweise niedrig war, in schwindelerregende Höhen steigen ließ. Der ganze Druck der letzten Zeit war einfach zu viel gewesen. Vieles hatte ich einfach hinuntergeschluckt. So oft hatte ich innerlich gekocht und nichts gesagt, geschweige denn getan. Jetzt streikte mein Körper, damit es so nicht mehr funktionieren konnte.

Ich hatte noch einen Monat bis zu meinem Auszug. In dieser Zeit wollte ich lernen, was es noch zu lernen gab, für mich. Einen Monat!

Für die Kinder kam der Auszug früher als für mich. Feli wollte den Umzug keinen Tag länger hinausschieben. Lisa schloss sich ihr an. Für mich bedeutete es, dass ich noch eine Woche warten musste, da ich gerade mitten im Nachtdienst war.

Der Umzug war eine Katastrophe. Pit gab sich kurz, knapp und eisig. Er warf die Möbel in den Möbelwagen und erteilte der völlig verängstigten Lisa in kaltem Befehlston Anweisungen. Meine Kinder sahen mich mit weit aufgerissenen Augen an, so dass ich Pit bat, sich zusammenzunehmen. Er wirkte wie ein Traktor, der alles niederwalzte, was in seine Nähe kam. Kalt und angewidert packte er den Anhänger voll. Dann fuhr er zum Schloss.

Ich verstand ihn nicht. Tags zuvor hatte er mir gesagt, wie sehr er die Kinder liebte und dass er sich nur wünschte, dass sie endlich glücklich werden konnten. Und nun dies!

Für die Kinder war es schlimm, da sie immer noch auf ein Zeichen von ihm warteten. Nicht nur auf Worte wie: „Ich sagte ja schon, ich möchte, dass ihr bleibt!", sondern auf die Wärme und Überzeugungskraft seiner Worte.

Der karge Abschied traf sie sehr. Schließlich hatten ja auch sie einmal an ihm gehangen, und ein wenig davon war noch immer da. Wo eine Trauer ist, ist auch eine Liebe.

Im Haus sah es schrecklich aus. Die leeren Kinderzimmer, kein Geschrei, kein Türenknallen, keine laute Musik und keine Vefa mehr. Es war, als wäre ein Teil des Hauses amputiert worden. Jetzt erst sah er, was für ein Leben die Kinder in die Bude gebracht hatten. Nun wirkte es verwaist – was es ja auch war.

Das Schlimmste aber kam noch. Als ich am Abend von

der Arbeit aus mit den Kindern telefonierte, weinten sie. Pit hatte ihnen den ganzen Anhänger nur kurz vor dem Schloss abgestellt und war dann gegangen. Er hatte sie mit den schweren Möbeln ganz alleine gelassen. Mit der Entschuldigung, er könne ihnen jetzt nicht mehr helfen, da es ihm selbst zu hart anging, ließ er sie einfach stehen. Den leeren Anhänger wollte er am nächsten Tag wieder abholen.

So standen die Kinder fassungslos vor dem Schloss und wussten nicht, wie sie zu zweit die schweren Sachen aus dem Anhänger heben sollten. Zum Glück hatten wir aber jetzt hilfsbereite Nachbarn. Alle stellten sich zum Helfen zur Verfügung. Außerdem kamen zufällig ein paar Freunde meiner großen Tochter vorbei und halfen mit, so dass es bis zum Abend geschafft war. Doch die Enttäuschung saß tief bei den beiden. Und bei mir auch!

Pit wälzte sich derweilen in Selbstmitleid. Als ich nicht darauf einstieg und meinen eigenen Umzug anging, wurde er wütend. Er nannte mich eine Lügnerin, weil ich ihm die letzten Tage nette SMS geschickt hatte und ihn in Wirklichkeit gar nicht liebte. Er rastete beinahe aus, aber ich wurde nach anfänglicher Erregung ganz ruhig.

Er nahm sein Handy, warf es zu Boden und trat darauf herum. Dann schlug er es gegen die Spüle, so lange, bis es in tausend Teile zerfiel.

Ich entgegnete nur, dass alle meine Nachrichten von Herzen gekommen waren. Aber das interessierte ihn nicht. Er maß ja immer gerne mit zweierlei Maß. Irgendwie tat er mir Leid. Weil er jetzt so in seinem Schmerz festsaß und für sich keine Gelegenheit sah, etwas zu lernen. Er fügte sich im Endeffekt nur selbst Schmerzen zu. Denn eigentlich war er ein sehr gutmütiger und lieber Mensch. Nur „sehen" wollte er nicht!

Ich wusste, und das freute mich, sagen zu können, dass ich bis zu diesem Tage lernen durfte. Weil ich meine Augen nicht verschlossen hatte und mit mir hart gekämpft hatte, tat mir jetzt die ganze Sache überhaupt nicht weh. Ich spürte sogar Mitleid mit ihm!

Aber ich freute mich darauf, das Alte loszulassen und mich auf Neues einzulassen. Das hatte ich gut gemacht!

છ

Unsere neue Heimat war ein Traum. Es war genau das, was ich mir immer gewünscht hatte. Ein altes weißes Schloss, renoviert, mit gigantischem Garten und superlieben Leuten. Kein Streit mehr! Freiheit pur! Ich konnte frei atmen und merkte, wie sehr mich dieser Frieden beflügelte. Ich fing an, Erdbeermarmelade einzumachen, Kuchen zu backen und Blumen umzutopfen. Es war lange her, dass ich so etwas das letzte Mal gemacht hatte. Jetzt hatte ich wieder neue Kraft für solche Dinge. Dabei sang und tanzte ich durch unsere neue Traumwohnung und war glücklich.

Mittlerweile hatten wir immer öfter Durchsagen, und sie schienen immer klarer und genauer zu werden. Unser Ordner wuchs dementsprechend an. Auch kamen jetzt ab und zu Bekannte vorbei, damit ich mal eben „in sie reinschauen" konnte, da sie Probleme hatten. Ich tat es gerne und war immer wieder erstaunt, wie genau ich alles beschreiben konnte. Meine größte Stütze aber waren meine neuen Freunde. Sie gaben mir Mut und unterstützten mich so sehr, dass jeglicher aufkommende Zweifel meinerseits sofort unterbunden wurde.

So manches Mal schubsten sie mich einfach dahin, wo ich so gerne hinwollte, mich aber nicht getraut hatte. War ich wirklich gut genug? Konnte ich wirklich „sehen"? Waren meine Ratschläge neutral genug – und doch aussagekräftig? Konnte ich diese Verantwortung tragen? Oh ja, ich konnte – na ja, ich musste manchmal einfach. Vor allem Daniela und Stef ließen mir keine Fluchtmöglichkeiten offen. Es war schon wunderbar, vielmehr es ist wunderbar, wenn man sagen darf, solche Freunde zu haben.

Wir machten also regelmäßige Durchsagen und interessierten uns mehr und mehr für die Möglichkeiten, die wir als Menschen hatten, eine Situation, die uns nicht gefiel, zu verändern. Wir wollten viel über uns selbst lernen, so dass wir immer Fragen an die Geistwesen hatten. Sie trugen uns auf, das Material zu sammeln, da ein Buch daraus entstehen sollte. Das dürften wir nicht vergessen, damit nicht nur uns geholfen werden konnte, sondern allen Menschen, die bereit waren, an sich zu arbeiten. Jeder Mensch hätte die Möglichkeit, sein Leben so einzurichten, dass er glücklich werden könnte. Er bräuchte nur hie und da eine Anleitung, damit er sich nicht mehr verirren oder ablenken lassen würde. Und diese Anleitung wollten sie mit meinem zweiten Buch „Zurück zum Anfang – der Weg zur persönlichen Stärke" geben.

Also konzentrierten wir uns auf die Materialsammlung für das zweite Buch. Das war sehr viel Arbeit, da wir zunächst das Material zu den einzelnen Themen aus allen inzwischen entstandenen Durchsagen zusammensuchen mussten. Und es sollten viele Themenbereiche werden. Während wir über vier Jahre lang unser Material studierten und sammelten, machten wir unsere eigenen Erfahrungen in Bezug auf unser Lernen und Wachsen.

Jedes Kapitel, das behandelt wurde, hatten wir selbst, meist mehrmals, durchlebt oder durchlitten. So oft, bis wir verstanden hatten, bis wir dann zum nächsten Schritt übergehen konnten. So hatten wir die Hilfen, die das Buch gibt, auch selbst gebraucht und konnten am eigenen Leibe erfahren, wie sehr sie uns weiterbrachten. Wir konnten sozusagen zu dem stehen, was die Geistwesen uns beibrachten.

Und wie sagten sie immer: Der Meister lernt am besten durch sich selbst! Das konnten wir nur bestätigen.

Eigentlich hätte ja zu diesem Zeitpunkt alles gut werden können. Die Kinder und ich hatten alles, was wir wollten. Und dennoch hatten wir irgendwie das Gefühl, heimatlos zu sein. Im Schloss selbst war es schön. Aber sobald wir es verließen, holte uns die Vergangenheit wieder ein. Da wir ja nur ein Dorf weiter gezogen waren, erinnerte uns die ganze Gegend an das Vergangene. Richtig frei konnten wir nicht davon werden.

Meiner „Großen" ging es nach kurzer Zeit nicht mehr gut. Sie war diejenige, die mir in den letzten Jahren immer eine Stütze gewesen war. Sie war fast zu vernünftig, ging niemals aus und meinte immer noch, die Familie beschützen zu müssen. Dabei sehnte sie sich eigentlich nach einer richtigen Familie mit Vater, Mutter und Kindern, in der auch sie wieder Kind sein durfte. Ich nahm mir vor, stärker zu werden, damit sie sich Schwäche erlauben konnte. Ich musste ihr helfen, war sie doch mitten in ihrer Teenagerzeit. 17 Jahre!

Aber eine richtige Familie konnte ich ihr nicht bieten. Leider! Auch Lisa ging es nicht allzu gut. Sie vermisste ein richtiges Zuhause. Wir hatten hier zwar unseren Frieden, fühlten uns jedoch alle entwurzelt. Es war noch nicht ausgestanden! Wir hatten allesamt großes Heimweh. Aber nach was? Wo war denn unser Zuhause? War es der Bayerische Wald? Warum zogen wir dann nicht dorthin zurück? Diese Fragen stellten wir uns in regelmäßigen Abständen.

Noch war ich nicht so weit, mich ganz von Pit loszusagen. Ich klebte noch an ihm. Aber ich wusste, dass unsere Beziehung krank war. Und eigentlich sehnte ich mich nach einer gleichberechtigten Beziehung: gleiche Interessen, gleiche Ziele und unterschiedliche Charaktere, die sich achten konnten.

Mit der Zeit fingen wir drei uns wieder und konnten die Zeit auf dem Schloss genießen. Meinen Kindern ging es besser, und dadurch, dass sie jetzt für sich so viel lernten, bekamen sie mehr Selbstbewusstsein. Jeder arbeitete im Haushalt mit, ohne zu meutern. Wir waren eine richtig tolle Gruppe geworden, hingen sehr aneinander und achteten uns gegenseitig. Auch begannen wir, wieder mehr Spaß zu haben. Es kam eine Zeit, in der wir wieder lachten und glücklich waren. Ja, ich hatte schon tolle Kinder – und die Kinder sagten immer, sie hätten eine tolle Mutter.

Eines Tages wurde in einer Mietersitzung vorgeschlagen, da eine Familie aus dem Schloss ausziehen würde, sollten doch wir die größere Wohnung nehmen. Das fanden wir natürlich super. Dann hätten wir mehr Platz, ich bekäme endlich ein eigenes Schlafzimmer und hätte somit keine Schlafprobleme mehr. Aber konnten wir uns denn eine größere Wohnung leisten? Daniela meinte zuversichtlich, wenn nun eine größere Wohnung ganz von alleine zu uns kam, könnten wir sie uns auch ganz bestimmt leisten. Ein bisschen Gottvertrauen sollte ich schon haben. Nun denn!

Die neue Wohnung war wirklich ein Traum. Direkt vor der Eingangstür blickte man von oben in die Schlosskapelle mit einem herrlichen Gewölbe. Die Wohnung war riesig und gerade neu renoviert worden. Von nun an hatten wir ein 20 qm großes Bad mit zwei Fenstern. Außerdem wohnten wir auf zwei Ebenen. Über eine schmale Holztreppe gelangte man ins Wohnzimmer. Danach kam mein neues Schlafzimmer, welches passenderweise das dunkelste und kühlste Zimmer war, weil direkt vor dem Fenster das Schlosswäldchen anfing. Im Winter konnte ich vom Bett aus die kahlen Bäume sehen, und im Sommer zwitscherten die Vögel ins Zimmer. War das herrlich!

Die Wohnung war, wie das ganze Schloss, mit Holzdielen bestückt. Gleich im Eingangbereich führte eine kleine Wendeltreppe zur Kapelle hinab. Was will man mehr? Natürlich nahmen wir sie.

Die Freundschaft mit Daniela, Tom und Stef vertiefte sich. Daniela und Tom lehrten mich, wie man jemandem seine Meinung sagen kann, ohne ihn anzugreifen. Und ich sah, wie es war, wenn man den passenden Partner dafür hatte. Die zwei lebten seit drei Jahren zusammen und hatten schon viel miteinander gelernt und ausgefochten. Da beide bei Meinungsverschiedenheiten recht impulsiv waren, waren ihre Auseinandersetzungen heftig, aber immer fair. Jeder durfte seine Wut oder Enttäuschung zum Ausdruck bringen, ohne dass sich der andere dabei angegriffen fühlte. Jeder konnte bei sich selbst bleiben. Das war faszinierend für mich.

Eines Abends, es war in der Winterszeit, saß ich mit den beiden bei einem Glas Wein zusammen. Wir trafen uns unregelmäßig, um über Dinge zu diskutieren, die uns gerade interessierten.

Plötzlich, ohne große Vorwarnung für mich, entbrannte zwischen ihnen eine heftige Auseinandersetzung. Ehe ich mich versah, war ich unfreiwillige Zeugin eines Streits. Peinlich berührt wartete ich darauf, eine Gelegenheit zu erhaschen, um das Spielfeld verlassen zu können und in meine eigene Wohnung zu gehen. Wohl oder übel musste ich ein paar Minuten warten, bis einer der beiden Luft holte und ich mich schnell verabschieden konnte. Das war mein Plan. Aber in diesen Minuten geschah etwas sehr Ungewöhnliches.

Irgendetwas ließ mich immer wieder zögern zu gehen. Da hörte ich Daniela Tom sagen, was sie ärgerte, wenn er dies und jenes tat, um dann anschließend Toms tiefe, aber bestimmte und manchmal etwas laute Stimme zu vernehmen. Es war ein Hin und Her und wirkte nicht gerade zivilisiert. Aber ich wartete auf den Knackpunkt.

Ich kannte nur Streits mit einem Knackpunkt, von dem an man wütend und verletzt getrennte Wege ging.

Aber der kam nicht! Wie gebannt sah ich von einem zum anderen und hatte mein Vorhaben, nach unten in meine Wohnung zu gehen, bald vergessen. Es war für mich ein faszinierendes Schauspiel zu sehen, wie man seine Wut und Enttäuschung loswerden konnte, ohne dass sich jemand angegriffen fühlte. Die beiden hatten anscheinend vergessen, dass ich anwesend war. Aber eigentlich war ich gar nicht zu übersehen. Ich thronte nämlich auf dem einzigen Sessel mitten im Zimmer, wobei die zwei Streithähne auf dem Boden saßen. Irgendwie war es grotesk. Es kam mir vor, als würde ich fernsehen. Aber es war Realität.

Als ich nach einiger Zeit auf die Uhr blickte, erschrak ich. Zwei Stunden waren vergangen, und ich blieb wie angewurzelt auf meinem „Sessel in der ersten Reihe" sitzen. So eine Art Streit hatte ich noch nie erlebt. Immer wenn ich dachte: So, jetzt ist es so weit, jetzt schreien sie sich gleich nur noch an, und dann ist Schluss, beruhigten sie sich wieder und wurden friedlich. Als die beiden dann endlich gemeinsam auf einen grünen Zweig kamen, bemerkten sie mich erst wieder, so vertieft waren sie gewesen.

Daniela lachte und fragte: „Na sag einmal, war dir das nicht zu langweilig, uns beim Streiten zuzuschauen?". Ich verneinte und sagte: „Du wirst lachen, aber genau so habe ich mir das richtige Streiten immer vorgestellt. Nicht, dass man sich gegenseitig die Augen auskratzt, nur weil man die Meinung des anderen nicht ertragen kann und sich vielleicht persönlich angegriffen fühlt. Jeder kann bei sich bleiben und einfach seine Meinung sagen, ohne dass man beschuldigen oder anklagen muss. So eine Art von Streit habe ich noch nie erlebt. Dass jeder einfach nur bei sich bleibt."

Ich wollte ja keinen Kampf, aber sehr wohl meine Meinung sagen dürfen. Das war für mich faires Streiten, ohne zu verletzen. Und das wurde mir jetzt in aller Deutlichkeit klar. Es war okay, wenn man in der Aufregung etwas lauter wurde. Schließlich haben wir ja unsere Emotionen! Aber man musste nicht schreien. Und da müssen natürlich beide Partner mitspielen. Alleine hatte ich keine Chance! Ich dachte noch oft an diesen Abend und war tief berührt davon. Trotz Streit war so viel Frieden in dieser Sache.

Das war für mich ein Anreiz, Tom endlich zu sagen, dass es mich jedes Mal verunsicherte, wenn ich ihn im Treppenhaus grüßte, und er nicht zurückgrüßte. Ich bekam dann regelrechte Magenschmerzen und überlegte sofort, was ich verbrochen hatte. Manchmal, wenn ich hörte, dass Tom im Treppenhaus war, wartete ich, bis ich seine Wohnungstür hörte, um dann erst rauszugehen. Das war mit der Zeit sehr anstrengend, und langsam wurde es mir zu blöd. Ich kam mir wie ein kleines Mädchen vor, das sich vor dem schwarzen Mann fürchtete. Und eigentlich wollte ich doch mutiger und selbstbewusster werden.

Also nahm ich meinen Mut zusammen und stellte mich dem Ganzen. Mein Herz klopfte so laut, dass ich dachte, Tom müsse es hören und würde mich gleich auslachen. Aber ich hatte diesen einen, von mir miterlebten, vorbildlichen Streit vor Augen. Das musste ich auch hinkriegen. Tom schien das gar nicht ärgerlich zu finden. Er hörte mich an und überlegt lange, dann sagte er: „Weißt du,

Sabine, ich weiß ja um meine Launenhaftigkeit. Aber das hat nichts mit dir zu tun. Ich bin einfach ab und zu so muffig. Nimm dir das nicht so zu Herzen und lass mich einfach spinnen. Vielleicht kannst du mich ja ab und zu daran erinnern, dass es dich verunsichert. Dann weiß ich wieder Bescheid."

Außerdem beichtete er mir, dass auch er manchmal vor mir ein Unwohlsein verspürte, wenn ich kurz angebunden war. Tja, das war ja lustig. Wir lachten beide und gelobten Besserung. Und das war es! So einfach! Es ist doch erstaunlich, wie man sich selbst oft das Leben erschwert.

Dieses Erlebnis wollte ich gleich Pit erzählen. Wenn wir lernen würden, uns so auseinander zu setzen, dann hatten wir vielleicht eine Chance. Er war jedoch alles andere als erfreut. Nicht nur, dass er mich wie eine Außerirdische ansah, als ich beschrieb, wie spannend es gewesen war, den beiden beim Streiten zuzuschauen. Nein, dass ich überhaupt ein Interesse daran hatte, mir Gedanken über das Streiten zu machen! Das musste wohl der schlechte Einfluss meiner neuen „Freunde" sein. Und wieso glaubte ich Tom und Daniela, wenn er es doch besser wusste? Das war der Einstieg für seine neuen Anschuldigungen, für alles, was sich bei ihm aufgestaut hatte.

Er regte sich auf, weil ich ihm erzählt hatte, dass die Kinder jetzt fleißig im Haushalt wären und wir überhaupt in letzter Zeit sehr viel lernten. Seiner Meinung nach sagte ich ihm damit deutlich, was für ein Depp er eigentlich war. Dass ich ganz oben in der Entwicklung wäre und er ganz unten. Dabei wollte ich ihm nur vermitteln, dass man manchmal einfach im Leben etwas lernen muss und die Kinder dem nicht grundsätzlich abgeneigt waren.

Er fragte misstrauisch, weshalb denn jetzt die Kinder fleißig wären und nicht schon bei ihm. Er wurde ärgerlich, weil es uns gut ging, obwohl er uns den Untergang prophezeit hatte, sollten wir je von ihm wegziehen. Dann warf er mir vor, dass ich alles glaube, was in den Büchern stand, die ich las. Dass jeder „Affe" etwas schreiben konnte, und ich behandelte ihn dann wie einen Guru. Er verhielt sich wieder einmal recht gemein. Wie immer, wenn er nichts hören wollte. Ich glaube, er wartete innerlich so sehr darauf, verlassen zu werden, dass er alle Hebel in Bewegung dafür setzte.

Immer klarer erkannte ich die Sackgasse, in der er war und aus der er nicht wieder herauskonnte. Deshalb wurde ich auch nicht mehr böse, und es verletzte mich nicht mehr. Eigentlich ging es uns beiden ähnlich. Jeder war in einem Muster gefangen, das er einmal für sich gelernt hatte. Er genauso wie ich. Mit dem Unterschied, dass ich rauswollte. Für ihn schien es noch zu gefährlich zu sein, sich auf die Freiheit einzulassen. Denn das hätte geheißen, selbst verantwortlich für sein Leben zu sein. Dann gäbe es keinen Schuldigen und keine Buhmänner mehr, denen man die Schuld zuschieben konnte. Das zu erkennen nahm seiner Kritik für mich die Schärfe.

Eigentlich hatte ich doch großes Glück, dass mein ewiges Hinterfragen von Gegebenheiten mich dahin bringen konnte, wo wirkliche Freiheit war. Was oft lästig war für mich, hatte auch große Vorteile. Und anscheinend gab es andere Menschen, die genauso viel lernen wollten wie ich. Meine Freunde zeigten es mir immer wieder!

Wenn man lernt, sich selbst zu hinterfragen, spürt man immer leichter, wann man „echt" ist und wann nicht. Man entwickelt ein Gefühl dafür, wann sich etwas gut anfühlt und wann nicht. Es entsteht eine Bereitschaft, „das Wahre" kennen lernen zu wollen. Es passiert dann fast von alleine, dass man feinfühliger wird.

Diese Erfahrung durfte auch ich machen.

Eines Tages besuchten Freunde von Daniela unser Schloss. Sie hatte uns alle zu Kaffee und Kuchen eingeladen. Sie stellte mich dem Paar gerade vor, als ich hinter beiden eine schwarze, kaum wahrnehmbare Wolke „empfand". Außerdem merkte ich, wie all meine Kraft plötzlich von mir wegströmte, je länger ich mit ihnen redete. Das erste Mal konnte ich negative Energie spüren.

Ich wusste zu dieser Zeit nicht viel über Energien. Das war mir alles zu esoterisch. Und doch konnte ich es genau benennen und wusste, was es war. Ich sagte ihnen, was ich sah, und schilderte ihnen mein Gefühl, dass sie etwas in ihrem Leben machten, was nicht in Ordnung war. Die beiden stürzten sich wie Hyänen auf mich und versuchten, mich mit geschultem psychologischen Wissen „schachmatt" zu setzen.

Aber für mich war es wie eine Eingebung. Ich w u s s t e, dass meine Empfindung wahr war. Ich war selbst erstaunt über mein eigenes Verhalten und über das, was ich spürte. Aber für mich war es eine Tatsache, die für jeden ersichtlich sein müsste. Als ich mich dann von ihnen entfernte, ging es mir sofort besser.

Nun hatte ich also eine Begegnung mit „negativer Energie" erlebt. Sie hatte sich so eingebrannt, dass ich sie bestimmt nicht vergessen würde. Von nun an würde ich es immer wieder bemerken, sollte ich noch einmal damit in Kontakt kommen.

Wenn ich lernen wollte, mich mit Energien auseinander zu setzen und damit sogar zu arbeiten, war es wichtig, alles kennen zu lernen. Auch das, was ich nicht unbedingt gerne als Erfahrung verbuchen wollte. Erst später sollte sich herausstellen, wie wichtig dieses Erlebnis für mich war.

Zunächst war es mir wichtiger zu erkennen, warum ich mich von Pit nicht trennen konnte. Es schien, als sei ich ihm hörig. Er konnte sich einfach alles erlauben. Auch wenn ich anfangs sauer war, brauchte er nur ein wenig zu warten, und schon eilte ich mit fliegenden Fahnen wieder zu ihm. Dort musste ich zu graben anfangen! Da lag etwas im Dunkeln. Ich wollte endlich von ihm geheilt sein, denn ich wusste ja, wie krank diese Beziehung war. Aber wie heilt man sich selbst?

Ich ahnte wohl, dass ich durch einen fürchterlichen Schmerz und eine große Angst gehen musste. Bisher stoppte ich immer kurz davor und machte eine Kehrtwendung.

Das Erwachen

Ich brauchte erst mal Abstand, und so beschloss ich, mit den Kindern Urlaub auf Ibiza zu machen. Vielleicht hatte ich ja Glück und bekam eine neue Erkenntnis!

Ibiza war herrlich. Sonne, Strand und Meer! Wir hatten ein sehr schönes Hotel – „all inclusive". Es verkehrten dort hauptsächlich Franzosen, Spanier und Engländer. Deutsche Touristen waren nicht da. Das war mir nur recht. Ich wollte größtmöglichen Abstand!

Die Urlauber waren allesamt angenehme, nicht auffallende, gesellige Menschen! Es war Erholung pur. Abends gab es immer eine schöne Aufführung. Dann saßen die Familien zusammen, und die Frischverliebten hielten Händchen. Männer mit ihren Sprösslingen auf dem Arm holten für ihre Frauen noch schnell vor Beginn der Show einen Aperitif. Ich bemerkte sehr wohl den Stich, der mich beim Beobachten traf. Das hätte ich auch gerne! Diese heile Welt! Und wieder wurde ich schmerzlich darauf hingewiesen, dass bei mir mehr als nur eine Kleinigkeit „im Argen" lag.

Auch blieb mir nicht verborgen, als ich die lachenden Gesichter sah, dass ich ein großes Defizit an Lustigsein und Feiern hatte. Angesichts dieser ganzen „Zusammengehörigkeiten" spürte ich meine eigene Einsamkeit. Ich musste etwas tun, denn so wollte ich auf gar keinen Fall weiterleben!

Wieder zu Hause angekommen, lernte ich, mir meine Angst vor Einsamkeit anzusehen. Und sie war in der Tat erschreckend groß. Diese Angst wurde mir jetzt sehr bewusst und zwang mich, noch näher hinzusehen. Manchmal, wenn die Kinder bei ihrem Vater waren, sperrte ich mich in meiner Wohnung ein, um mich der Einsamkeit zu stellen. Was da hochkam, war sehr erschreckend. Vor allem nachts. Dann lag ich oft heulend im Bett und rief nach meiner Mami. Ich kam mir so verlassen vor – und ich glaube, dass ich mit dieser Prozedur mein Kindheitstrauma auflöste. Dort, im Kinderkrankenhaus, musste ich mich wohl ähnlich gefühlt haben.

Deswegen nahm ich auch so viel bei Pit in Kauf. Hauptsache, er verließ mich nicht. Immer stärker spürte ich, wie sehr ich mich dabei verkaufte. Wie oft ich mich selbst verriet! Das wollte ich nicht mehr! Wenn nicht einmal ich auf mich achtete, dann würde es auch kein anderer tun. Ich zeigte doch bisher nur allzu sehr, was ich von mir selbst hielt. Und das war nicht viel. Wie sollte mich ein anderer lieben, wenn ich dies selbst nicht tat?

Schön langsam dämmerte mir etwas. Obwohl sich eigentlich nicht viel geändert hatte, begann ich zu verstehen. War ich mir wirklich so wenig wert? Und auf einmal kam ein neues Gefühl zum Vorschein: Wut. Blanke Wut!

Ich spürte direkt, wie sich diese von mir in Schach gehaltene Wut groß machte. Wie sie begann, in meine Glieder zu steigen, mir den Hals anschwellen ließ und wie ich sie in jeder Zelle meines Körpers spüren konnte. Ich dachte an all den Kummer, den ich in Kauf genommen hatte, nur für ein bisschen Scheinfrieden. Hass kam hoch.

Ich musste die Geistwesen fragen.

„Liebe Geistwesen, was läuft da ab bei mir? Wieso dieser Hass?"

„Ganz einfach: Der Schweregrad deiner Abhängigkeit war dadurch für dich besser ersichtlich. Es diente nur dem Erkennen deiner Abhängigkeit."

„Aber ich weiß doch von meiner Abhängigkeit!"

„Aber nur mit dem Kopf. Fühlen musst du es auch! Der Hass steht auch gleichzeitig für deine Abhängigkeit. Als Werteskala! Damit du das Ausmaß deiner Abhängigkeit siehst. Der Hass, um zu sehen, wie stark du dich selbst verdrängt hast. Hass, für jemanden Sündenbock sein zu müssen, der sich selbst nicht sehen kann."

Ich merkte, wie meine Liebe zu Pit weniger wurde. Sie starb mit jedem Streit ein kleines bisschen mehr. Ich wurde mir darüber klar, dass ich ihn nicht mehr so wie früher liebte. Ich begann, mich bei ihm nicht mehr wohl zu fühlen. Ich war mitten in der Arbeit mit mir selbst! Manchmal wollte ich die Flinte ins Korn werfen, aber meine Freunde halfen mir aus jedem Tief wieder heraus. Die Abhängigkeit von Pit schwand zusehends, und das befreite mich langsam von einer großen Last.

Bei anderen Menschen konnte ich also immer besser „reinschauen". Nur bei mir selbst nicht. Ich kämpfte und kämpfte und kämpfte und dachte, den Kampf um unsere Beziehung gewinnen zu müssen. Für mich stand fest, dass man eigentlich mit jedem Menschen auskommen konnte, man musste nur bereit dazu sein. Aber mein Kampf ums Verstandenwerden forderte seinen Tribut.

Ich musste wochenlang das Bett hüten und meinen Stress, den mir das Kämpfen einbrachte, „wegschlafen".

Zusehends wurde ich schwächer und geriet schließlich in eine heftige Lebenskrise. Alles war wieder in Frage gestellt: War ich zur richtigen Zeit am richtigen Ort? Ich fühlte mich halt- und heimatlos. Wie ein Puzzleteil, das irgendwohin gehörte, aber niemand herausfinden konnte, wohin.

Mein Leben bestand schließlich nur noch aus Arbeiten und Ausruhen. Zudem bekam ich heftiges Ohrenrauschen, und meine Angst vor einem erneuten Hörsturz wuchs. Hatte ich denn niemals Ruhe?

Ich musste unbedingt mit Stef reden. Er war mittlerweile nach Spanien gezogen und wollte dort bleiben. Er meldete sich alle paar Tage telefonisch bei mir und war mein engster Vertrauter. Er gab sich solche Mühe, mir meine verblendeten Augen zu öffnen, aber er drängte mich niemals. Er ließ mir die Zeit, die ich brauchte, um zu erkennen.

Stef ist ein sehr geselliger Mann und lernte natürlich dort im Süden jede Menge Leute kennen. Und natürlich erzählte er ihnen von mir und meinen Fähigkeiten, in Menschen hineinsehen zu können. So ergab es sich, dass auch seine neuen Freunde, die aus Spanien, Amerika, Schweden oder Indonesien kamen, Interesse an meinem Tun bekundeten. Aber wie konnte ich ihnen über solch große Entfernungen helfen? Ich hatte ja keine Möglichkeit, meine Hände über sie zu halten und zu schauen, was ich sehen konnte. Für Stef war alles ganz einfach. Er sagte, dass das Geistige ja keine Zeit und keinen Raum kennt und ich bestimmt über diese Entfernung auch sehen könnte. Wenn ich es zulassen würde!

„Tja, der Stef, der redet sich leicht!", dachte ich damals. Nein, so etwas könnte ich niemals. Doch Stef, einmal mit der Idee infiziert, ließ mir keine Ruhe. Immer wieder griff er das Thema auf und ließ mir keine Gelegenheit abzulenken. Er erzählte mir von Bekannten, die ein Problem hätten, und ich sollte doch nicht so sein, wenn ich schon die Fähigkeit hatte ... Er war so penetrant, dass ich zusagte.

Einen Versuch war es wert. Er erklärte mir genau, wie er es machen wollte. Er würde mir die Fragen seiner Bekannten per Fax schicken, und ich müsse die Antwort zurückfaxen. Und so versuchten wir es dann. Sein erstes Fax kam gleich am nächsten Tag. Ich las es durch, stellte mich ganz auf die Person ein und wartete, ob irgendwelche Eindrücke kämen.

Und tatsächlich machten sich bald die ersten Bilder in meinem Kopf bemerkbar. Und zwar so klar und deutlich, dass nicht einmal ich mehr daran zweifelte, ob es nun wahr wäre. Ich wusste einfach um ihren Wahrheitsgehalt. Also schrieb ich zurück. Zuerst beschrieb ich einige Eigenschaften, Ängste und Leidenschaften der betreffenden Person, und dann zeigte ich ihnen auf, welche Möglichkeiten sie hätten.

Das Ergebnis war verblüffend. Alle sagten Stef, wie treffend ich sie beschrieben hätte und dass sie jetzt für sich viel klarer sehen konnten. Sie waren begeistert und ich auch. So einfach ging das! Alle paar Tage bekam ich Faxe von Leuten aus fernen Ländern.

Es machte großen Spaß, und doch kamen hin und

wieder Zweifel auf, ob ich das wirklich konnte, vor allem wenn sich wieder ein neuer Interessent gemeldet hatte. Diese Zweifel! Manchmal konnten sie wirklich hinderlich sein. Aber für was hat man gute Freunde! Stef, obwohl in der Ferne, ließ mich nicht mehr aus. Immer wieder bestätigte er mein Tun als gut und richtig, so dass aufkommende Zweifel gleich entschärft wurden. Anscheinend konnte es gar nicht genug Beweise für meine Hellsichtigkeit geben, so oft zweifelte ich daran.

Derweilen hatte ich erneut Probleme mit meiner „Will-Nicht-Klappen-Beziehung". Für Pit war es mal wieder an der Zeit, sich selbst zu beweisen, wie sicher er sich meiner sein konnte. So kam ich nicht daran vorbei, mir seine neuesten Frauengeschichten anzuhören. Er erzählte sehr ausführlich, viel zu ausführlich, wie ich fand, wo er seine Exfreundin, die ihn immer noch vermisste, getroffen hatte. Wie sehr sie an seinen Lippen hing, wenn er erzählte – das war ein Hinweis für mich – und wie sehr sie doch interessiert an ihm sei. Grrrr! Fast wäre ich aufgesprungen. Aber plötzlich, Gott sei Dank, fielen mir Danielas Worte wieder ein: „Lass dich nicht provozieren. Beschneide ihn nicht mehr, sondern lass ihn tun. Gib ihm seine eigene Verantwortung."

Und da machte es „klick", und ich verstand. Ja, das war wirkliche Freiheit. Und ich konnte nur bei mir selbst anfangen. Ich wollte niemanden beschneiden. Er ahnte wohl, dass ich jetzt unabhängig von seinem Gebaren war. Ich sprang einfach auf nichts mehr an.

Das war natürlich nicht das, was er hatte bezwecken wollen. Eine explodierende Frau zu haben, die rasend vor

Eifersucht ist und wie eine Löwin um einen kämpft, ist schließlich nicht zu verachten!

Meine Einsicht war aber so echt, dass er ins Schwimmen geriet. Plötzlich fühlte er das Bröckeln unserer Beziehung und bekam Angst. So selbstbewusst wollte er mich nicht haben. Er warf mir vor, lieblos zu sein und nicht bindungsfähig, wenn mich das so kalt ließe. Ja, ja – wie man es machte, war es verkehrt. Als ich mich aber nicht einschüchtern ließ – da war wieder die Rebellin in mir – und ihm sagte, dass dann aber für alle gleiches Recht gelte, stieg er aus. Er schrie und tobte. Beim Verlassen des Zimmers schnaubte er noch: „Tu doch, was du nicht lassen kannst." Ich konnte mir ein Siegeslächeln nicht verkneifen!!

Zur Sicherheit fragte ich meine Geistwesen, welche Machtprobleme wir hätten. Denn so viel hatte ich mittlerweile verstanden: Es ging um Macht. Aber inwiefern?

„Du hast dich ein Leben lang gegen dein Frau-Sein gewehrt. Frau-Sein bedeutet für dich Machtlosigkeit, Unterwürfigkeit und eine gewisse Wertlosigkeit. Da die männlichen Anteile bei dir überwiegen, konntest du dich auch nie ganz für dein Frau-Sein begeistern. Du hättest lieber eine männliche Rolle übernommen.

Im Laufe der Jahre musstest du erkennen, dass es keine Flucht für dich gab. Also hast du als Frau gerne den männlichen Part übernommen. Zudem hast du erlebt, dass Frauen nicht wertgeschätzt werden und oft mit dominanten Männern ‚ihr Leben fristen'.

Bei deinem Freund hast du versucht, die Rolle der

typischen Frau zu übernehmen, weil du jetzt so weit bist, dein Frau-Sein anzusehen. Dadurch, dass er aber nicht die wirkliche weibliche Seite an dir suchte, sondern die, die eure Gesellschaft euch gerne aufsetzt, damit ihr gefügig bleibt, hast du erneut begonnen, dich aufzulehnen. Diese Weiblichkeit ist nicht die, die du leben möchtest. Dann kam es wieder zum typischen Geschlechterkampf.

Als du gemerkt hast, dass du diesen Kampf mit diesem Mann und dieser Einstellung nie gewinnen kannst, hast du begonnen, dich zu dezimieren. Das heißt, du begannst, nur einen harmlosen Teil von dir leben zu lassen. Damit war die Gefahr gebannt, erneut einen Krieg ‚anzuzetteln‘.

Natürlich geht das nicht lange gut, denn die Kraft, die du zurückhältst, fängt an zu gären. Damit du nicht irgendwann explodierst und in seinen Augen wieder im Unrecht bist, fängst du an, dünne Aggressionspfeile loszuschicken. So dünn, dass sie kaum sichtbar sind, doch sehr treffsicher. Natürlich weißt du darum und versuchst, noch mehr zuzumachen, bis die Wut sich so staut, dass sie zu Hass wird und du wieder mehr Platz für die nächste Wut bekommst. Hass ist gesammelte Wut in einer höheren Potenzzahl.

Sie sieht jetzt kleiner aus, ist aber viel wirksamer und intensiver. Konzentrierter! Dieser Hass macht sich bemerkbar, wenn die Wut zu schnell hintereinander kommt und zu viel Wut in Hass umgewandelt werden muss. Du lebst dann hauptsächlich mit der Umwandlung von Wut in Hass. Und das kannst du dann nicht mehr unterdrücken. Es wird offensichtlich, weil keine Zeit für eine Verschleierungstaktik bleibt.

Du hast dir vorgenommen, ‚Mutter Theresa‘ zu spielen,

weil du Angst davor hast, Stellung zu beziehen. Und zwar zu dir selbst. Würdest du es tun, hättest du sicherlich auch mehr Streit, was du auf Biegen und Brechen verhindern willst.

Also wählst du den Weg der Selbstverleugnung und bestrafst damit, durch deine versteckte Aggression, deinen Partner. Noch dazu siehst du, mit welcher Macht und welchem Selbstverständnis dein Partner sich selbst lebt. Das schürt deine Wut noch mehr, weil du es nicht tust.

Du hast Angst vor der Konfrontation zwischen deiner Weltanschauung und seiner. Sie sind nicht miteinander zu verbinden, und das Ende eurer Beziehung wäre vorprogrammiert."

Ich dachte nach. Lisa hatte noch vor ein paar Tagen gesagt: „Ach Mama, das ist doch keine schöne Beziehung, wenn dich der andere dauernd verunsichert. Pit hat eure Beziehung in der Hand. Wenn er will, stellt er sie mit seinen Anschuldigungen und somit doch auch dich, Mama, in Frage. Da kannst du nie sicher werden. Wenn er sich wieder ärgert, zeigt er dir, dass du ihm egal bist, indem er sich um dich nicht mehr kümmert und dich sogar beschimpft." Ja, das ist meine weise Lisa!

Ich wollte mir einfach diese elende Schuldfrage nicht mehr stellen.

Meine Geistwesen meinten dazu:

„Es geht nicht darum, den anderen zu überzeugen oder ihm Schuld zuzuschieben. Es geht allein darum, seine

Wahrnehmung kennen zu lernen und sie eventuell in ein gesundes Maß umzuwandeln, wenn man dies möchte. Es ist ja immer dein Bild, und das ist für dich wahr. Die Frage lautet also nicht: Bin ich schuld oder du, sondern, bin ich für mich richtig? Lüge ich nicht? Sofern ich das nicht wünsche! Wie wichtig ist mir ,Wahrheit' überhaupt? Das heißt, inwieweit will ich mich selbst kennen lernen? Nur für dich selbst!

Es ist egal, wie dich ein anderer sieht. Durch dein Umfeld kannst du erkennen, wo du wirklich stehst. Ob in Harmonie oder Chaos. Unabhängig von Meinungen anderer. Und somit habt oder hättet ihr keine menschlichen Lehrer, denn jeder sieht es aus seiner Sicht. Es gibt so weit kein Richtig oder Falsch, da es in dem Moment für dich richtig ist.

Wenn du jedoch irgendwann das Gefühl hast, dass Liebe in deinem So-Sein fehlt, ist es deine eigene Entscheidung, an dir herumzufeilen, bis du so bist, wie du es möchtest. Aber wieder unabhängig von anderen.

Nur so funktioniert bleibende, wahre Liebe. Nur der eigene geheime Wunsch, in wahrer Liebe zu leben, kann Veränderungen vornehmen. Du musst nur vor dir selbst und der Liebe Rechenschaft abgeben.

Deswegen ist wirklich jeder Mensch wahr. Der eine mehr, der andere weniger der wahren Liebe zugewandt. Das musst du immer selbst verantworten können.

Habt mehr Geduld miteinander! Aber wahre Liebe wird sich von nicht-wahrer-Liebe distanzieren. Früher oder später geht sie von alleine, denn das Licht der Liebe blendet die Nicht-Liebe, so wie sie auch momentan diese für kurze Zeit zu erhellen vermag.

Aber ihr müsst euch dafür selbst verantworten. Keiner hat Schuld an eurem Unglück.

Es kommt also nicht darauf an, wer was getan oder nicht getan hat. Es kommt alleine darauf an, ob er dich behindert auf dem Weg zur wahren Liebe und zu deiner Zufriedenheit mit dir selbst (kein Ego-Selbst) oder ob er dir hilft, ans Licht zu kommen.

Inwieweit kannst du mit deinem Partner lernen, dich selbst zu erkennen und, wenn du es möchtest, lernen, zum Licht zu kommen.

Du wirst dich jetzt fragen, was bedeutet Licht und Liebe wirklich?

Licht und Liebe ist das JA zu dir und NEIN zu dem, was nicht dein Selbst ist.

Doch was ist dein Selbst?

Jedes NEIN ist nicht dein Selbst.

Was ist mit Machtspielen deines Partners?

Es ist ein NEIN für dein Selbst und gleichzeitig eine künstliche Krönung seines Selbst, also ein JA seines Egos.

Machst du das mit, bist du auch im NEIN deines Selbst. Ein NEIN zu dir stoppt dich aber auch auf dem Wege zum Licht und zur Liebe.

Was ist mit deiner Eifersucht?

Es ist sein Bild von dir und sagt ebenfalls NEIN zu dir.

Für ihn ‚bist' du eifersüchtig. Für dich bist du es nicht mehr.

Frage dich: Beschränkst du ihn damit, engst du ihn ein, beschuldigst du ihn, dich zu betrügen? Oder gestehst du ihm deine Angst, dein Gefühl? Was ja ein riesengroßer Unterschied ist zu Ersterem.

Wir sagten schon einmal, überall, wo du anklagst, beschuldigst, kleiner machst, verletzt, indem du deine Realität versuchst, jemanden aufzudrücken, ist keine wahre Liebe am Werk. Ihr müsst nicht alles hinnehmen, um wahr zu sein. Um Liebe zu leben! Ihr sollt sogar lernen zu sagen, was wehtut, was euch verletzt und was euch demütigt. Und wäret ihr ehrlich, euch selbst gegenüber, gäbe es keine Beschuldigungen mehr.

Wir können nicht sagen, lasst euch auf keine Machtspiele ein, wenn ihr noch gar nicht eure eigene Wahrheit gefunden habt. Denn wenn ihr die habt, durchschaut ihr jedes Machtgehabe und könnt euch lächelnd distanzieren.

Überall, wo jemand mit dem Finger auf euch zeigt, ist ein NEIN zur Liebe.

Überall, wo jemand seine Ohren verschließt gegenüber euren Ängsten, eurer Wahrnehmung, ist ein NEIN zur Liebe.

Alle Beschuldigungen sind ein NEIN zur Liebe.

Alle Verdrängungen ein NEIN,
alles Nicht-Wissen und Nicht-Verstehen wollen ist ein
NEIN zur Liebe.
Ein JA zum Ego ist ein NEIN zur Liebe.

Die Frage – und nicht die Floskel – ‚Wie geht es dir?‘
ist ein Weg hin zur Liebe, so wie die Frage: ‚Wie geht es
mir?‘

☙

Um zu lernen, ließ ich mich auf eine verrückte Geschichte
ein. Sie stammte natürlich von Daniela. Sie meinte, es
wäre jetzt an der Zeit, mir selbst zu beweisen, wie es um
meine Fähigkeit „hellzusehen" bestellt ist. Damit ich endlich überzeugt sei. Sie lud an einem Nachmittag 15 fremde
Leute ein und stellte einen genauen Plan auf, wann wer
für eine Besprechung bei mir an der Reihe war. Dann
zeigte sie mir diesen Plan. 15 Leute zu je 15 Minuten!
Ob ich das hinkriegen würde? Natürlich winkte ich ab.
„So weit bin ich noch nicht! Das kann ich nicht! Ich trau
mich einfach nicht!" Und so weiter.
 Doch Daniela hatte kein Erbarmen mit mir. Als meine
selbst ernannte Sekretärin stimmte sie mich um. Okay.
Ich gab mich geschlagen. Und irgendwie bekam ich plötzlich Spaß bei der Vorstellung, in 15 fremde Menschen
reinzusehen, um mir endlich klar darüber zu werden,
was ich wirklich konnte. Jetzt hatte das Versteckspiel ein
Ende. Wenn dies meine zukünftige Arbeit werden sollte,
brauchte ich bald den Beweis dafür. Also gut!

Der Nachmittag war aufregend für alle Beteiligten. 15 mir unbekannte Menschen kamen nach und nach in meine Wohnung und warteten auf ihren Termin bei mir. Ich bat meine Geistwesen um Hilfe. Das war etwas Neues für mich. So direkten Kontakt mit Fremden hatte ich selten, da ich ja meist über Fax arbeitete. 15 Leute, je 15 – 30 Minuten! Und wenn ich plötzlich nichts mehr sehen konnte? Aufkommende Zweifel wurden von Daniela sofort in die Verbannung geschickt. Sie wachte über alles. Da gab es keinen Schritt zurück mehr.

Den ganzen Nachmittag, über sechseinhalb Stunden lang, liefen die Beratungen. Sie bereiteten mir nicht die geringste Mühe. Im Gegenteil, ich war wie aufgezogen und brauchte keine einzige Pause. Ich konnte so klar sehen, dass sogar ich keinen Zweifel mehr hatte, dass alles gut war. Auch die Menschen, die kamen, waren begeistert. Ich tat meine Arbeit, als hätte ich nie etwas anderes getan. Es war sehr schön!

Danach war ich fit, und es ging übergangslos weiter mit meiner lang geplanten Party. Eigentlich wollte ich mit dieser Party meinen Umzug in die neue Wohnung feiern. Aber in Wirklichkeit feierte ich diesen tollen Nachmittag. Danke!

Es kam die Zeit, als mich immer mehr Leute fragten, wie ich denn zu allem gekommen war. Was ich erlebt hatte, um „sehen" zu können, und ob ich ihnen dabei helfen könnte, es auch zu erlernen. Ich solle doch einen Kurs anbieten.

Ich fühlte mich überrumpelt. Ich hatte noch nie Kurse gegeben und wollte es eigentlich auch nicht. Aber immer wieder kamen Menschen auf mich zu und fragten mich, ob ich nicht doch einen Kurs abhalten wollte. Sie hätten großes Interesse daran. Natürlich überlegte ich hin und her. Aber wo sollte ich einen Kurs herzaubern? Ich wusste ja nicht einmal, wie man ihn aufbauen sollte. Ich hatte nicht die leiseste Ahnung!

Einige Zeit machte ich mir Gedanken darüber, wie ich so etwas aufziehen könnte, aber mir fiel beim besten Willen nichts ein. Ich hatte kein Programm vorzuweisen. Nach und nach verspürte ich aber doch Lust darauf. Wenn ich es tun sollte, dachte ich, dann würde schon eine Eingebung kommen. Als ich am Abend im Bett lag, bat ich meine Geistwesen, mir zu helfen, so einen Kurs aufzuziehen. Sie sollten mir ein paar Tipps geben.

Ich musste nicht lange warten. Am folgenden Wochenende waren meine beiden Kinder nicht zu Hause. Ich hatte also Zeit für mich und machte es mir an einem schönen Samstagnachmittag auf meinem Sofa gemütlich. Leise spielte eine gerade erworbene CD im Player, und ich hing meinen Gedanken nach. Plötzlich bemerkte ich eine fremde Energie in meinem Umfeld. Kurz drauf hörte ich eine Stimme, die mir Anleitung für einen „Kurs zur Medialität" gab. Schnell holte ich einen Stift und ein Blatt Papier und begann zu schreiben.

Es wurde immer unwirklicher. Von Zeit zu Zeit stand ich auf und legte eine andere meiner neu erworbenen CDs auf, und bei bestimmten Musikstücken wusste ich plötzlich, zu welchem Teil des Kurses sie gehörten. Ich w u s s t e, bei dieser Musik wird dies gemacht, und bei jener Musik wird das gemacht, danach kommt eine Meditation und dann noch dieses ... Anfangs war es etwas verwirrend, und irgendwie schien das Gesamtkonzept noch zu fehlen. Aber kaum hatte ich das gedacht, bekam ich eine genaue Aufteilung für Freitag, Samstag und Sonntag. Jeder Tag hatte eine bestimmte Bedeutung, die mir sinnvoll erschien. Es war fantastisch.

Ich stand also auf, hörte mir ein Musikstück an, legte mich wieder hin, um das dazugehörige Tun „zu bekommen". Das notierte ich und hörte weiter Musik, legte mich wieder hin, und der nächste Teil kam. Und so ging es die nächsten drei Stunden weiter, bis der ganze Kurs von Anfang bis Ende fertig war. Zum Schluss hielt ich völlig verdattert mein fertiges Skript in den Händen. Das nenne ich Teamwork!

Doch meine Augen machten mir Sorgen. Sie wurden wieder schlechter, und ich musste Cortison nehmen.

„Liebe Geistwesen, was stimmt denn da nicht?"

„Du willst nicht die Wirklichkeit sehen. Dass der Traum geplatzt ist von inniger Familiengemeinschaft. Der Traum von der Traumbeziehung ist nur ein Traum! Wenn du klar sehen könntest, müsstest du oder ‚würdest' du Konsequenzen ziehen. Aber noch steht dieses Bild von deinem Traummann, der nur dem Schein nach der Traummann ist. Würdest du ihn erkennen können als denjenigen, der er ist, und immer noch einverstanden sein, müsstest du keinen Nebel haben. Du vernebelst das klare Bild, wie dein Freund insgesamt ist. Du willst nur einen Teil ‚sehen'.

Jetzt fragst du dich sicherlich, wie du wieder sehend werden kannst. Indem du die Dinge, die dir missfallen, auch bei ihm zur Sprache bringst. Immer wieder, ohne dich verunsichern zu lassen. Dann stehst du zu dir und siehst klar, ohne zu vernebeln. Du hast schon einen guten Ansatz gemacht. Jetzt heißt es ‚dranbleiben‘.

Das bedeutet nicht, dass du dich zur nörgelnden Geliebten machen musst. Aber zu einem Menschen, der einen gewissen Anspruch auf sein Leben haben kann. Du hast nur materielle Ansprüche. Aber auch auf der Emotionsebene darfst du Anspruch haben. Und was ist das für eine Freundschaft, wo nur ein Teil stimmig ist? Das hat nichts mit Egoismus zu tun. Gewisse Dinge sind wichtig, und da dürft ihr auch Forderungen haben. Bedenke, ihr könnt nicht vollkommen sein, sonst wäre der Sinn eures Daseins umsonst. Du musst es in Verbindung mit deinem Freund entdecken und dich nicht einschüchtern lassen. Kämpfe für dich, ohne zu kämpfen – s e i einfach!

Aber sei autark.

Du tust ihm damit nicht mehr weh als jetzt, weil du jetzt so tust als ob. Da ist ein schlimmerer Schmerz, weil er nur vernebelt kommt. Du musst lernen, klarer zu werden. Klarheit kann auch schmerzen, aber man kann es besser behandeln als dieses Nebulöse.“

Also gut! Versuchte ich eben, autark zu sein! Das handelte mir natürlich Streit, Streit, Streit ein. Pit und ich waren einfach nicht totzukriegen. Schließlich konnte ich ihn überreden, sich mit Tom und Daniela zusammenzusetzen. Vielleicht konnten die beiden ihm erklären, um was es ging bei uns. Danach kam tatsächlich und erstaunlicherweise ein großes Erwachen bei ihm. Plötzlich schien er verstanden zu haben. Die große Einsicht. Wieder einmal!

Er entschuldigte sich wieder bei mir und den Kindern und gelobte Besserung. Jetzt wolle er alles ausdiskutieren und nicht mehr so viel streiten. Doch leider hielt dieser Vorsatz nicht lange an. Ein paar Tage, dann ging das gleiche Spiel von vorne los. Doch dieses Mal waren wir auch nicht mehr euphorisch gewesen, wie beim letzten Mal. Wir hatten schließlich unsere Erfahrungen. Und die sollten auch nicht Lügen gestraft werden.

Der nächste Streit war laut und heftig. Ich war so genervt, dass ich ihn kurzerhand aus meiner Wohnung warf. Ich weiß, nicht gerade die feinste Art! Aber es war mir so egal. Entnervt ging ich ins Bett. Und siehe da, das Wunder geschah! Als ich aufwachte, waren meine Augen so klar wie schon lange nicht mehr. Ich sah gestochen scharf! Kein Schleier und kein Film weit und breit. Das haute mich um. Also durfte ich auch böse werden, ohne gleich bestraft zu werden. Es schien, als sei es wichtig gewesen, einmal richtig meine Meinung zu sagen.

Noch war der Kampf aber nicht ausgestanden.

Pit bot mir an, da es noch etwas in der neuen Wohnung zu verändern gab, mir zu helfen. Das fand ich toll. Wir vereinbarten gleich einen Termin, und am Abend stand er vor der Türe. Wir waren noch nicht sehr lange in dieser Wohnung, und für Pit war es jetzt das erste Mal, dass er sie betrat.

Ich war aufgeregt, da ich nicht genau wusste, wie er

reagieren würde. Diese Wohnung war etwas ganz Besonderes. Sehr gepflegt und frisch renoviert, und auch von der Aufteilung her ungewöhnlich. Nicht ohne Stolz zeigte ich sie ihm. Doch er ging durch die Räume und sah sich alles mit geringschätzigem Blick an. Als er in das schönste Zimmer ging, es war die werdende Küche, meinte er: „Die ist ja noch schäbiger als die andere!" Das saß. Ich warf ihn raus. Wutentbrannt ging er mit den Worten: „Blöd anreden lasse ich mich von dir nicht!" Ich deutete nur zur Türe und sagte: „Raus!"

Natürlich war mir klar: Jetzt hatte ich niemanden mehr, der mir helfen würde, die Wasserrohre zu verlegen. Sie mussten von einem Zimmer ins andere gelegt werden. Und da ich wenig Geld hatte, setzte ich mich auf den Boden und heulte los. Was soll jetzt werden? Ich kannte niemanden, der mir hätte helfen können. Ich war doch mutterseelenallein. Trotz allem hatte ich das Gefühl, richtig gehandelt zu haben. Ich war einfach sauer über so viel Arroganz. Wie konnte man sich so etwas nur erlauben, ohne ein schlechtes Gewissen dabei zu haben? Gerade er, der doch selbst so empfindlich war!

Und anscheinend hatte ich wirklich etwas richtig gemacht, denn der nächste Zufall ließ nicht lange auf sich warten.

Einen Tag nach Pits Rauswurf kam Daniela auf Karins Exmann zu sprechen. Karin war eine Freundin und gleichzeitig die Dozentin meiner Psychologie-Ausbildung, die ich Anfang des Jahres begonnen hatte. Ich wollte raus aus dem Nachtdienst, und sie bot mir die Ausbildung als ganzheitliche Psychotherapeutin an, die sie selbst unterrichtete. Das kam mir recht gelegen und war wieder eine neue Herausforderung für mich. Ab und zu brauchte ich das in meinem Leben.

Karins Exmann war also vor einigen Tagen bei Daniela gewesen, um seine Söhne abzuholen, die mit Danielas Söhnen befreundet waren. Er erzählte ihr über seine Arbeit als Handwerker, und dass er oft anderen Menschen half, wenn sie Hilfe benötigten. Er mache das gerne. Sie schlug mir vor, ihn einfach anzurufen und ihm mein Anliegen zu schildern.

Etwas verlegen rief ich noch am selben Abend an. Er war sehr nett und hörte sich in aller Ruhe meine Geschichte an. Auch hatte er eine auffallend sympathische Stimme. Wir verstanden uns schon am Telefon auf Anhieb – meine „kurze Anfrage" dauerte über eine Stunde. Natürlich wollte er kommen. Gleich morgen nach seiner Arbeit, er renoviere gerade ein Haus.

Na, wenn das kein „Zufall" war!

Den ganzen nächsten Tag über war ich sehr gespannt. Er kam gegen Abend, und wir begrüßten uns herzlich. Er inspizierte die Rohre und sagte, das sei für ihn kein Problem. Natürlich helfe er mir sofort. Gleich nächste Woche wollte er mit den Umbauten anfangen. Er maß alles aus, trank noch einen Tee bei uns – und war auch schon wieder weg. Bingo! Das war's.

Gleich zu Beginn der darauf folgenden Woche kam der nette Handwerker früh am Morgen und schuftete mit einem Einsatz, der mich erstaunte. Ich konnte ihn um all die kleineren und größeren Arbeiten bitten, die mir wichtig waren – er scheute nichts. Er montierte auch gleich die neue Satelliten-Anlage, da die Kinder so gerne fernsehen wollten. Und Horst, so hieß er, hatte ein großes Herz für Kinder!

So ergab es sich, dass er jeden Abend vorbeikam, um noch einige Stunden bei uns zu arbeiten. Ab und zu lud er uns sogar zum Essen ein. In dieser Zeit lernte ich wieder zu lachen. Mit Horst konnte man laut und anhaltend lachen. Er war erfrischend für uns alle – und wir mochten ihn bald sehr, sehr gerne.

Doch leider wurde seine Freizeit allmählich knapp, da er noch einen anderen Auftrag hatte. Unsere gemeinsame Zeit ging dem Ende zu.

Als alles fertig war und ich ihn um die Rechnung bat, winkte er ab und sagte, für ihn sei es schön gewesen, uns helfen zu können. Ich wollte das nicht so stehen lassen, aber Horst kümmerte sich nicht darum. Für ihn war es ein Schenken von ganzem Herzen. Auch wenn wir uns danach so gut wie gar nicht mehr sahen, dachte ich immer noch oft an ihn. Er hatte viel Freude in unsere Herzen gebracht in dieser düsteren Zeit. Er fehlte uns allen.

&

Und es geschah noch etwas Seltsames. Ich hatte dem Vermieter unseres Schlosses erzählt, dass mein Vorratsraum sehr baufällig sei. Wenn nicht bald etwas geschähe, würde die Decke runterkommen. Das sollte natürlich nicht sein. Als er sich die Wände und die Decke ansah, versprach er, ohne mit der Wimper zu zucken, den ganzen Raum neu zu verputzen und auch gleich neue Elektroleitungen verlegen zu lassen.

Das war ja toll. Plötzlich hatte ich nur noch Treffer. Soviel ich wusste, geschieht immer ganz viel, ohne Anstrengung, wenn man sich auf dem rechten Weg befindet. Mein Handeln Pit gegenüber war also richtig gewesen?

Schon am nächsten Tag kamen die Maurer. Mit einem großen Presslufthammer kam der alte Putz runter, damit neuer aufgetragen werden konnte. Aber, oh je, was war das?

Obwohl die Arbeiter alles abgeklebt hatten, drang der Staub durch die Ritzen bis in den hintersten Teil unserer schönen Wohnung. Eine Katastrophe! Und jeden Tag wurde es mehr. Der Staub war so fein, dass er sogar durch die Decke und durch Danielas Fußboden (sie wohnte ja direkt über uns) drang und auch ihre Wohnung einstaubte. Dazu kam noch, dass das ganze Theater viel länger dauerte als ursprünglich geplant. Über eine Woche lang mussten wir in diesem Staub leben. Was war da schon wieder nicht in Ordnung, was ich nicht sehen wollte?

In letzter Zeit quälten mich wieder meine Standardfragen. Was muss ich im Leben akzeptieren lernen, um fortzuschreiten? Um nicht eng, egoistisch und kleinkariert zu sein?

„Liebe Geistwesen, sagt es mir …"

„Du bist, wie du bist, selbst mit einer Anleitung könntest du im Endeffekt nur das tun, was du momentan in deinem Sosein tun kannst. Du stellst die verkehrte Frage. Nicht die Frage, was muss ich akzeptieren, sondern, was K A N N ich akzeptieren. Denn du kannst nur etwas tun, was mit dir selbst zu tun hat. Alles ‚akzeptieren wollen' ist nicht unbedingt richtig, da du manches gar nicht akzeptieren kannst, auch wenn dein Verstand dir noch so sehr sagen will, dass du doch Größe zeigen sollst.

Geh immer von deinem jetzigen Zustand aus, denn das ist D E I N E Ausgangsposition. Kein Wenn und Aber! Du lernst sowieso und brauchst keine Angst zu haben, in einer ‚Egoschraube' stecken zu bleiben. Und schon gar nicht in einer ‚Machtspirale'. Du weißt, es geht dir um Wahr-Sein. Doch du bist schon wieder nicht bei dir, sondern beim anderen, um dir eine Situation so hinzubiegen, dass es dir nicht wehtun kann, wenn dein Partner dich verletzt.

Du hast Angst, ihn zu verlassen, weil du deine wirkliche Angst nicht sehen willst, dass du DICH IMMER WIEDER VERLÄSST: Es geht um dich! Nur um dich. Du darfst verstehen und auch nicht-verstehen. Aber das erlaubst du dir nicht. Du hast vor deinem Ego Angst, weil du siehst, was ein Ego alles machen kann. Wie es Menschen beherrschen kann, die dann sehr wohl ‚lernunfähig' werden können. Aber dieser Gefahr bist du auch ausgesetzt, wenn du deinem Ego nichts erlaubst. Dann wirst du dir selbst gegenüber ‚lernunfähig'.

Lerne, dich abzugrenzen! Das ist dein Thema! Dann kann etwas kommen, was zu dir passt.

Du hältst dich an einer eitrigen Wunde fest und meinst,

es sei heile Haut (Welt). Du meinst, es sei so, aber das ist es nicht. Die heile Welt ist eitrig. Manchmal muss man die Wunde vergrößern, dass der Eiter abfließen kann. Das tut natürlich weh. Da kommst du nicht dran vorbei. Aber du schaffst es. Du hast die heile Haut schon entdeckt."

„Und warum habe ich jetzt solchen Dreck in meiner neuen Wohnung?"

„Schau dir den Raum an, der gerichtet wird. Da ist alles drin. Vom Werkzeug zum Putzzeug und die ganze Vorratshaltung. Ein Aufbewahrungsraum also! Dieser Aufbewahrungsraum war sehr baufällig. Viele Jahre musste er schon herhalten, ohne dass du daran dachtest, ihn zu erneuern. Ein Raum ohne viel Zwecke, meintest du. All dein Werkzeug zu deinem Leben hattest du darin. Du hast hart an dir gearbeitet. Dein Aufbewahrungsraum ist dir bewusster geworden. Du ermöglichst dir jetzt mehr Raum, mehr Licht und besseren Zugang zu Unbewusstem. Alles, was du an Ballast jetzt nicht mehr brauchen kannst, wird entsorgt. Dadurch, dass du kurzzeitig wieder in alte Muster steigst, zeigt dir dein Schmutz, wie sehr er deinen Lebensraum beeinträchtigt. Ganz klar und einfach!

Wächst du wieder heraus aus deinem Muster, verschwindet der Dreck. Und damit du es ganz deutlich sehen kannst und die Augen nicht mehr verschließen kannst, was du auch wieder gut hinbekommst, ist es sehr viel Dreck. STAUB! Staub ist noch schlimmer als Dreck. Staub verdreckt alles.

Davor kannst du keine Augen mehr verschließen. Nicht

einmal mit ganz viel gutem Willen. Ist das so verständlich für dich?"

Ach ja, zu lernen ist gar nicht so leicht!

Pit war jetzt wieder sehr freundlich und nicht so kämpferisch. Das tat gut. Wir trafen uns wieder öfter, und dann lud ich ihn zum Frühstücken zu uns nach Hause ein. In aller Heimlichkeit, als die Kinder nicht da waren. Sie hatten mich nämlich gebeten, Pit nie wieder in unsere Wohnung zu lassen. Er war für sie zum roten Tuch geworden. Gut!

Aber nun waren sie nicht da. „Es ist ja nicht so schlimm", dachte ich. Wir vereinbarten eine Zeit, wann der Kaffee fertig sein sollte. 9.30 Uhr. Und Punkt 9.30 Uhr war er auch fertig.

Doch wer kam nicht? Ja genau!

Ich wartete bis halb elf, und endlich hörte ich ihn. Na ja, jedem kann mal etwas dazwischenkommen, oder? Er würde sich schon erklären. Noch lächelte ich! War ja auch kein Weltuntergang, nur weil der Kaffee jetzt etwas kräftiger schmeckte und die Kerzen niedergebrannt waren. Ich würde ihn mit einem fröhlichen Guten-Morgen-Kuss begrüßen.

Doch wer war das denn? In meiner Küche stand ein fremder Mann, der Pit zum Verwechseln ähnlich sah. Erst bei näherem Hinsehen erkannte ich ihn tatsächlich. Er hatte seinen Blaumann an, seine Arbeitsschuhe und war von oben bis unten ölverschmiert. Als er mein entsetztes Gesicht sah, fragte er genervt, ob ich noch nie einen arbeitenden Mann gesehen hätte?

„Ja, schon", sagte ich, „aber nicht zum Frühstück!"

Er zuckte ungerührt mit den Schultern und wollte sich gerade mit seiner Ölhose auf meinen Polsterstuhl setzen. In letzter Sekunde gelang es mir, noch schnell ein herumliegendes Handtuch darunter zu legen. Ich schluckte! Da war doch wieder was im Busch? Ich bat ihn trotzdem, ins Bad zu gehen und sich wenigstens die Hände zu waschen, als er gerade mit seinen Ölfingern nach den mitgebrachten Semmeln angelte. Das tat er widerstandslos. Derweilen versuchte ich, Herr über die Lage zu werden. In aller Eile überlegte ich, wie ich mich am besten verhalten konnte, ohne eine Explosion auszulösen. Aber ich war sprachlos, und mir fiel überhaupt nichts ein. Und schon kam er mit frisch gewaschenen Händen zurück – die genauso schmutzig aussahen wie vorher!

Friedlich saßen wir am Tisch. So, das wäre geschafft! Ging doch ganz gut? Habe gar nichts zu sagen brauchen und noch kein Streit in Sicht. Oder vielleicht gerade deshalb? Ich kaute auf meiner Unterlippe. Jetzt nur nicht aufgeben. So lange würde das Frühstück ja auch nicht dauern. Es konnte jetzt eigentlich gar nichts mehr schief gehen. Ich fing an, mich zu entspannen, und sah einfach über seinen öligen Aufzug hinweg. Lass dich auf keine Provokation ein, Sabine! Pah, da musste er schon früher aufstehen.

Aber es dauerte gar nicht lange, da legte ich sprachlos das Messer aus der Hand. Pit erzählte locker und flockig, dass seine Exfreundin ihn nachts angerufen und gefragt hatte, ob er nicht zu ihr kommen wolle, um auszugehen. Es war diese Exfreundin, von der er mir immer unter die Nase rieb, dass sie noch richtig scharf auf ihn wäre – und ihn sofort heiraten würde!

Ich traute meinen Ohren kaum, als er weitersprach. Er sei schon fast im Bett gewesen, habe dann aber schnell geduscht und sei zu ihr gefahren – sie wohnte in einer anderen Stadt –, und er wüsste nicht mehr so genau, wann er heimgekommen wäre. Dabei lachte er und sah mich herausfordernd an.

Was sollte ich jetzt tun? Mich schreiend auf ihn stürzen und ihm endlich an den Kragen gehen? Mit einer Armbewegung das ganze Geschirr vom Tisch fegen? Doch halt, das war ja mein Geschirr! Oder sollte ich gelassen mit den Achseln zucken und ihn fragen, ob er einen schönen Abend mit ihr gehabt hatte? Ich entschied mich für letztere Variante.

Als er jedoch immer weiter redete, sagte ich innerlich: Stopp! Ich fühlte etwas in mir, das sich breit zu machen drohte. Es waren vier Worte! Ich hörte sie immer wieder, denn sie fingen wie bei einem Laufband immer wieder von vorne an. Vier Worte!

Pit lachte und war gerade dabei, sich eine Mohnsemmel aufzuschneiden, als die Worte wie von selbst aus meinem Mund kamen:

„DAS WILL ICH NICHT!"

Er stutzte und sah mich kurz an. „DAS WILL ICH NICHT!", hörte ich mich wieder sagen. Und dann brach es, erst etwas zögerlich und dann wie ein erfrischender Regenguss, heraus: „Nein, Pit, das will ich nicht. Ich möchte keinen Partner, der seine Ex besucht, um mit ihr die Nacht zu verbringen. Du kannst es kleinkariert nennen oder sonst wie. So etwas will ich nicht mehr!" Verdutzt sah er seine Semmel an. Dann sagte er: „Gut, dann mache ich so etwas nicht mehr", und biss in die Semmel. Ich wusste jedoch: Dieser Satz war für ihn ein Satz wie schon so viele andere, die etwas versprochen hatten.

DAS WILL ICH NICHT! Ich hatte endlich verstanden. Mich verstanden und mich erhört. Und es fühlte sich richtig an. In mir breitete sich innerhalb von Minuten ein Frieden aus, wie ich ihn lange nicht mehr gespürt hatte. Ruhe und Frieden waren in mich gekehrt.

Doch Pit hatte Krieg in sich. Mit einem Ruck stand er auf, so dass der Stuhl fast umkippte, schnappte sich seine ölige Kappe, die er auf der Küchenanrichte abgelegt hatte, und lief zur Tür. Mit den Worten: „Wenn du dich ausgesponnen hast, kannst du dich ja melden", verließ er meine Wohnung.

Da saß ich und blickte auf den Frühstückstisch. Ich sah die heruntergebrannten Kerzen mit ihrem schwarzen Docht, sah seine Kaffeetasse, die noch halb voll war, sah die angebissene Semmel, die neben seinem Teller lag und die er achtlos auf den Tisch geworfen hatte. Ich sah aus dem Fenster, und die Sonne schien. Was für ein schöner Tag heute!

Einige Tage später rief Pit an. Ihm ginge es sehr schlecht. Er habe einen Totalschaden mit seinem Auto gehabt, und ihm tue alles sehr Leid. Er habe eingesehen, dass er gemein zu mir war und dass es ein großer Fehler gewesen sei, zu seiner „Ex" zu fahren. Er könne jetzt verstehen, warum ich kein Vertrauen zu ihm habe, aber er wolle sich bessern.

Für mich jedoch war diese Provokation eine zu viel gewesen. Man konnte sich bei mir wirklich viel erlauben, aber nun musste ich mich zurückziehen. Für mich war es vorbei. Endlich! Trotzdem fragte ich meine geistigen Freunde.

„Habe ich richtig gehandelt, und werde ich ihm wirklich fehlen?"

„Du bist zwar schon wieder bei ihm, aber es ist noch kein Meister vom Himmel gefallen. Dein Freund hat eine andere Methode, mit Verlusten umzugehen. Er klammert sie aus seinem Leben aus, so wie du es auch nach bösen Streits machst. Beide werdet ihr jedoch von Verdrängtem heimgesucht. Jeder auf seine ganz bestimmte Weise. Wenn wir bei ihm nun bleiben, wie du es wünschst, müssen wir sagen, alles Verdrängte kommt in negativer Form wieder zurück in sein Leben. Bei ihm wird das Verdrängte zu Katastrophen, die wachrütteln sollen. Um zu dir zu kommen, sagen wir, bei dir sind es psychische Schmerzen, die sich sofort körperlich bemerkbar machen, da du das ‚Fühlen' wieder lernen musst. Deswegen kommt es auch in Form von ‚Fühlen' zurück. So lange, bis du gleich fühlen kannst. Dann verdrängst du nichts, wenn du diesem Gefühl seinen Ausdruck erlaubst.

Dein Freund erfährt es in der für ihn am besten begreifbaren Art. Würde er den Verlust gleich zulassen, bräuchte er keine überzogenen Verluste, eben Katastrophen! Katastrophen, also ein hartes Wegnehmen von positiven Dingen in seinem Leben, lassen ihn überlegen. Der eine braucht dies, der andere das. Jeder nach seiner Art.

Eigentlich ist alles ganz leicht zu durchschauen. Bei der Trennung wird das gleiche Prinzip sichtbar:

- Derjenige, für den Katastrophen wichtig sind, wird tragische, unverständliche Trennungen erleben.
- Derjenige, der den Schmerz zu seinem Lernpartner macht, wird große Schmerzen brauchen und erleben.
- Demjenigen, der keine Gefühle zulassen kann, wird eine Leere begegnen.
- Demjenigen, der Angst vor Verlusten hat, wird es wichtig sein, seinen Verlust in aller Deutlichkeit zu spüren.
- Derjenige, der keinen Selbstwert hat, wird die Trennung so inszenieren, dass er die Unwichtigkeit seiner eigenen Person fühlen kann.
- Jemand, der sich seiner sicher ist, wird sich umdrehen und seinen Weg alleine weitergehen.

Wenn nun zwei verschiedene Muster zusammen sind und auseinander gehen, werden beide die Trennung so inszenieren, dass sie in ihre Grundangst kommen können und eigentlich nur wieder daran erinnert werden, wo sie etwas verändern wollten. Wo sie zu lernen haben, so Gott will!

Du kannst dich in allen möglichen Lebenssituationen widergespiegelt erkennen. Nichts erlebst du, bevor du es erlöst hast.

Praktisch sieht es so aus, dass, wenn du jemanden kennen lernst, gut kennen lernst, du schon wissen kannst, wie eine Trennung aussehen würde, sollte es zu einer kommen. Außer, in der Zeit eures Beisammenseins geschieht eine Wandlung. Dann kann es sehr wohl so sein, dass sich die Trennung anders gestaltet. Aber wenn du wachsam bist, kann dich das ja nicht mehr überraschen. Du weißt es schon!"

„Danke, liebe Geistwesen! Ich habe noch eine Frage. Sollte ich nach meiner Trennung von Pit nicht alles Alte hier verlassen?"

„Sagen wir einmal so, die Trennung ist ja noch gar nicht vollbracht. Nicht einmal die Trennung von deinem Bayerischen Wald. Es geschah noch gar keine Trennung! Du bist sehr wohl noch gefangen in allem. Dieses Loslassen kann weder nur auf der körperlichen noch auf der nur geistigen Ebene geschehen. Wie wir dir schon sagten, erst hü, dann hott, dann bist du in deiner Mitte. Es ist ja wichtig, dass du es begreifst, dass beides zusammengehört. Hast du dich geistig wirklich entfernt, wirst du auch eine körperliche Ferne erfahren, wie auch immer sie aussehen mag. Dazu braucht man nicht unbedingt weit weg zu ziehen. Denn dann geschieht es von selbst, dass eure Wege sich nicht mehr kreuzen werden. Aber es kann ebenso umgekehrt geschehen, wozu ihr sogar ein Sprichwort habt: ,Aus den Augen, aus dem Sinn'.

Tust du aber nur eine Sache, ohne dazu wirklich zu stehen, geschieht weder das eine noch das andere. Du kannst so weit wegziehen, und die Sehnsucht wird deinen Geist nicht zur Ruhe kommen lassen.

Vergewaltigst du aus Verstandesgründen deinen Geist, um Abstand zu bekommen, eilt das Gegenteil mit fliegenden Fahnen auf dich zu. Du wirst so viel hören von ihm, er wird dir dauernd über ‚den Weg' laufen, und du wirst oft mit ihm konfrontiert werden. Es geht also um wirkliches Verstehen. Dann ist es egal, wie du beginnst. Mit dem Geist oder mit dem Umstand. Aber du kannst nichts verändern, ohne das Prinzip verstanden zu haben. Und zwar: dir deine Angst anzuschauen.

Natürlich kann es auch so sein, wenn du kurz vor dem Auflösen deiner Angst bist, dass der eine oder andere Schritt ein Auslöser sein kann, es verstanden zu haben. Du siehst damit deiner Angst ins Gesicht, und sie kann sich auflösen. Bei dir ist es noch nicht so. Noch klammerst du dich an deine Angst. Doch du bist kurz davor. Aber es ist eine starke Zeit für dich, und du kannst die Freiheit auch schon spüren. Verlass dich auf dich und schaue sie an, die Angst. Zwing dich nicht, etwas zu tun, was nicht im Einklang mit dir ist. Du weißt um die Großzügigkeit des Universums. Lass dich fallen … du wirst aufgefangen.

Du willst unabhängig sein. Das ist die kostbare Eigenschaft eines Mediums. Du gehst bereits deinen Weg, und vielleicht schaffst du es, dir Zeit zu nehmen, um dein Buch zu schreiben. Es ist jetzt an der Zeit. Die beste Mußestunde, um zu dir zu kommen. Zu sich kommen durch Schreiben. Wie kann man besser zu sich selbst kommen und Stabilität bekommen als dadurch, seine Geschichte zu schreiben. Damit verarbeitest du deine Vergangenheit, durchlebst sie noch mal bewusst und kannst dich in einer distanzierten Haltung davon verabschieden. Und so kann dein neuer Weg beginnen, und die Trennung ist besiegelt.

Das eine erfasst das andere, und Klärung entsteht. Fang an!"

Das ließ ich erst einmal sacken! War ich wirklich noch nicht bereit für eine Trennung? Ich fühlte mich stark und auf dem richtigen Weg. Eigentlich war ich davon überzeugt, mich nun endgültig von Pit gelöst zu haben. Nie wieder würde ich mich von ihm verletzen lassen – egal, wie sehr er es im Nachhinein immer bereute. Nie mehr!

Doch schon einige Tage später fühlte ich morgens nach dem Aufstehen, dass dieser Tag nicht gut laufen würde. Ich saß bei meiner Tasse Kaffee, die Kinder waren in der Schule, und dicke, graue Regenwolken zogen an meinem Küchenfenster vorbei.

Plötzlich überkam mich eine große Wehmut.

Meine Gedanken kreisten wieder um Pit.
Ich verstand nicht, dass er sich nicht meldete.
Ich verstand nicht, dass ich ihm überhaupt so egal war.
Ich verstand nicht, dass er mich nicht mehr liebte.
Ich verstand nicht, dass er nicht mehr mit mir zusammen sein wollte.
Ich verstand nicht, dass er mich so wegwarf.
Ich verstand nicht. dass ich ihm nicht mehr wert war als sein Stolz.

Wie gesagt, nur ein Einbruch. Ein ganz kurzer! Mein altes Muster.

Ich stellte mich auf ein Leben ohne Partner ein. Warum sollte das nicht schön werden?

Aber ich fühlte mich wieder alleine. Zudem redete ich mir ein, nie mehr einem Mann vertrauen zu können, geschweige denn, ihn zu lieben. Pit würde der letzte Mann sein, dem ich vertraut hatte. Ich wollte nie mehr jemanden vom männlichen Geschlecht kennen lernen! Nein, danke!

Meine Freundin Tina lud mich trotz meiner miesen Stimmung zu ihrer Hochzeit ein. Damals konnte ich gar nicht verstehen, dass sie heiraten wollte. Das war nur eine Falle für jede von uns! Außerdem sind feste Beziehungen anstrengend und sonst nichts. Nein, ich konnte sie beim besten Willen nicht verstehen! Aber Tina bat mich, ich solle doch trotzdem kommen – auch wenn ich nicht dafür wäre. Es wäre schön, ihre Freunde an so einem wichtigen Tage um sich zu haben. Na dann!

Die Feier war wirklich sehr schön vorbereitet. Ich kam mit meiner Tochter Lisa und fand es gar nicht so schrecklich. Hie und da sah ich ein bekanntes Gesicht, aber so richtig lustig konnte ich nicht sein. Daniela machte mich ab und zu auf Blicke von Männern aufmerksam, die mich ansahen. Mir war es gleichgültig. Für mich gab es keine Männer mehr! Ich hatte sie alle aus meinem Leben ausradiert. Sie waren für mich nichts weiter als neutrale Gestalten, mit denen man sich unterhalten konnte – und sonst nichts! Außerdem war ich an diesem Tag noch angeschlagen, nach all den Streitereien mit Pit. Es kam einfach keine Laune auf.

Und so hing ich einfach nur herum und schaute den tanzenden Paaren zu. Am Nachbartisch saß ein netter Bekannter, zu dem ich mich „gefahrlos" dazusetzen konnte. Zudem saß bei ihm noch so ein einsamer Verirrter. Dort fühlte ich mich sicher. Der einsame Verirrte stellte sich mit wenigen Worten vor. Er hieß Werner und wohnte nicht weit von meinem Dorf entfernt. Mäßig interessiert hörte ich ihm zu und war gleich darauf wieder an meinem Tisch, da Daniela mich rief.

Gegen Mitternacht, als viele Gäste schon gegangen waren, rückten die Übriggebliebenen näher zusammen. Unser Tisch wurde immer voller, und ich spürte, wie meine Anspannung nachließ. Es wurde gelacht und geredet, und nach und nach lernte man sich ein wenig kennen.

Werner saß mir plötzlich gegenüber, und so kam ich mit ihm ins Gespräch. Ich fragte ihn, was für ihn denn das Wichtigste im Leben sei, in der Hoffnung, ihm gleich zeigen zu können, was ich für ein Gesprächspartner war. Im Geist sah ich schon sein etwas verdutztes Gesicht und hörte sein Stammeln: „Äh, weiß nicht, vielleicht mein Auto oder meine Arbeit, Gesundheit, Zufriedenheit!" Damit hätte ich diesen Kandidaten gleich vom Hals, und mit den Übrigen würde ich es ebenso machen. Ich hasste Smalltalk. Auch auf einer Hochzeitsfeier.

Doch Werner sah mich ernst an und sagte: „Wahrheit und mein Kind in mir." Hätte ich meine Brille aufgehabt, wäre sie mir bestimmt heruntergerutscht. Ich sah ihn mir genauer an. Das konnte doch nicht wahr sein. So eine Antwort hier, mitten auf dem Lande! Ich wurde aus meinem Erstaunen herausgerissen, als Daniela meinte, ich solle doch alle Telefonnummern aufschreiben, von den Leuten an unserem Tisch. Wir sollten sie zu unserem kommenden Fest auf dem Schloss einladen. Da ich mein Handy mithatte, speicherte ich ihre Nummern und versprach anzurufen, wenn das Datum für das Fest feststehen würde. Danach verabschiedete ich mich und fuhr mit meiner Tochter nach Hause. Es war ein Uhr, und das Fest war lang genug gewesen.

Am nächsten Tag dachte ich über Werner nach. Das war eine seltsame Antwort gewesen. So untypisch für diesen einfachen Landstrich. Auch am übernächsten Tag ertappte ich mich dabei, dass ich wieder an ihn dachte. Er war eher ein unauffälliger Typ – und doch war etwas Magisches an ihm.

Aber bald verwarf ich alle Gedanken an ihn wieder. Was soll's? Es konnte mir doch gleichgültig sein, wie der drauf war. Und so vergaß ich Werner wieder.

Einige Wochen später beschlossen wir, doch keine Party auf dem Schloss zu machen, es hatte sowieso kaum jemand Zeit. Stef war aus Spanien zurückgekehrt und wohnte nun bei uns, in seiner alten Wohnung. Er hatte noch so viel zu renovieren, dass für eine Party einfach nicht die Zeit blieb. Und meine Wohnung war auch noch nicht fertig. Also beschloss ich, allen abzusagen, die wir auf der Hochzeit eingeladen hatten.

Als Erstes rief ich Werner an. Zwei, drei Sätze und tschüs! Doch kurz bevor ich auflegen konnte, stellte Werner mir die Frage der Fragen: „Wie geht es dir denn?"

Da fiel mir glatt der Hörer aus der Hand. Es war nicht dieses „Wie geht es dir, danke mir geht es gut", sondern er fragte mich, Sabine, wie es mir ging. Ich war so verdattert, dass ich im ersten Moment nicht wusste, was man auf so eine Frage antwortet. Ich stöpselte herum wie ein Teenager beim ersten Date und kam mir total dumm vor. Doch Werner ließ sich nicht beirren und fragte und fragte. Schließlich ergab sich ein sehr nettes Gespräch, und ich war erstaunt, dass es einen Mann mit solchen Gedanken direkt in meiner unmittelbaren Umgebung gab. Leider drängte die Zeit, da ich arbeiten musste, und wir beendeten das Gespräch. Werner meinte noch, ich solle mich einfach mal melden, dann könnten wir uns wieder unterhalten.

Dieses Gespräch ging mir sehr nahe. Es war ganz anders als die Gespräche mit meinen Freunden. Er war mir sehr ähnlich. Die nächsten Wochen waren eigenartig für mich. Immer wieder dachte ich an Werner. Manchmal hatte ich richtig Sehnsucht nach einem Gespräch mit ihm. Aber noch war ich ja blind für andere Männer. Und doch fühlte ich eine tiefe Verbindung. Eine Verbindung zu einem Mann, den ich kaum kannte. Eigentlich gar nicht. Was war nur los mit mir?

Eines Tages traf ich ihn zufällig in der Dorfkneipe, als ich mit meiner großen Tochter ausging. Er kam mit seinem Freund und setzte sich an unseren Tisch. Jetzt konnte ich ihn mir genauer ansehen. Die Hochzeitsfeier war ja schon eine ganze Weile her. Ernst sah er aus. Und schon fiel ich in mein altes Muster, dass das an mir läge. Aber ich wischte es weg. Nein, ich wollte kein altes Muster mehr und mich davon verunsichern lassen. Entgegen meiner sonstigen Gewohnheit erzählte ich lachend alte Geschichten und alberte mit meiner Tochter herum. Wenn ich gut drauf war, konnte ich auch gut erzählen. Und ich war gut drauf. Wir lachten, und ich sah, wie sich die Gesichtszüge von Werner entspannten und er zu lächeln anfing.

Es war zwar Sommer, aber es war schon spät und etwas kühl geworden. Mir war kalt. Werner gab mir sofort seine Lederjacke, obwohl er selber fror. Das fand ich süß! Doch dann wurde es für meine Tochter und mich Zeit, nach Hause zu gehen. Schließlich war morgen wieder Schule für sie angesagt.

Kichernd verabschiedeten wir uns und fuhren heim. Unterwegs ergriff Felicitas das Wort. Sie fand Werner sehr hübsch, wenn auch ein bisschen zu ernst. Aber insgesamt sei er nett, und ich solle ihn doch kennen lernen. Meine Tochter! Wenn die mich nicht verkuppeln konnte!

Aber noch hatte ich Augen nur für Pit. Wenn sich auch zwischenzeitlich ein anderes Bild einschob. Ich war doch sehr anhänglich mit meiner Treue.

Ein paar Tage drauf rief mich überraschenderweise Werner selbst an. Er wollte mich gerne kennen lernen, doch ich winkte ab. Ich hätte wenig Zeit, da ich dauernd arbeiten müsse. Ich konnte ihm nur anbieten, wenn er mich unbedingt sehen wolle, müsse er eben morgen zu mir in den Garten kommen, zum Unkrautjäten. Das wäre die einzige Möglichkeit, ein bisschen miteinander zu reden. Zum Kaffee könne ich ihn aber nicht einladen, da ich dafür keine Zeit hätte.

Ich dachte mir, wenn er es wirklich ernst meinte mit

dem Kennenlernen, dann würde er wahrscheinlich auch zum Unkrautzupfen kommen. Wir würden ja sehen. Und Werner kam!

Den ganzen Nachmittag waren wir im Garten am Arbeiten. Da Werner sehr still war und nicht viel redete, war es eine ganz neue Situation für mich. Diese Ruhe und Stille zusammen genießen zu können! Keinen Stress zu haben, weil es vielleicht schneller gehen könnte. Das war unglaublich schön. Ab und zu redeten wir ein bisschen, und dann widmeten wir uns wieder dem Unkraut.

Werner erzählte mir, dass er in ein paar Tagen einen Kurzurlaub in Italien machen werde, um Freunde zu besuchen. Ob ich nicht Lust hätte, mit ihm zu fahren? Der schien mich ja wirklich zu mögen!

Das wäre schön – und ich konnte es mir gut vorstellen. Aber noch war ich mit Pit zusammen. Ich schenkte ihm reinen Wein ein. In kurzen Worten schilderte ich meine Beziehung zu Pit, und auch, dass wir kurz davor wären, uns zu trennen. Ich warte nur auf den richtigen Augenblick. Ich konnte ihm ja schlecht erzählen, dass ich Geistwesen hatte, die mir Anleitung gaben, welche Aufgaben ich zu bewältigen hatte.

Und nun hatte ich Werner gerade kennen gelernt und fühlte mich so gut aufgehoben bei ihm. Mit ihm konnte ich sowohl ich selbst sein als auch ihn ihn selbst sein lassen. Das war ein tolles Gefühl. Ich konnte so sein, wie ich war!

Ich war von diesem Phänomen überrascht und fragte meine Geistwesen, was da vor sich ging.

„Wie du ja selbst weißt, hast du dir noch vor kurzem jemanden gewünscht, der dir ähnlich ist, so dass du dich nicht mehr ganz so alleine fühlst, auf dieser Welt. Natürlich ist es dann auch so, dass dieser Mensch dir durch sein Verstehen, ob jetzt gesprochen oder nicht, auch deine ganz empfindliche Stelle vorlebt und damit zeigen kann. Wäre es nicht so, wärst du jetzt nicht so tief getroffen von Gefühlen, die du für dich schon unter Kontrolle glaubtest. Es öffnet dir und auch ihm eine Türe zu eurer Freiheit, sofern ihr die möchtet.

All das, was du gut verdrängt hast, weil es so nicht sein durfte, kommt wieder an die Oberfläche und fordert Auflösung.

Genauso wird es ihm ergehen, wenn er sich auf eure Zusammenführung einlassen kann. Es gibt ihm Gelegenheit, einen Weg aus seinem selbst gebauten Gefängnis zu finden. Helft euch einfach. Ihr könnt euch sicherlich vertrauen, da für euch dieselben Regeln gelten."

ↄ

Mittlerweile hatte der Zeitungsredakteur in unserem Dorf mitbekommen, was ich so machte. Er rief mich an und erklärte, er wolle einen Artikel über mich schreiben. Ob ich Interesse habe, denn er hatte von verschiedenen Leuten über mich gehört. Es wäre für ihn ein interessantes Thema, über Hellsichtigkeit zu schreiben. Nach einigem Zögern und viel Zuspruch von meinen Freunden willigte ich ein.

Es wurde ein schöner Artikel, und viele Menschen mit ihren Fragen meldeten sich daraufhin bei mir. Das war die Entscheidung. Jetzt konnte ich mir selbst beweisen, dass ich hinter dem stand, was ich tat. Denn obwohl ich vielen Menschen helfen konnte, hatte ich doch große Zweifel an meiner Hellsichtigkeit. Oft, wenn eine Beratung anstand, hatte ich Angst, dass ich vielleicht nichts sehen würde oder dass ich falsche Bilder bekäme. Manchmal malte ich mir aus, was dann alles geschehen konnte. Ich würde beschimpft oder ausgelacht oder, noch schlimmer, als Scharlatan angeklagt werden.

Manchmal war ich vor der Beratung so aufgeregt, dass ich sie fast abgesagt hätte. Doch waren die Besucher dann einmal in meiner Wohnung, kam eine große Ruhe über mich. Nach der ersten Frage kamen immer sehr schnell die ersten Bilder, und ich war wieder beruhigt. Es war ja auch für mich selbst faszinierend, wenn ich auf einmal Bilder sah und dann vielleicht erklären musste, dass eine Arbeit im Fernen Osten für den Fragenden eher in Frage käme als eine neue Arbeit hier in Deutschland. Ich konnte mir bis heute nicht abgewöhnen, kurz zu stoppen und zu überlegen, inwieweit ich etwas sagen durfte und inwieweit es auch wirklich zutraf.

Aber spätestens wenn der überraschte Besucher erklärte, dass dies ein Kindheitstraum war und er damit spekulierte, ins Ausland zu gehen, war ich mir der Klarheit meiner Bilder bewusst und sehr, sehr dankbar dafür. Dieses Sehen war für mich wie eine Fahrt in eine andere Welt, die mich mit großem Frieden segnete. Jedes Mal nach einer Beratung fühlte ich eine große Glückseligkeit in mir und war überglücklich, dass meinem Gegenüber damit geholfen wurde, klarer sehen zu können. Es ist eine wunderschöne Arbeit, die ich nie mehr missen möchte.

Und da ich mir diesen Frieden bewahren wollte, beschloss ich, mich endgültig von Pit zu trennen. Doch diesmal meinte er, wir sollten es noch einmal versuchen. Er liebe mich und hätte gerne, dass ich wieder bei ihm einzöge. Das kam aber nicht mehr in Frage. Zu vieles war kaputtgegangen. Ich nahm mir vor, mit ihm zu reden. Er wurde mir immer gleichgültiger, und ich wusste ja, der nächste Streit stand bestimmt schon vor der Türe.

Doch ich täuschte mich. Pit war brav wie ein Lamm, nörgelte nicht mehr und provozierte nur noch vereinzelt. Als er sich einmal wegen einer Kleinigkeit sogar entschuldigte, kam mir die ganze Geschichte spanisch vor. Ich wusste zwar, dass man sich ändern konnte, aber bestimmt nicht von heute auf morgen. Und irgendwie spürte ich, dass da noch etwas anderes war, wusste aber nicht, was. Also fragte ich meine Geistwesen.

Es war so eine unehrliche Beziehung. Eigentlich wussten wir beide, dass er alles tun durfte und mir alles verbieten konnte. Doch warum war er dann in letzter Zeit so lieb und friedlich geworden? Extrem ruhig und friedlich!

„Liebe Geistwesen, was geht da vor?"

„Auch die größten Pokerspieler müssen manchmal einen kleinen Frieden mitspielen, um ihre eigenen Karten zu überprüfen und zu sortieren. Außerdem, wenn das Spiel nicht abrupt beendet werden soll, müssen die Gegenspieler bei Laune gehalten werden, zumindest müssen sie ab und zu das Gefühl bekommen, mithalten zu können, immer in der Hoffnung, durch ihr eigenes Spiel auch einmal siegen zu können. Es geht demjenigen – also dir – nicht ums Gewinnen, sondern darum, die richtigen Karten zum richtigen Zeitpunkt zu haben. Sie einordnen zu können und so einzusetzen, dass Gewinn dabei herauskommt.

Beim Pokerspieler sieht es äußerlich ähnlich aus, nur die Motivation ist eine andere. Es geht um einen eindeutigen Sieger und um einen Verlierer.

Ist der Gegenspieler zu sehr mit seinem Spiel beschäftigt, damit er keinen Fehler macht, und bekommt er damit die Motivation des Pokerspielers nicht mit, da er meint, dieser handele aus der gleichen Motivation wie er selbst, hat er von vornherein verloren, weil Pokerface alle Register ziehen wird, da sein Spiel andere Spielregeln kennt.

Das ist das Spiel von euch beiden – und jetzt rate einmal, wer i m m e r die schlechteren Karten haben wird!

Du steckst noch immer im ‚Erkennen müssen‘ und das macht dir Probleme, da du partout nicht das Schlechte in der Welt sehen willst. Wieder flüchtest du in deine rosarote Welt, anstatt dir klar zu machen, dass nicht jeder ehrlich ist."

Ich wurde immer sicherer in dem Wunsch, wirklich Schluss zu machen. Aber war ich schon so weit? Hatte ich alles gelernt, was zu lernen nötig war? Konnte ich jetzt guten Gewissens gehen?

„Meine Freunde, ich mache jetzt einfach Schluss mit dieser katastrophalen Verbindung. Ist das jetzt in Ordnung?"

„Du weißt, alles ist in Ordnung, solange du davon überzeugt bist. Aber du bist es nicht wirklich, auch wenn du das jetzt meinst. Das kommt von deinem jetzigen Ärger. Gehe lieber hin zu ihm und sage ihm nur deine Gedanken. Mehr brauchst du gar nicht zu tun.

Dass es dich aufreibt. Dass es dich von dir selbst wegbringt. Dass du keine Innenschau mehr betreiben kannst, weil du nicht zur Ruhe kommst. Dass du dich nicht ernst genommen fühlst. Dass du es nicht mehr ertragen kannst, dass er über deine geistigen Bedürfnisse hinwegsteigt, dass er so desinteressiert ist, und so weiter. Den Nagel auf den Kopf treffen! Dass du keine Kraft mehr hast, an dich zu denken, geschweige denn an andere Dinge.

Immer wieder! Dich auf keine Diskussionen einlassen."

Ich bestellte Pit zum Kaffeetrinken zu mir nach Hause. In aller Ruhe erzählte ich von meinen Gedanken und Gefühlen. Pit wirkte gereizt, war das doch wieder unser heikles Thema. Als er nicht reagierte, fing ich noch mal von vorn an. Jetzt ging es ums Ganze.

Pit versuchte, dagegen zu reden, abzustreiten, mich schuldig zu sprechen. Ich sagte ihm, so eine Beziehung wolle ich nicht mehr. Wenn er nicht mit sich reden ließe und mich nur beschuldigte, würde ich die Beziehung beenden, weil ich nämlich selbst am Ende wäre.

Da bäumte er sich noch einmal auf und rief, dass ich doch unsere Beziehung nie ernst genommen hätte und sie noch nie wirklich haben wollte. Dass ich es mir leicht mache und nicht für unsere Zukunft kämpfen wollte. Dass ich einfach aus der Verantwortung, die eine Beziehung mit sich bringen würde, aussteigen wollte, weil das am leichtesten wäre.

Ich antwortete ihm ruhig, dass dies jetzt vielleicht die schwerste Stunde in meinem Leben wäre, ich aber die Beziehung endgültig beenden wollte.

Er begann zu schreien und versuchte, mich zu beleidigen, aber die Würfel waren gefallen. Ich verabschiedete mich und wünschte ihm alles Gute.

❧

Eine kurze Traurigkeit überkam mich. Ich hatte gelernt, dass man nicht mit jedem Menschen in Frieden zusammenleben kann. Auch wenn man noch so bereit dafür ist. Wenn sich einer dagegen sträubt, gibt es kein friedliches Miteinander-Leben. Dann ist es Zeit zu gehen. Kein krampfhaftes Festhalten-Wollen! Nein, einfach gehen! Ich brauchte nichts festzuhalten, was mir nicht gut tat. Das hatte ich jetzt verstanden. Es wurde aber auch Zeit nach meiner endlos langen Lehre. Aber wie heißt es doch bei uns so schön: Lehrjahre sind keine Herrenjahre!

Und dann kam Werner. Das Bonbon nach überstandener Lehrzeit! Was ich mir immer gewünscht hatte im Leben, trat endlich ein. Langsam lernte ich Werner kennen und lieben. Wir sind uns in vielen Dingen so ähnlich. Nach den ersten Treffen erzählte er mir, dass auch er hellsichtige Fähigkeiten habe, aber noch nie mit irgendeinem Menschen darüber gesprochen hatte. Er interessierte sich sehr für meine Verbindung zu den Geistwesen – und es dauerte nicht lange, da war er auch bei den Sitzungen dabei. Er fand es spannend und neuartig.

Mittlerweilen haben wir eine sehr tiefe und freie Beziehung, in der keine Machtspiele, keine Rollenmuster oder Spielchen ablaufen. Ehrlichkeit ist uns beiden wichtig, und das wollen wir auch leben.

Pit habe ich seit unserer Trennung weder gesehen noch von ihm gehört, obwohl wir nur fünf Kilometer auseinander wohnen. Mittlerweilen glaube ich, dass er mich wirklich liebte, aber einfach nicht anders handeln konnte, weil es eben das war, was er in seiner Kindheit gelernt hatte. Für ihn gab es noch keine wirkliche Gelegenheit, sich selbst zu hinterfragen. Aber vielleicht kommt sie noch mit einer anderen Geschichte?

Er handelte so, wie er zu dieser Zeit handeln konnte. Deswegen habe ich ihm verziehen und versuche, wirklich zu vergessen. Ebenso hoffe ich, dass er mir verzeihen kann, dass ich nicht die Frau für ihn sein konnte, die er sich gewünscht hatte. Es wird wahrscheinlich noch ein Weilchen dauern, bis unser beider Wunden verheilt sind. Bei Erwachsenen ist es ja ähnlich wie bei Kindern, die gerade eine Kinderkrankheit überstanden haben: Sie reifen dadurch!

☙

So, nun habe ich meine Geschichte erzählt. Ich weiß auch, dass noch viele „Hochs" und „Tiefs" kommen werden, aber ich verstehe jetzt, was die Tiefpunkte in meinem Leben mir sagen wollen, und, dass ich daraus lernen kann, das momentan verlorene Glück wieder zu finden.

Inzwischen ist auch mein zweites Buch fertig geworden,

an welchem ich mit Tom, Daniela und Stef zusammenge-
arbeitet habe. Es kam genau, wie die Geistwesen gesagt
hatten. Sie wollten Hilfe zur Selbsthilfe geben, und ich
freue mich, meinen Teil dazu beizutragen, einfach, indem
ich mich für sie zur Verfügung gestellt habe.

Ich wünsche allen Menschen, dass sie den Mut zum
Weitergehen bekommen und sich ihr Leben so gestalten
können, dass sie glücklich werden. Ich denke, dass dies
der Auftrag des Menschseins für uns alle ist.

Das dritte Buch wird wahrscheinlich im Anschluss folgen. Ab und zu bekomme ich im Geiste schon Auszüge
davon. Auch den Titel habe ich schon erhalten, er lautet:
„Die Wirklichkeit des Seins. Von der Doppeldeutigkeit
des Lebens". Ich bin selbst sehr neugierig auf dieses Buch
und freue mich schon darauf, es schreiben zu dürfen.

FreiheitAnSich Verlag

Außerdem erschienen:

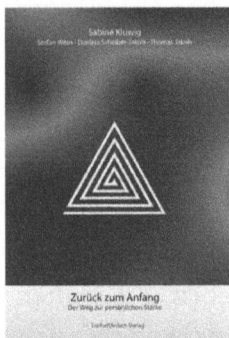

Zurück zum Anfang
Der Weg zur persönlichen Stärke

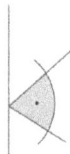

Wahre Freiheit und wirkliches Glück entstehen, wenn man beginnt, sein unverfälschtes Selbst zu leben.

Dass dies nur über eine Bewusstwerdung erfolgen kann, erfahren wir von den „Energiewesen", die in Sabine Kluwig ihre „Sprecherin" gefunden haben. Sie lassen uns ihr Wissen zuteil werden und führen uns ein in eine Methode, die es uns ermöglicht, unser „wahres Selbst" zu entdecken und es zu leben.

Es ist ein Weg, der über das Erkennen unserer Programmierungen, unserer Gefühle, Gedanken und Verhaltensmuster führt, der zeigt, wie man diese verändert und sein Leben neu aufbaut. Dies führt uns „zurück zum Anfang", zu unserer tiefsten Problematik, zu unserem Lebensthema. Zurück zu dem, was uns veranlasst hat, „genau dieses Leben" zu wählen, weil es die ideale Ausgangssituation bietet, um sich mit dieser „Lebensaufgabe" auseinander zu setzen.

Wir erhalten Einblick in die geistigen Gesetze, die uns zeigen, weshalb unser Leben „genau so" abläuft, und erfahren mehr darüber, was es heißt, sich wirklich selbst zu leben.

Man könnte dieses Buch auch als eine Anleitung zum Glücklichsein bezeichnen.

ISBN: 3-938136-00-6

Lightning Source UK Ltd.
Milton Keynes UK
UKHW020641050819
347421UK00012B/939/P